El Método de Niveles

CÓMO HACER PSICOTERAPIA
SIN INTERPONERSE EN EL CAMINO

Timothy A. Carey

Traducción y prólogo de la edición en español:
Lic. Matías E. Salgado

Living Control Systems Publishing
Menlo Park, CA
Copyright © 2024 por Timothy A. Carey
Todos los derechos reservados.

Carey, Timothy Andrew, 1963-
 El Método de Niveles:
 Cómo hacer psicoterapia sin interponerse en el camino
 /por Timothy A. Carey.
 xxii, 178 p. : ill. ; 28 cm.
 Incluye referencias bibliográficas.
 Traducción: Lic. Matías E. Salgado
 Prólogo de la edición en Español: Lic. Matías E. Salgado
 978-1-938090-19-6 (tapa blanda, encuadernación perfecta)
 1. Psicoterapia. 2. Terapia cognitiva. 3. Counseling.
 4. Psicología clínica. 5. Salud mental.
 6. Teoría del Control Perceptual   I. Título.

⊗ El papel utilizado en este libro cumple todas las normas ANSI para papel de archivo de calidad.

Living Control Systems Publishing
Menlo Park, CA
www.livingcontrolsystems.com

Este libro

El Método de Niveles
Cómo hacer psicoterapia sin interponerse en el camino

puede descargarse de www.livingcontrolsystems.com, y www.archive.org/details/perceptual-control.

Archivo: ElMetodoDeNivelesEspCarey2024.pdf

Puede leer un libro electrónico en línea en www.drtimcarey.com.

Para más, busque *Perceptual Control Theory*

MÁS SOBRE TIMOTHY CAREY

Carey, T. A. (2008). *Hold that thought! Two steps to effective counseling and psychotherapy with the Method of Levels.* Chapel Hill, NC: newview Publications.

Carey, T. A. (2010). Will you follow while they lead? Introducing a patient-led approach to low intensity CBT interventions. In J. Bennett-Levy et al. (Eds.), *Oxford guide to low intensity CBT interventions* (pp. 331-8). Oxford: Oxford University Press.

Mansell, W., Carey, T. A., & Tai, S. J. (2012). *A transdiagnostic approach to CBT using Method of Levels therapy: The CBT Distinctive Features series.* London: Routledge. ISBN: 978-0-415-50764-6.

Carey, T. A. (2012). *Control in the classroom: An adventure in learning and achievement.* Hayward, CA: Living Control Systems Publications. ISBN: 978-1-938090-10-3

Carey, T. A., Mansell, W., & Tai, S. J. (2015). *Principles-based counselling and psychotherapy: A Method of Levels approach.* London: Routledge.

Marken, R. S., & Carey, T. A. (2015). *Controlling people: The paradoxical nature of being human.* Brisbane: Australian Academic Press.

Carey, T. A. (2017). *Patient-perspective care: A new paradigm for health systems and services.* London: Routledge. https://doi.org/10.4324/9781351227988

Carey, T. A., Tai, S. J., & Griffiths, R. (2021). *Deconstructing health inequity: A Perceptual Control Theory perspective.* Cham, Switzerland: Palgrave Macmillan.

Carey T.A., & Gullifer J. (Eds.). (2021). *Handbook of rural, remote, and very remote mental health.* Singapore: Springer Publishing.

Huddy, V., & Carey, T. A. (2023). Coercion and social influence. In J. Harvey, & D. Ambrose (Eds.), Social psychology in forensic practice (pp. 165-182). London: Routledge.

SITIO WEB, BLOG, YOUTUBE, APP

Sitio web de Tim	https://drtimcarey.com
Psychology Today	https://www.psychologytoday.com/intl/blog/in-control
Control Matters	https://www.youtube.com/@timothycareyphd
MindSurf	Tiendas Apple y Google:

https://apps.apple.com/us/app/mindsurf-manage-stress/id930776225
https://play.google.com/store/apps/details?id=com.vtn.mindsurf&hl=en_AU

A mi padre, de quien aprendí a ver las cosas de otra manera. Y a todas aquellas personas que han vivido la experiencia de ser diagnosticadas y tratadas por un trastorno mental.

Contenido

Prólogo de la edición en español		xi
Prólogo de William T. Powers		xv
Agradecimientos		xxi
Para que lo sepas		xxiii

Sección Uno: ¿Por qué?

Capítulo Uno	Empecemos por el final	3
Capítulo Dos	Una mirada a nuestra situación actual	13
Capítulo Tres	La esencia de los problemas psicológicos	27
Capítulo Cuatro	¿Por qué se produce el malestar?	33
Capítulo Cinco	Cuando el conflicto persiste	51

Sección Dos: ¿Cómo?

Capítulo Seis	Un esquema del Método de Niveles	63
Capítulo Siete	Una mentalidad MOL	69
Capítulo Ocho	Haciendo MOL	87
Capítulo Nueve	Cómo es la psicoterapia MOL	103
Capítulo Diez	MOL desde la perspectiva del cliente	115
Capítulo Once	Algunos escenarios de MOL	125
Capítulo Doce	Unas palabras finales	143
Epílogo	Preguntas y respuestas	147
Apéndice	Transcripción del video de MOL	155
Referencias y lecturas complementarias		175

Prólogo *de la edición en español*

Estamos frente a la obra pionera en Método de Niveles (MOL), un enfoque terapéutico caracterizado por sus sólidos principios psicológicos y su aplicación simple y efectiva para prácticamente cualquier problema de salud mental.

Más allá de que han pasado varios años desde la edición original de este libro, MOL no ha necesitado de cambios, ajustes o actualizaciones, manteniendo sus principios y sus objetivos tal como lo describen Timothy "Tim" Carey y William "Bill" Powers en esta obra. Esto demuestra la solidez y la efectividad del modelo, que ha sido probado en diversidad de situaciones y contextos clínicos. Tim Carey ha convertido magníficamente el método exploratorio que había ideado Bill Powers, en una herramienta clínica que ha llevado a la psicoterapia más allá del enfoque basado en diagnósticos, superando muchas de las limitaciones y "callejones sin salida" de la psicología clínica.

MOL permite que el terapeuta se guíe por la experiencia del paciente, ajustando sus intervenciones a las necesidades individuales de cada persona brindandoles el mayor control posible del proceso terapéutico. Gracias a su comprensión basada en la Teoría del Control Perceptual (PCT) sobre el origen y resolución del malestar psicológico, MOL ha demostrado ser efectivo no solo para una gran diversidad de problemas de salud mental, sino incluso para quienes no padecen de trastornos mentales, sino que tan solo se sienten estancados con algún tema, o simplemente necesitan detenerse a pensar y resolver un problema.

Las implicancias de esta perspectiva para la comprensión del funcionamiento humano, la psicopatología y su tratamiento, son tan profundas como esclarecedoras, marcando lo que seguramente se entenderá como un cambio de paradigma en la psicología clínica y en la ciencia psicológica en general.

Este proyecto de traducción al español busca hacer accesible esta obra seminal de Tim Carey, que también incluye el valioso aporte de Bill Powers, a una audiencia hispanoparlante compuesta por terapeutas y profesionales de la salud, invitando también a cualquier persona interesada en tener una nueva y más esclarecedora comprensión del funcionamiento humano, el sufrimiento psicológico, y el cambio personal.

El proceso de traducción enfrentó algunos desafíos, especialmente debido a los modismos y expresiones idiomáticas que carecen de una traducción directa, o que varían según la región hispanohablante. Sin embargo, con la colaboración continua de Tim Carey, logramos alcanzar una traducción lo más precisa y fiel posible, superando muchas barreras lingüísticas y culturales. En este sentido, términos como "awareness" y "consciousness" se han traducido como sinónimos de "conciencia", aunque en algunos párrafos para "awareness" se ha optado por "ganar conciencia" para capturar mejor el matiz del original en inglés. De igual manera, la expresión "shift of awareness" se ha traducido como "redirección de la conciencia" para reflejar con precisión su significado en el contexto del libro. Por otro lado, la expresión "up-a-level event" se ha traducido directamente como "disrupción", según lo sugerido por Tim Carey, ya que en el texto original se refiere específicamente a este concepto y clarifica la traducción.

Esta versión en español no habría sido posible sin el apoyo y la dedicación de Dag Forssell, así como la iniciativa y colaboración de Tim Carey. Agradezco sinceramente el entusiasmo y compromiso de ambos para que la literatura sobre PCT y MOL llegue a la mayor cantidad de personas posible, con la máxima calidad y precisión.

Este libro se ubica como una referencia indispensable para los terapeutas interesados en PCT y MOL, quienes seguramente lo consultarán frecuentemente en busca de nuevas perspectivas sobre el funcionamiento humano. Aquí encontrarán objetivos claros de intervención basados en los principios de control, conflicto y reorganización. El interés en MOL sigue creciendo entre los terapeutas de países de habla hispana, y, cómo señalaba antes, a pesar de los años transcurridos desde su publicación inicial, esta obra sigue siendo un texto innovador y revolucionario para el campo de la psicoterapia actual.

Espero que este libro contribuya a ampliar el alcance de MOL y PCT, y a fomentar prácticas clínicas basadas en sus principios y objetivos. Que esta traducción sea el inicio de un camino que permita desarrollar una nueva perspectiva en la salud mental en la comunidad de habla hispana.

Lic. Matias E. Salgado. Buenos Aires, Argentina   Junio, 2024

Prólogo *de William T. Powers*

Este libro trata de un método de psicoterapia basado en parte en un modelo del comportamiento humano llamado Teoría del Control Perceptual, PCT para abreviar, en el que he estado trabajando desde antes de que nacieran la mayoría de los lectores de este libro (alrededor de 1953). La idea básica de la PCT es que los organismos actúan para controlar un mundo que se les representa como percepciones, en lugar de reaccionar a estímulos, o planificar sus acciones, o estar condicionados, o cualquiera de esas otras ideas que se han propuesto incluso antes de que yo naciera. Se puede obtener más información sobre la PCT en las referencias que figuran al final de este libro.

PRIMERA PARTE

A principios de la década de 1950, más o menos al mismo tiempo que comencé el trabajo que condujo a la PCT, mi difunto amigo Kirk Sattley y yo nos interesamos por un fenómeno aparentemente irrelevante. Mientras uno se concentra conscientemente en un hilo de pensamiento o en un tema, a menudo surgen pensamientos en segundo plano sobre los pensamientos en primer plano. Kirk y yo nos preguntábamos si este proceso podía repetirse, es decir, si el pensamiento de fondo podía traerse al primer plano, de modo que pudiera encontrarse *otro* pensamiento de fondo, esta vez sobre el nuevo pensamiento en primer plano. Y así fue. Como los dos éramos básicamente ingenieros, nos preguntamos cuántas veces seguidas podría hacerse eso. Con una persona ayudando a mantener el proceso en marcha mientras la otra informaba de lo que le venía a la mente, descubrimos que, efectivamente, se podía hacer varias veces seguidas y que (a menudo) no daba vueltas en círculo, sino que, de hecho, continuaba durante un número bastante reducido de niveles y luego parecía detenerse, dejándolo a uno en un interesante estado mental.

Como mi mente es rápida por naturaleza, sólo tardé unos 20 años en darme cuenta de que este fenómeno podía tener algunas aplicaciones prácticas, y que incluso podía tener algo que ver con la teoría en la que, para entonces, había invertido buena parte de mi vida. Elaboré algunas demostraciones y las probé con otras personas, con resultados bastante interesantes. Sin embargo, eso no me convertía en psicólogo clínico ni me daba licencia para revolver la mente de la gente, así que el Método de Niveles o MOL, como empecé a llamarlo, nunca llegó muy lejos en cuanto a pruebas reales. No, claro está, hasta que Timothy Carey, entonces en Australia, entró en escena.

Tim Carey conoció por primera vez la PCT y la encontró útil en su trabajo en las escuelas. A diferencia de muchos de los que leían mis publicaciones, él leía con detalle las partes difíciles, exigía explicaciones y se lamentaba de no poder hacer que las ecuaciones de mi primer libro salieran bien. Eso fue algo afortunado, porque contenían errores que él había encontrado (nadie más lo había hecho). Asumió modestamente que debía de haber entendido mal, pero no era así. Aplicó la misma lectura minuciosa a todo y, con el tiempo, conoció el Método de Niveles, que yo sacaba a relucir de vez en cuando para ver si había algún interesado. Obtuvo un doctorado en psicología clínica, y luego un trabajo como psicólogo clínico en su territorio ancestral de Escocia, donde puso a prueba este método utilizándolo exclusivamente y a tiempo completo con clientes, y llegando finalmente a ser el principal experto en la naturaleza y el uso del Método de Niveles.

Probablemente sea un aspecto importante que el Método de Niveles tiene detrás un fundamento científico, en el sentido de que sería bueno vincular un método de terapia a un conocimiento sólido sobre el funcionamiento del cerebro. Pero para un libro de psicoterapia, el fundamento científico es secundario y la práctica es primordial. Este libro se basa en los tan considerables conocimientos de Tim sobre cómo realmente funciona MOL con las personas, y lleva a este método mucho más allá de la fase primitiva a la que yo lo había llevado. Por ejemplo, yo había hecho muchas demostraciones de cómo aplicarlo, que duraban quizá 10 o 15 minutos, sin haberlo aplicado con la misma persona (sin contar a Sattley) dos veces. Tim ha aplicado MOL con las personas a través de múltiples sesiones durante lapsos de tiempo considerables, y como consecuencia ha visto cómo utilizar MOL en un tratamiento formal de sesiones terapéuticas. Ha conseguido que este enfoque deje de ser una curiosidad para convertirse en un método práctico. Y puede enseñarlo sin exigir que la gente entienda mucha teoría del control (aunque eso no estaría de más...).

La PCT no debería interponerse en el camino del aprendizaje de cómo funciona MOL, del mismo modo que (según como Tim lo expresa), la psicoterapia no debería interponerse en el intento de las personas de resolver sus propios problemas. Así que ahora haré mi parte esquematizando, sin entrar en detalles técnicos de la teoría del control, el pensamiento que hay detrás del modelo de comportamiento de la PCT. Gran parte del modelo continúa siendo especulativo, pero lo que sigue a continuación es razonablemente defendible.

SEGUNDA PARTE

El mundo que controlamos, y en el que controlamos, es grande; nos movemos en él y hacemos cosas a las partes que podemos afectar. No vemos ningún nivel de organización; solo vemos un mundo desde cualquier lugar en el que nos encontremos. Parte de él lo llevamos con nosotros, usando brazos y piernas pegadas a él para movernos y actuar sobre el mundo, usando músculos internos para hacer sonidos, mientras miramos hacia afuera desde esta parte móvil a través de dos convenientes agujeros en nuestras cabezas.

Cuando observamos el mundo, vemos muchas *cosas*. Estas cosas son oscuras y claras, de colores y formas. Algunas de ellas se mueven; algunos patrones de movimiento se repiten, como al caminar. Algunas cosas actúan en relación a otras: se persiguen y huyen, bailan, conversan, se abrazan; otras son pasivas y no cambian a menos que las empujemos o tiremos de ellas, las giremos o las apretemos. Muchos de estos patrones se describen a sí mismos cuando los sentimos, olemos u observamos: no solo vemos a "Fido", sino a toda una vasta colección con un nombre: miramos a nuestro amigo "Fido" y mentalmente escuchamos "perro". El mundo se convierte en un mar de símbolos. Recogemos estos símbolos, les damos la vuelta y discernimos lo que significan, los enlazamos en cosas que escribimos y decimos, y reconocemos los lazos como descripciones cuando las leemos u oímos como frases (como ésta), y actuamos sobre el mundo para que se ajuste a nuestras descripciones de él. Pensamos y razonamos con esos símbolos, enunciamos reglas y regularidades con ellos. Vemos principios en ellos; vemos un mundo completamente ordenado.

Todo esto ocurre en el mundo exterior y, en parte, en nuestro interior. Pero lo que nos dice la PCT es que esto no es exactamente así. Cuando sentimos, olemos, oímos y vemos el mundo, estamos mirando dentro de nuestro cerebro, no fuera de él. Cuando vemos patrones en el mundo, los patrones existen como actividades en nuestro cerebro, no en el mundo. El débil eco del mundo no está adentro nuestro, sino afuera. Es el mundo que está fuera de nosotros el que intentamos captar de algún modo pequeñamente parcial mediante la construcción de una enorme y compleja estructura de representaciones en nuestro interior. Cuando actuamos para que el mundo se ajuste a las formas que pretendemos y preferimos, estamos actuando sobre esta compleja representación interior. Actuamos alterando el mundo exterior, sí, pero sólo conocemos ese mundo en la medida en que hemos aprendido a representarlo en nuestro interior en forma de percepciones. Desconocemos qué hacemos realmente con el mundo exterior para producir las experiencias que deseamos, y desconocemos qué otras cosas más le hacemos al mundo inadvertidamente: sólo sabemos lo que existe y lo que cambia en la representación interna. Sólo conocemos lo que percibimos.

Podemos organizar el mundo de la experiencia en clases de percepciones que muestran cierto orden interno y alguna relación entre sí. Por ejemplo, la "configuración" que llamamos "silla" contiene configuraciones más pequeñas y forma parte de otras más grandes, como un living, pero cada configuración también está hecha de cosas que no son configuraciones. La silla está hecha de varios colores; sus bordes, tal y como los vemos, son lugares en los que un color o brillo cambia bruscamente a otro color o brillo. Las pequeñas configuraciones de las que está hecha la silla, como los brazos, las patas, el asiento y el respaldo, pertenecen a ese tipo concreto de silla, pero los colores y los brillos podrían ser partes de cualquier objeto: son una clase de experiencia distinta de la clase que llamamos "configuraciones". Son "sensaciones" de distintas "intensidades".

Observa que para cambiar la configuración de la silla -digamos, abrir una silla plegable para poder sentarse en ella, o girar una silla en otra dirección o moverla a otro lugar, o reducirla a leña- es necesario que cambien al menos algunas de las sensaciones. No se puede modificar la configuración sin que cambien las sensaciones. Por otra parte, se puede cambiar fácilmente una sensación sin alterar la configuración de la que forma parte; se puede pintar la silla de azul, o utilizar papel de lija para alisar su parante, o bajar todas las luces hasta que apenas se pueda ver la forma, y seguirá siendo exactamente la misma silla. Además, no es *necesario* alterar la configuración para alterar ninguna de las sensaciones que la componen.

Esto significa que puedes controlar una sensación para que coincida (por ejemplo) con un brillo o un color diferentes sin tener que controlar una configuración, pero no puedes controlar una configuración (cambiarla para que coincida con la forma que prefieras) sin alterar al menos una sensación. De hecho, todo esto significa que las sensaciones pueden existir sin que existan las configuraciones, pero las configuraciones no pueden existir a menos que existan las sensaciones.

Así pues, en ese mundo exterior que ahora consideramos una representación interna, una colección compleja de percepciones, descubrimos que existen relaciones ocultas entre las distintas clases de percepciones. Las configuraciones son, como dirían los matemáticos, funciones de las sensaciones. Hemos descubierto algo sobre la forma que tiene el cerebro de representar el mundo exterior: el cerebro forma representaciones de sensaciones, y luego forma representaciones de configuraciones *a partir de las representaciones de sensaciones.*

Para hacerla corta, al hacer este análisis de muchas maneras diferentes y en muchos niveles de abstracción, y a través de muchas modalidades sensoriales diferentes, podemos formarnos una imagen de toda una jerarquía de percepción y control, en la que los niveles superiores de representaciones se forman a partir de representaciones de nivel inferior, y los niveles superiores de percepciones se controlan alterando los niveles inferiores de percepción. A título informativo y sin entrar en detalles, las clases identificadas hasta ahora se han denominado tentativamente (de menor a mayor): intensidad, sensación, configuración, transición, evento, relación, categoría, secuencia, procedimiento, principio y sistema conceptual.

Podemos ir más allá y decir que podemos definir *niveles de control*, en los que un nivel controla su propia clase de representaciones pero no diciéndole a los múltiples sistemas inferiores cómo actuar, sino dándoles objetivos, especificaciones que dicen "Haz que tu percepción se parezca *a esto*", donde "esto" es simplemente un conjunto de números que dicen cuánto del tipo de percepción de cada sistema inferior debe estar presente. Llamamos a esas especificaciones *señales de referencia*. Y cada nivel controla su propia representación para que coincida con la señal de referencia que se le da, diciéndole a los sistemas aún más bajos qué cantidad de *sus* percepciones deben crear y mantener, hasta que llegamos al nivel más bajo, donde un sistema en el tronco encefálico le dice al sistema más bajo en la columna vertebral que haga que sus sensaciones de esfuerzo muscular sean *así* de intensas, teniendo así efectos físicos en el mundo exterior. De este modo, la jerarquía perceptual se convierte en una jerarquía de control.

Para la entidad consciente que se construye internamente de este modo, todo esto no parece tener lugar en la mente, sino en el mundo del cual es consciente, y en la pequeña parte móvil de éste que lleva consigo el observador. Si quieres saber cómo es una relación, una categoría, una secuencia o una configuración, no cierres los ojos e intentes imaginar algo en tu cerebro; abre los ojos y mira el mundo que te rodea, el ajetreado y cambiante mundo que se extiende desde tu piel hasta la persona de al lado, hasta el horizonte y hasta la galaxia más lejana. Ese es el mundo que tu cerebro te da a experimentar: un inmenso teatro que cabe en un volumen menor al de una pelota de fútbol. Mi difunta esposa, Mary Andrews Powers, encontró este perfecto resumen de la situación en una colección de poemas de Emily Dickinson:

> El cerebro es más amplio que el cielo,
> Pues, puestos uno al lado del otro,
> El uno a el otro puede contener
> Con facilidad, y tú al lado.

ÚLTIMA PARTE

Ahora tengo que pedirte que olvides los nombres propuestos para los 11 niveles de percepción que se sugieren actualmente en la PCT, y que recuerdes sólo el principio subyacente: que las percepciones de un nivel se modifican como medio para controlar las percepciones de un nivel superior. Ese es el primer principio en el que (ahora) se basa el Método de Niveles. El segundo principio es simplemente la observación de un hecho: el ser humano tiene la posibilidad de cambiar el punto de vista desde el cual observa las representaciones en el cerebro. No hay explicación para este fenómeno del "punto de vista": es tan misterioso como la conciencia misma. Pero podemos formarnos una imagen mental de cómo funciona: es como si la conciencia de uno pudiera fusionarse con sistemas de control en varios niveles de la jerarquía de control, y esta fusión creara un campo de conciencia en el que uno es consciente desde el punto de vista de algún subsistema del cerebro. Cuando uno se identifica con un nivel determinado de la jerarquía, sólo es consciente de las percepciones de los niveles inferiores; para ver las percepciones del nivel en el que se basa la conciencia, es necesario trasladar la conciencia al nivel superior siguiente.

No hay duda de que necesitas detalles y ejemplos clarificadores; los encontrarás a medida que avances en este libro. Más que eso, encontrarás un nuevo punto de vista sobre cómo ayudar a las personas mientras lidian con sus propios problemas psicológicos.

Bill Powers
Durango, Colorado
25 de febrero de 2005

Agradecimientos

A riesgo de omitir los nombres de personas que deberían estar incluidas en esta sección, no quería empezar el libro sin agradecer formalmente a aquellas personas que ayudaron a que las palabras que leerás sean como son.

Todo lo que he aprendido hasta ahora sobre la PCT ha sido gracias a la perseverancia, paciencia y talento de extraordinarios teóricos y maestros. William T. Powers y W. Thomas Bourbon han pasado largas horas conmigo mientras luchaba con las ideas y las implicancias de la teoría. Dag Forssell, Philip J. Runkel, Richard S. Marken, Kent McClelland y la difunta Mary Powers, también me han ayudado enormemente en diferentes momentos y de diversas maneras. Runkel me hizo muchas sugerencias útiles que me ayudaron a mejorar la legibilidad de este libro. Bruce Nevin me proporcionó una ayuda invaluable cuando asumió el papel de editor. Forssell lleva una doble vida como editor y le agradezco que se haya hecho cargo de este proyecto.

También he tenido la suerte de contar con la amistad y la sabiduría de clínicos de gran talento. June Myatt, Richard Mullan, Margaret y Chris Spratt, Debbie Pitcaithly y Lars Madsen han dedicado tiempo a examinar varias versiones de este manuscrito y a poner a prueba muchas de las ideas que tú leerás.

Lloyd Klinedinst, Fred Good y Pamela Fox también se tomaron su tiempo para examinar y considerar el manuscrito y me brindaron la oportunidad de reflexionar sobre la exactitud y el propósito de lo que estaba escribiendo.

Y, por último, a mi esposa Margaret, que sigue explorando la PCT y MOL conmigo... gracias por estar aquí y por ser tú.

Para que lo sepas...

Recuerdo un tiempo antes de la PCT. No antes de que la PCT existiera, sino antes de que yo la conociera. Al principio estudié para ser maestro de escuela. Enseñé en preescolares y escuelas primarias, y luego hice algunos estudios de postgrado y enseñé en escuelas especiales, y más tarde trabajé como profesor asesor para programas de manejo del comportamiento. Desde que tengo uso de razón me ha interesado saber por qué la gente hace lo que hace, así que a lo largo del camino empecé a estudiar psicología part-time. Me sentí afortunado de poder estudiar formalmente algo que siempre había sido una especie de hobby para mí. Cuando terminé la carrera, empecé el doctorado en psicología clínica.

Me gusta mucho trabajar a partir de una teoría. Uno de mis primeros profesores universitarios dijo una vez: "No hay nada tan práctico como una buena teoría. Si una teoría no es buena en la práctica, entonces no es una buena teoría". Esa idea me ha quedado grabada. Nunca me ha gustado que me digan lo que tengo que hacer. Prefiero que la gente me explique el razonamiento que hay detrás de un determinado enfoque y luego me dejen a mí la tarea de averiguar cómo puedo llevar esas ideas a la práctica. A medida que he ido tratando de entender por qué la gente hace lo que hace, me he ido interesando por distintas ideas. He tenido experiencia o formación en Análisis Conductual Aplicado; Terapia Familiar; Terapia Cognitivo-Conductual; Terapia de Realidad de Glasser, Teoría de la Elección (llamada Teoría del Control cuando la conocí) y Gestión de Calidad; Terapia Racional Emotiva Conductual de Ellis; y Programación Neurolingüística.

Eso no significa que sea *ecléctico*. No sé *cómo* ser ecléctico. Cada explicación teórica implica un estado particular del mundo que es diferente de otras explicaciones teóricas. ¿Cómo se puede mezclar una idea que dice "las cosas son *así*" con otra que dice "no, son *así*"? A nivel teórico pienso que el eclecticismo es una imposibilidad.

Por eso, cada vez que me interesó una teoría concreta, la abracé y me suscribí plenamente. Sin embargo, tarde o temprano, todas esas teorías me parecían insuficientes. Algo no tenía sentido o aparecían incoherencias de las que no me había percatado al inicio.

Y así fue como llegué a la PCT. Llevo aprendiendo PCT desde 1995 y me sigue gustando tanto como cuando lo conocí. Quizás una de las cosas que más me gusta de la PCT es que es la única teoría que permite construir un modelo de trabajo que funcione tal y como lo hace una persona. Con la PCT he podido encontrar sistemáticamente las respuestas a las preguntas que buscaba, y he podido utilizar la teoría como marco para desarrollar preguntas que no se me habían ocurrido y así buscarles una respuesta. La PCT es el fundamento científico de todo lo que aparece en este libro.

Este libro describe una forma de trabajar con personas que acuden a ti con problemas psicológicos que parecen no poder resolver por sí mismas. Antes de que empieces el libro, he pensado que sería útil que supieras algunas cosas que debes tener en cuenta.

> Me gustaría que este libro fuera un recurso para cualquiera que esté interesado en mejorar su efectividad en psicoterapia aprendiendo MOL. No he escrito este libro para persuadirte de que *deberías* convertirte en psicoterapeuta MOL, sino para ayudarte a mejorar tus prácticas partiendo del supuesto de que ya has decidido que quieres mejorar en la aplicación de MOL. Si todavía necesitas que te convenzan del valor de MOL, es posible que este libro no te proporcione lo que necesitas.

> A lo largo del texto utilizo el término "psicoterapia" como término general para incluir todas aquellas interacciones en las que una persona con la formación pertinente se reúne con otras personas para ayudarlas a superar problemas de naturaleza psicológica. Por lo tanto, utilizaré el término "psicoterapia" para referirme a la terapia de naturaleza psicológica. Voy a utilizar "psicoterapeuta" para referirme a una persona que utiliza este tipo de terapia, aunque la persona también podría llamarse counselor, terapeuta, psicólogo, trabajador social, psiquiatra, especialista en enfermería clínica, trabajador de la salud mental o algún otro término.

> Otros dos términos que utilizo con frecuencia a lo largo del libro son "exactitud" y "precisión". Sus significados son muy similares. El sitio web www.dictionary.com incluye la palabra "exactitud" en el significado de ambos términos. Pero son diferentes en un aspecto importante. Por ejemplo, yo podría decirle que el Sr. Joseph Banks vive en Inglaterra, o podría decirle que vive en el número 17 de Cherry-Tree Lane, Londres. Las dos direcciones son exactas, pero la segunda es más precisa que la primera. Si le dijera que vive en el número 24 de Arch Street, Filadelfia, también sería más preciso que decir que vive en Inglaterra, pero una de las dos afirmaciones no puede ser exacta. Tanto la precisión como la exactitud son importantes para la ciencia. Creo que una teoría más precisa y más exacta merece más atención que una teoría menos precisa y menos exacta. En mi ejemplar del *Diccionario de Psico-*

logía (Reber, 1995, p. 756) la definición de "estímulo" comienza de esta manera: "Intentar dar una definición precisa de este término ha llevado a muchos psicólogos a la aflicción. Dado que es el término principal en la orientación teórica que, históricamente, ha sido considerada como una de las más objetivas producidas por la psicología, uno podría anticipar que habría una definición relativamente inequívoca para él o, al menos una forma acordada de uso. Desgraciadamente, no hay ni una ni otra". En *Behavior: The Control of Perception* (Powers, 1973, 2005, p. 283), Powers define "control" de la siguiente manera: "Consecución y mantenimiento de un estado perceptual preseleccionado en el sistema controlador, mediante acciones sobre el entorno que también anulan los efectos de las perturbaciones". Me parece que "control" se define con más precisión que "estímulo", por lo que consideraría que las teorías sobre el control merecerían más atención que las teorías sobre los estímulos. Bourbon y Powers (1993), [reimpreso en Runkel (2003)] compararon el modelo de control perceptual con un modelo estímulo-respuesta y un modelo cognitivo. En la fase final de su estudio informaron de correlaciones de 0,296 y 0,385 para el modelo estímulo-respuesta; 0,119 y 0,151 para el modelo cognitivo; y 0,996 y 0,969 para el modelo de control perceptual. Considero que las correlaciones del orden de 0,90 son más precisas que las correlaciones del orden de 0,10 a 0,40, por lo que creo que el modelo de control perceptual merece más atención que el modelo estímulo-respuesta y el modelo cognitivo.

A veces digo las cosas más de una vez. Algunas cosas las repito en varias ocasiones. Cuando la información se repite, se puede suponer que es porque considero que es lo bastante importante como para repetirla de otra manera o en otro contexto. Espero que las repeticiones te faciliten el aprendizaje de lo que a mí me parece -al menos en este momento- lo esencial de MOL.

Como ya he dicho, prefiero trabajar de la teoría a la práctica, por lo que este libro se divide en dos secciones. En la Sección Uno se explican los principios teóricos que sustentan a MOL y las implicancias que la PCT tiene para la forma de conceptualizar los problemas psicológicos. Es algo así como el "por qué" del libro, si se quiere, y es más o menos la continuación de lo que Powers introdujo en el Prólogo. Si lo que lees sobre la teoría te interesa, encontrarás mucha más información en www.livingcontrolsystems.com. La segunda sección es el "cómo" del libro. En ella se explica MOL y se ofrece información y ejemplos que te ayudarán a aprender el método.

La sección "cómo" del libro no ofrece listas de cosas que hacer o no hacer. En lugar de especificar lo que debes hacer en una situación determinada, he sugerido las actitudes o propósitos que necesitarás para utilizar este enfoque. Más que nada, el método que describo es un estado mental, un punto de vista, una forma de entender el mundo en general y los problemas psicológicos en particular. Creo que si aprendes la actitud serás capaz de decidir por ti mismo lo que necesitas hacer en cada momento. Ciertamente, proporciono ejemplos de preguntas que hago y de procedimientos que utilizo, pero estos ejemplos se proporcionan sólo como algunas de las muchas posibilidades. No deben tomarse como ejemplos de una configuración concreta de palabras que hacen la diferencia. Lo que hay que entender de ellos es la intención que hay detrás de las palabras. Una vez más, esto refleja mi preferencia por captar los principios y aprender por mi cuenta.

Para facilitar la lectura, he optado por no referirme a "él o ella", sino que he utilizado los nombres de las personas cuando proporciono ejemplos o explico algo de lo que estoy escribiendo. Aunque los ejemplos se han desarrollado a partir de mi experiencia con este enfoque, los nombres no pretenden referirse a ninguna persona en particular.

Otro consejo de legibilidad se refiere al término "MOL". Cuando leo o digo MOL digo las tres letras por separado como en M.O.L., no lo digo como la palabra "MOL" como en una palabra que rima con "sol". Este punto puede ser útil en varios momentos a lo largo del libro cuando leas MOL de la forma en que utilizo este término.

En varias ocasiones a lo largo del libro te diré que personas como Powers o Bourbon dijeron ciertas cosas. Siempre que se mencione un nombre, pero no se asocie una publicación con el nombre en ese momento, puedes suponer que obtuve esa información concreta a través de una comunicación personal.

Al final de cada capítulo haré un breve resumen de los temas tratados. También destacaré lo más importante de ese capítulo y mencionaré de qué trata el siguiente.

Con esto ya podemos comenzar...

SECCIÓN UNO

¿POR QUÉ?

Capítulo Uno

Empecemos por el final

Timothy (Tim) (psicoterapeuta):
   Patrick, ¿de qué quieres hablar?
Patrick (un cliente):
   Me gustaría explorar un poco un conflicto interno que he tenido... umm... Me voy a mudar en tres semanas a vivir a Chicago por un año. Mi pareja se quedará en la casa que tengo en Phoenix. Mi pareja no ha conseguido trabajo en Chicago, así que se quedará en Phoenix el año que viene y eso representará mantener a nuestra hijastra que necesita pagar su préstamo estudiantil. Mi, mi conflicto es ... es ... ¿tiene sentido el ssss ... cómo, cómo decido lo que tiene más sentido? ¿Es usar el capital para invertir o esperar un año, arriesgándome a que el mercado inmobiliario haya desaparecido...? ¿verdad?... y, mmm... ¿vender la casa el próximo año y perder la posibilidad de invertir para obtener ganancias financieras? Correcto. Porque mi conflicto es la ganancia financiera frente al apoyo personal para mi pareja y mi hijastra. Podría seguir brindándoles apoyo si se mudan y tienen que alquilar una casa adosada o algo así, ¿verdad? (frunce la nariz) Supongo que mi conflicto es en parte que... umm (frunce el ceño)... no va a ser la misma experiencia de calidad de vida para ellas durante el año.
T: ¿Si vendes?
P: Si vendo. (asiente moviendo la cabeza)
T: OK. Entonces, déjame chequear, Patrick... tu pareja y tu hijastra están viviendo en la casa en este momento.
P: Así es. (asiente moviendo la cabeza)
T: OK. Y tú sólo vas a ir a Chicago un año.
P: Oh, no. Estaré allí un año y más tiempo, y mi pareja se mudará dentro de un año.
T: Ah, OK. ¿Entonces ella va a ir en un año?
P: Si. (asiente moviendo la cabeza)
T: OK. ¿Así que lo máximo que necesitarás la casa es un año?
P: Así es.
T: OK. Y tú... tus opciones son que puedes venderla o,
P: Publicarla ahora.
T: Correcto... (asiente moviendo la cabeza)
P: Correcto. Podría venderla en unas semanas.

T: Si, si. (asiente moviendo la cabeza)
P: Pero entonces tendría que mudarse a una casa adosada.
T: OK.
P: De acuerdo. (asiente)
T: OK, OK y podrían... te preocupa que... que la calidad de vida en la casa adosada no sea tan buena como en la casa, ¿es eso...?
P: Correcto. Así es, sí. (asiente moviendo la cabeza)
T: OK, OK. O, si tú esperaras 12 meses para vender la casa que... ¿qué te preocupaba entonces?
P: Bueno, si espero 12 meses, perderé un beneficio económico considerable. Estoy bastante seguro de que... tengo... el potencial de... ganar algo a través de... a través de inversiones e intereses... ¿verdad? Que si soy capaz de utilizar el capital que tiene la casa ... Si lo que está atado en la casa en este momento se queda allí y no se hace nada, de hecho, probablemente va hacia abajo porque el mercado inmobiliario en este momento es ... (gestos hacia el piso)
T: OK, entonces está bajando. (asiente moviendo la cabeza)
P: Está bajando.
T: OK, OK. Creo que ya estoy en situación ahora. Tú has dicho hace un minuto que... umm… tú conflicto es cómo decidir.
P: Sí.
T: ¿Cómo estás decidiendo en este momento? ¿Qué está pasando?
P: (frunce el ceño) Supongo, supongo que lo que estoy haciendo realmente en este momento es cuestionar la decisión que yo... mi decisión original, mi decisión original era... que ella se quedara en casa.
T: ¿Estabas a punto de decir que te estás cuestionando la decisión que tomaste?
P: Sí (asiente moviendo la cabeza). Sí, sí.
T: OK. Entonces... en el fondo de tu mente, ¿está que... que ya has tomado la decisión?
P: Bueno, ya habíamos tomado una decisión, pero ahora la estoy revisando. La vuelvo a plantear para revisarla.
T: OK.
P: Correcto.
T: OK.
P: ... y en crédito a ella... ella fue la que abrió esa puerta.
T: Ajá.
P: Correcto.
T: Ajá.
P: Y ahora... ahora lo estoy revisando... luchando con eso.
T: OK. ¿Qué... qué está pasando con la lucha?
P: (frunce el ceño) ... No estoy seguro de entender tu pregunta.
T: Mmmhhmmm. Cuando... cuando luchas ¿qué es, qué está pasando para ti?

P: De acuerdo... supongo que tengo al menos dos voces corriendo... bueno, si vendes tienes esta ventaja.
T: OK.
P: Correcto. Si no lo haces, entonces tienes una mejor calidad de vida y eso es brindar más apoyo y ser más leal... y... y... con ella.
T: OK. Entonces... por un lado hay una mejor calidad de vida... umm... para tu pareja y tu hijastra...
P: Correcto. Correcto.
T: ... y la posibilidad de ... umm ... perder algo de dinero.
P: Sí.
T: OK. Y por otro lado existe la posibilidad de... umm... venderla.
P: Venderla y darse cuenta...
T: Y tener dinero para invertir.
P: Así es. Lo que tiene ventajas a largo plazo, en el sentido de que se trata de un proyecto a cinco o seis años para aprovechar ese capital y maximizarlo para... ahhh... dar más libertad e independencia a largo plazo.
T: OK. Entonces... este (indica con la mano) tiene más... más ventajas a largo plazo que...
P: Sí.
T: ... la venta de tu casa ahora
P: Sí.
T: ... y, y ... en ... en esta ... ¿en la otra mano? (indica con la otra mano) La venta en 12 meses ...
P: Tiene la ventaja de ser menos disruptivo...
T: OK. (asiente moviendo la cabeza).
P: ... para ella ¿no? Durante este periodo de un año ...
T: Ajá.
P: ... por varias razones va a ser un poco duro... duro para... para ella, ¿verdad?
T: Sí. (asiente moviendo la cabeza)
P: ... ya sabes, por su cuenta... y... relaciones a distancia, ¿verdad?
T: Sí, sí.
P: Sí.
T: OK, así que... así las cosas serían más fáciles para ella...
P: Sí.
T: ... si... si se quedara en la casa.
P: Correcto.
T: ¿Es así? ¿Es así como lo ves?
P: Sí. (asiente moviendo la cabeza)
T: OK... y si vendieras la casa ellos estarían... no sería tan fácil para ella pero habría más beneficios económicos y más ventajas más adelante.
P: Así es, sí.

T: OK.

P: Creo que lo has descrito lo suficientemente bien como para contar esas pequeñas ventajas y desventajas. Hemos creado una de esas hojitas con pros, contras e intereses...

T: OK, ¿es una de las... una de las cosas que ustedes... que ustedes han estado haciendo?

P: Sí, sí.

T: ... ¿y cómo se están equilibrando los pros y los contras en este momento?

P: Bueno, si estuvieran claros no estaría aquí sentado diciendo que este es mi problema, ¿verdad? (Ríe) Así que no lo están.

T: OK, ¿y cuál es la parte que no está clara?

P: Umm... (mira hacia abajo-frunce el ceño) la parte que no está clara... es... umm... supongo que lo que no está claro para mí es cuál es el mejor... cuál... ¿cuál quiero valorar más? ¿Quiero valorar mi apoyo a ella en cuanto a su calidad de vida, o la parte del beneficio económico? ¿Verdad? Y no quiero que (sacude la cabeza)... una parte de mí no quiere tener que equilibrar una cosa con la otra (hace un gesto con las manos, con las palmas hacia arriba como si pesara dos cantidades) porque para mí son dos tipos de cosas diferentes... tener que... tener entonces que equilibrarlas.

T: Entonces... déjame... déjame entender eso. ¿Hay una parte de ti que no quiere tomar esta decisión?

P: Pero no tomar una decisión, por supuesto, es una decisión, ¿no?

T: ¿Cuál sería la decisión si no tomaras una decisión?

P: Supongo que la decisión sería que ella se queda en la casa y la vendemos dentro de un año, ¿no?

T: OK.

P: Correcto.

T: OK.

P: ... porque la decisión ya fue como tomada, es simplemente reevaluar si ¿es la decisión correcta?

T: Ajá.

P: ... ahora esto vuelve a poner estas dos piezas en equilibrio. (gesticula con las manos)

T: OK, OK. Así que... estoy interesado... tú... tú has dicho que... que una parte de ti ni siquiera... cómo es que tú... cómo es que sopesas (gesticula con las manos) estos valores, esto es... estos son dos... así que una parte de tí ni siquiera quiere tener que hacer eso y... y sin embargo casi suena como si sintieras que tienes que hacerlo. Que... que va a suceder... que... que no quieres tomar una decisión pero... pero vas a tomar una decisión de todos modos.

P: Sí.

T: ... porque la decisión se va a tomar.

P: Sí. Dejarlo así como está es una decisión.
T: Ajá. (asiente moviendo la cabeza)
P: Correcto.
T: Ajá. Ajá.
P: Y bien... y entonces... ¿es esa la decisión con la que debería quedarme o debería revisarla y decir no... hagámoslo de la otra manera?
T: OK. ¿Y es... es esa la parte que no te parece clara?
P: (hace una pausa de unos cinco segundos, frunciendo el ceño)... Es esa parte la que no me parece clara (se echa hacia atrás y levanta la mirada)... No estoy seguro de a qué te refieres cuando dices "esa parte".
T: OK... yo sólo ... yo ... tú mencionaste la palabra 'claro' antes así que ... y yo ... yo estoy intentando ... entender lo que tú... lo que tú quisiste decir con claro ... tú estás diciendo en el umm ... porque tú... tú me lo has descrito con bastante claridad (risas), así que estoy intentando entender qué es lo que no está claro para ti... que puedas vender ahora...
P: Así es.
T: ... o ... o vender en 12 meses, y hay ventajas y desventajas de ambas.
P: Correcto. Exacto. (asiente con la cabeza)
T: ... y en cierto modo cualquiera de las dos decisiones significa valorar ... umm ... una cosa ...
P: Uno... uno valora el tipo de ganancia financiera y... y el potencial a largo plazo...
T: Sí.
P: ... y uno valora brindar apoyo y ... y su calidad de vida en ese ... en ese tiempo, ¿verdad?
T: De acuerdo, es casi como si dijeras que si tú... si tú te decides por una de las dos opciones, estás valorando una más que la otra.
P: Correcto.
T: ... y realmente no querías hacer eso.
P: Así es (asintiendo con la cabeza).
T: Así que... por otro lado casi suena como si tú... tú no quisieras estar en una posición en la que tuvieras que valorar a uno por encima del otro.
P: Sí.
T: ... pero... pero eso va a pasar de todos modos... vas a hacer eso...
P: Sí. (Sacude ligeramente la cabeza y sonríe con un lado de la boca).
T: ¿Qué se te ha venido a la mente justo ahí? Cuando tú...
P: Oh... es... (se ríe)... umm... (levanta la vista)... a ver si puedo recapturarlo... (hace una pausa de unos cinco segundos)... cuando... cuando tenías las manos por aquí (hace un gesto)
T: Sí.

P: valorando aquí (sigue gesticulando)

T: Sí.

P: Umm ... (hace una pausa) ... lo que pasó ... había (gesticula con las manos) ... es casi como si me dijera a mí mismo... la ... la solución está clara (sonríe y me mira) ... tal vez ... tal vez la solución está ... está clara. Tal vez yo solo... la decisión no es sopesarlas (asiente con la cabeza) una contra otra.

T: Oh.

P: Exacto. He estado sopesando una contra la otra (hace un gesto con las manos para sopesar) poniéndolas ahí (junta las manos) creando eso. Quizá yo simplemente debería... (se encoge de hombros)... ignorarlas... no son dos cosas a considerar una contra otra. La que más valoro es... cierto... la que más valoro ahora sería decir OK no venderemos. Vamos a... vamos a quedarnos con tu calidad de vida durante un año... tu sabes está bien, es solo un año.

T: Ajá.

P: ... correcto. Cuando la (se encoge de hombros) ... ganancia financiera, sucederá de una forma u otra.

T: ¿Qué se siente al oírte decir esas palabras?

P: (se ríe, mira hacia abajo y se tira de la oreja) ... bueno, supongo que he tomado una decisión.

(T y P ambos se ríen)

P: Sí... sí... (se sienta, levanta la vista un momento y luego se sienta hacia delante y mira a T). Gracias, Tim.

T: ¿Es ese un buen lugar como para terminar?

P: Sí... (risas)... es un buen lugar para detenernos.

La transcripción anterior es un ejemplo de un enfoque de psicoterapia que explicaré a lo largo de este libro. El enfoque se denomina Método de Niveles (MOL). Para muchos counselors, psicólogos, trabajadores sociales, psiquiatras, psicoterapeutas y otros trabajadores de la salud mental experimentados, el diálogo anterior puede parecerles poco notable y familiar. Y así es como debería ser.

Dados los cientos de enfoques de psicoterapia y counseling que existen en la actualidad, es posible que las mejores preguntas, los retos más complicados, los insights más profundos, y las actividades más cautivantes se hayan concebido y descrito hace ya mucho tiempo. Mi propósito al escribir este libro no es incrementar ese acopio. En cambio, este libro proporciona una visión de lo que todos esos diferentes enfoques tienen en común: la naturaleza esencial de la asistencia que proporcionan los psicoterapeutas. Las técnicas y estrategias son el "cómo" de la psicoterapia. Llegaremos a eso en la Sección Dos de este libro. Pero antes de describir cómo puedes hacer psicoterapia más efectivamente, primero describiré lo que implica la psicoterapia eficaz.

Entonces este libro es primero una explicación de lo que es realmente la asistencia psicológica, y luego una explicación de cómo puedes proporcionar esta asistencia de forma sencilla y efectiva.

Está claro que en la psicoterapia pasa algo muy bueno. Muchas personas contratan los servicios de psicoterapeutas y experimentan los beneficios de los servicios que reciben. La psicoterapia es sin duda una actividad útil para un gran número de personas.

Sin embargo, también hay muchas personas para las que la psicoterapia no es útil. De hecho, para algunas personas es peor que inútil. Algunas personas tienen más problemas después de ir a psicoterapia que antes. Sharon, por ejemplo, podría descubrir en psicoterapia que tiene problemas que debe tratar aunque no se daba cuenta de que los tenía antes de acudir.

Se da el caso de que personas con diferentes problemas pueden emprender el mismo programa psicoterapéutico y experimentar beneficios similares. Por otra parte, personas con problemas similares pueden emprender el mismo programa psicoterapéutico y experimentar resultados diferentes. Por último, personas con problemas similares pueden emprender programas psicoterapéuticos diferentes y experimentar beneficios similares. Hay, de hecho, ocho posibles escenarios diferentes:

Mismo problema, misma psicoterapia, mismo resultado;
mismo problema, misma psicoterapia, resultados diferentes;
mismo problema, distinta psicoterapia, mismo resultado;
mismo problema, distinta psicoterapia, distintos resultados;
diferentes problemas, misma psicoterapia, mismo resultado;
diferentes problemas, misma psicoterapia, diferentes resultados;
problemas diferentes, psicoterapia diferente, mismo resultado; y
problemas diferentes, psicoterapia diferente, resultados diferentes.

Todo esto pasa. Si esto suena confuso, probablemente he hecho un buen trabajo describiendo el estado actual de la psicoterapia.

Cuando se realiza psicoterapia, independientemente del tipo de abordaje, algunas personas mejoran, otras permanecen igual y otras empeoran. Una gran cantidad de información sugiere que la mayoría de los programas bonafide de la psicoterapia, cuando se comparan entre sí, son casi igualmente efectivos. De hecho, el resultado de igual efectividad entre diferentes psicoterapias se ha denominado "efecto del pájaro Dodo" en referencia a *Alicia en el país de las maravillas* de Lewis Carroll: "Al final Dodo dijo '*Todos* han ganado y *todos* deben tener premio'". La noción del efecto del Pájaro Dodo y la equivalencia de las psicoterapias fue proféticamente sugerida por Rosenzweig en 1936 y luego revivida por Luborsky, Singer y Luborsky en 1975.

¿Te parece extraño el efecto del Pájaro Dodo? ¿Pueden ser correctos todos estos enfoques diferentes? Si un enfoque terapéutico para la depresión se basa en una comprensión clara del trastorno depresivo, ¿no debería ser más eficaz que todos los demás tratamientos que se basan en comprensiones diferentes? Quizá la igualdad de las psicoterapias no demuestre lo correctas que son todas ellas, sino más bien lo equivocadas que están cada una de ellas.

Cuando nos fijamos en los profesionales en lugar de fijarnos en las prácticas, vemos un panorama diferente. Algunos psicoterapeutas ayudan a la gente más veces que otros psicoterapeutas. Quizá los que ayudan a la gente hacen todos lo mismo a pesar de las diferentes técnicas que utilizan. Quizás también, esta "cosa" que hace efectivos a los psicoterapeutas efectivos es lo que no hacen todos los ineficientes a pesar de las técnicas que utilizan. De hecho, ya que diferentes psicoterapeutas usan las mismas técnicas, y algunos psicoterapeutas son efectivos con estos métodos y otros no, tenemos que concluir que la efectividad que se experimenta, definitivamente no puede ser atribuida a las técnicas en particular. Si la técnica fuera el factor que promoviera el éxito en la psicoterapia, todos los que utilizan la técnica deberían ser más eficaces que los que no la utilizan. Está claro que no es el caso. Y si las técnicas no son responsables de la efectividad de la psicoterapia, entonces debe cuestionarse la plausibilidad de la teoría subyacente a las técnicas.

En este libro sugiero qué podrían estar haciendo los psicoterapeutas cuando son eficaces. Le presentaré MOL como un proceso que destila lo que los psicoterapeutas hacen en común cuando la psicoterapia es beneficiosa y esa cosa que falta cuando la psicoterapia es ineficaz.

Cuando la psicoterapia se considera útil, suele ser porque se ha producido algún cambio dentro de la mente del cliente. Las personas con problemas psicológicos mejoran por sí mismas. Si Ethan está relajado en lugares públicos cuando antes se agitaba y temblaba, es que algo en la mente de Ethan es diferente a como era antes.

Algunas personas con problemas psicológicos recurren a los servicios de psicoterapeutas para mejorar. Muchas personas con problemas psicológicos mejoran sin acudir nunca a un psicoterapeuta. Las personas que acuden a los psicoterapeutas son las que no consiguen mejorar por sí mismas. A veces, las personas se atascan. Es decir, el *proceso* de mejora se detiene. Cuando las personas se atascan, la psicoterapia es una *interacción* que a veces ayuda a que el proceso avance, y a veces lo detiene. Tener clara la distinción entre el proceso de mejora y la interacción de la psicoterapia puede ayudar a los psicoterapeutas a clarificar su papel cuando se ofrecen a ayudar. Quizá los psicoterapeutas más eficaces sean los que saben interferir lo menos posible en los procesos naturales de las personas a las que ayudan.

Este libro trata de cómo ayudar sin interponerse en el camino.

Así que, si como psicoterapeuta crees que a veces te interpones en el camino más de lo que te gustaría, este libro podría tener algo para ti. En el próximo capítulo proporcionaré un contexto para este libro explicando el estado de la psicoterapia tal y como yo la veo. En el capítulo siguiente describiré una forma de pensar sobre los problemas psicológicos que es una alternativa a las conceptualizaciones actuales. En los dos capítulos siguientes explicaré por qué esta forma alternativa de pensar parece tener sentido. Es esta historia la que proporciona la justificación para las prácticas de MOL; ésta es esencial para entender MOL. El resto del libro, la Sección Dos, sugerirá cómo, los psicoterapeutas, podemos ayudar a las personas tanto como sea posible interfiriendo lo menos posible. Si deseas ser más útil la mayor parte del tiempo, tal vez estas ideas sean de tu interés.

Lo dicho

El efecto "pájaro Dodo" es un término utilizado para captar la idea de que, en general, los distintos programas de psicoterapia son igualmente exitosos.

Las técnicas de cualquier método en particular no pueden ser responsables del éxito de ese método, ya que algunas personas se benefician de las técnicas y otras no, y algunos psicoterapeutas tienen éxito con las técnicas y otros no.

Las personas mejoran por sí mismas.

Lo importante

Puede que actualmente estemos interfiriendo, o interponiéndonos, o retrasando o deteniendo inadvertidamente que los clientes mejoren por sí mismos.

Lo que viene

Analizaremos los trastornos psicológicos y las técnicas utilizadas para tratarlos.

Capítulo Dos

Una mirada a nuestra situación actual

Quienes estén impacientes por saber más sobre la práctica de MOL quizá prefieran saltarse algunos capítulos. No explico *cómo* hacer MOL hasta haber explicado *por qué* MOL es lo que es. Es el porqué de MOL lo que será importante cuando las cosas no vayan como deberían. Si te apresuras a aprender más sobre el "hacer" de MOL, recuerda que estos primeros capítulos te serán útiles cuando quieras mejorar tu eficacia con MOL.

MOL difiere de las prácticas actuales. Difiere en el método porque también difiere en la teoría subyacente. Además, difiere en la forma en que concibe los problemas psicológicos. En el resto de este capítulo, describiré las formas en que los problemas psicológicos son concebidos en las psicoterapias dominantes en la actualidad. En la lista de lecturas que figura al final de este libro se pueden encontrar más reflexiones sobre la concepción de los problemas, en particular por parte de los autores que menciono explícitamente en este capítulo. Las ideas de este capítulo pueden considerarse una síntesis del material contenido en muchas de las referencias enumeradas.

Como dije en el último capítulo, las personas mejoran por sí mismas. Mejorar ocurre dentro de las mentes de cada individuo.

Tal vez sea debido a que las personas mejoran por sí mismas que los psicoterapeutas tienen tanta libertad para las prácticas que emplean. Muy pocos métodos de psicoterapia tienen fundamentos plausibles sobre cómo funcionan sus métodos. Podemos saber que alguien estará menos deprimido si tiene más pensamientos funcionales y menos pensamientos disfuncionales, pero en las descripciones de los métodos psicoterapéuticos que utilizan estas técnicas no hay una explicación convincente de cómo un pensamiento disfuncional se convierte en un pensamiento funcional. Lo mismo ocurre con cualquier otro enfoque psicoterapéutico. Nadie puede decir con precisión cómo un recuerdo traumático se vuelve menos traumático, o cómo un estado de pánico se transmuta en un estado de calma, o cómo una respuesta fóbica se convierte en una respuesta ambivalente.

Saber simplemente que algo funciona está bien mientras ese algo siga funcionando. Sin embargo, cuando surgen problemas en psicoterapia, los intentos de solucionarlos serán necesariamente aleatorios y desorganizados si no se tiene una idea clara de cómo funciona la psicoterapia. Sólo cuando se sabe cómo funciona algo se puede afinar sistemáticamente para garantizar un rendimiento óptimo.

Quizá el hecho de que la gente mejore por sí misma sea la razón por la que quienes crean programas de psicoterapia han podido omitir la explicación de cómo su técnica particular facilita el cambio. Posiblemente, dado que las personas mejoran por sí mismas siempre que no se les pongan demasiados obstáculos, no importa demasiado qué métodos empleen los psicoterapeutas. Sin embargo, cuando el proceso de mejora no avanza satisfactoriamente, estas cosas *sí* importan, y el margen para la creatividad se reduce.

Los ingenieros que comprenden los principios que permiten que los aviones vuelen, los barcos floten y los edificios se mantengan en pie saben que tienen límites en lo que pueden hacer. Ciertas cosas deben estar siempre presentes para que los aviones puedan surcar los cielos. Una vez que estas cosas están en su lugar, pueden producirse modificaciones y adaptaciones, siempre que estos cambios no interfieran con las cosas que son necesarias. Hay mucha menos variabilidad en algo como la industria aeronáutica que en la industria de la psicoterapia. Parece que cuando la gente en un campo determinado confía en que sabe lo que funciona, simplemente lo hace.

Si de repente se impusiera una ley que restringiera a los psicoterapeutas al uso de una sola técnica, independientemente de las personas a las que atendieran, ¿con cuál se quedarían y cuáles descartarían? En este libro, MOL se presenta como el único enfoque necesario para ayudar a las personas con problemas psicológicos a mejorar de la forma más eficaz posible e interponiéndose en el camino lo menos posible.

A modo de contexto, puede ser útil considerar lo que otros autores han dicho sobre el ámbito de la psicoterapia. En 1994, el profesor Robyn Dawes aportó algunas conclusiones a partir de un extenso análisis de la literatura de investigación sobre psicoterapia. Dawes sostenía que, aunque la psicoterapia parece funcionar en general, no hay ninguna sugerencia sobre cómo funciona, ya que enfoques muy diferentes pueden funcionar igual de bien para el mismo problema. Además, parece que la formación, las credenciales y la experiencia de un psicoterapeuta individual son irrelevantes para su éxito como psicoterapeuta (Dawes, 1994).

Para el tratamiento de la depresión "la gama de tratamientos psicológicos que han resultado ser tan eficaces, como la TCC [Terapia Cognitivo-Conductual], sugiere que cualquier tipo de psicoterapia será probablemente eficaz si se desarrolla una relación terapéutica positiva." (King, 1999, p. 16).

Asay y Lambert (1999, p. 24) resumieron los resultados de un meta-análisis llevado a cabo por Smith, Glass y Miller (1980) y concluyeron que "la persona promedio tratada está mejor que el 80% de la muestra no tratada." No definieron lo que querían decir con "promedio" (un descuido habitual en los artículos sobre investigación psicológica), pero es justo que supongamos que quiere decir que el 50% de las personas tratadas están mejor que el 80% de las no tratadas. Para entender este tipo de afirmaciones, Bourbon suele dibujar una pequeña tabla. En este ejemplo, la tabla tendría el siguiente aspecto:

	Mejor	No mejor
Tratados	50%	50%
Sin tratar	20%	80%

Con los resultados en una tabla como ésta se puede ver que, la otra cara de la moneda de la conclusión de Asay y Lambert es que el 20% de las personas que no reciben ningún tratamiento (el resto de la muestra no tratada) están mejor que la mitad de los que sí reciben tratamiento. También se podría decir así: El 50% de las personas tratadas siguen estando tan bien (o tan mal) como el 80% de las personas que no reciben tratamiento.

Tras revisar la investigación sobre la eficacia de la psicoterapia, Dineen (2000, p.117) llegó a la conclusión de que "el 85% de los clientes mejorarían con la ayuda de un buen amigo y el 40% sin ni siquiera eso". Dineen continúa informando de que sólo el 15% de la eficacia del tratamiento psicoterapéutico puede atribuirse a los efectos específicos de cualquier protocolo de tratamiento concreto.

Dejémoslo ahí. Mi intención no es aporrearte con estadísticas abrumadoras o conclusiones pesadas. Por supuesto, hay otros autores que escriben sobre la eficacia de un tratamiento u otro. Estos autores sólo sirven para enfatizar el punto de que existe una gran confusión en el área de la psicoterapia. Los psicoterapeutas creen firmemente en los programas que ofrecen y en las explicaciones que hay detrás de estos tratamientos. Por el momento, sin embargo, nadie puede predecir qué tratamiento será eficaz para qué persona y en qué condiciones. Y lo que es más importante, las muchas explicaciones diferentes que existen de los problemas de las personas no pueden ser todas correctas.

En algunos aspectos, la psicoterapia podría considerarse análoga a la hechicería. Los hechiceros suelen tener historias elaboradas para explicar el estado actual de una persona. Una persona que siente calor al tacto y está sudando puede haber enfadado al dios del sol. Los hechiceros también tienen sus propias formas de tratar a la persona. El tratamiento conjurado por el hechicero suele tener muchos ingredientes diferentes. Y, sin embargo, los hechiceros tienen éxito con una parte de las personas a las que tratan. ¿Fue el tratamiento del hechicero el responsable de la mejora de la enfermedad? Si alguna parte del tratamiento del hechicero fue la responsable, ¿cuál fue? ¿Fue la combinación de todas las partes o algunas sólo estaban ahí para colorear el agua? ¿Interfirieron algunas partes de la mezcla en las propiedades curativas de la parte que fue útil?

Los psicoterapeutas tienen muchas historias elaboradas sobre por qué las personas experimentan los problemas que tienen. A veces es porque su niño interior y su yo adulto están discutiendo. Al mismo tiempo, puede deberse a que su recipiente de necesidades se ha secado, o a que sus emociones no pueden salir de donde quiera que estén encerradas, o a que tienen pequeñas cosas llamadas pensamientos disfuncionales en la cabeza como gusanos en una manzana. Quizá la historia más espeluznante de todas sea que los problemas de las personas están causados por "desequilibrios" químicos en sus cerebros. Los equilibrios de sustancias químicas en un cerebro humano intacto son actualmente tan inconmensurables como la ira del dios sol. Sin embargo, muchas personas se aferran a la historia del desequilibrio químico con tanta fuerza como los adoradores del sol se aferran a su historia.

En este punto, permítanme decir alto y claro que definitivamente *no* estoy tratando de minimizar o desvalorizar los problemas psicológicos que experimentan las personas. Obviamente, muchas personas tienen problemas psicológicos graves en algún momento, que pueden generar mucho malestar tanto para ellos mismos como para sus familiares y amigos. Precisamente dado que el malestar de los problemas psicológicos es tan grave, es importante entender bien lo que está pasando.

Algunas de las historias de la psicoterapia intentan explicar la existencia de los "trastornos mentales". Sin embargo, las ideas actuales sobre los trastornos mentales son tan absurdas como las historias que los explican. Las nociones de trastornos mentales como la esquizofrenia, la depresión y el TDAH, son tan fantasiosas y quiméricas como una "enfermedad del dios sol". La gente no tiene problemas porque "tienen" esquizofrenia, o depresión, o TDAH, o cualquier otro trastorno psicológico. Para que te diagnostiquen depresión simplemente tienes que decirle a alguien con autoridad para hacer diagnósticos que durante el último rato te has sentido triste, no has hecho gran cosa, has dormido demasiado (o demasiado poco), no has comido lo suficiente (o has comido demasiado), has tenido ganas de llorar, te has sentido irritable y has perdido el interés por las cosas. Si le dices esto a alguien que sepa diagnosticar, te dirá que "tienes" depresión. Pero la depresión se *define* por cosas como "una sensación de inadecuación, un sentimiento de abatimiento, una disminución de la actividad o la reactividad, pesimismo, tristeza y síntomas relacionados" (Reber, 1995, p. 197). Entonces, al decirte que tienes depresión, ¡el diagnosticador te ha dicho exactamente lo que tu le has dicho!

En su mayor parte, los llamados trastornos mentales actuales son constelaciones arbitrarias de comportamientos. Las estrellas que forman Orión sólo lo hacen porque alguien dijo una vez que esas estrellas debían ir juntas. Del mismo modo, la falta de atención y la impulsividad contribuyen al TDAH, la irritabilidad y la inactividad contribuyen a la depresión, y los delirios y el habla desorganizada contribuyen a la esquizofrenia simplemente porque alguien dijo que debían hacerlo. La falta de atención y la impulsividad no son síntomas de algún problema orgánico subyacente, del mismo modo que la fiebre puede ser síntoma de malaria y el temblor puede sugerir la enfermedad de Parkinson. Las constelaciones del cielo nocturno no apuntan a ningún orden subyacente del universo. Las constelaciones en el cielo fueron inventadas, no descubiertas. Del mismo modo, las constelaciones del comportamiento en los trastornos mentales fueron inventadas, no descubiertas. No hay ningún problema orgánico identificado que caracterice cosas como la depresión, la esquizofrenia y el TDAH.

O, dicho de otro modo: No hay una "cosa" llamada TDAH que cause los síntomas de falta de atención e impulsividad, no hay una "cosa" llamada depresión que cause inactividad e irritabilidad, y no hay una "cosa" llamada esquizofrenia que cause delirios y habla desorganizada. Y la gente no deja de ser impulsiva o irritable o delirante por curarse de estas "enfermedades". Y los psicoterapeutas no ayudan a la gente por medio de curar esas "enfermedades".

El Informe de la U.S. Congress Office of Technology Assessment de 1992 afirmaba que "los trastornos mentales se clasifican en función de los síntomas porque todavía no existen marcadores biológicos ni pruebas de laboratorio para ellos." De hecho, para muchos de los trastornos enumerados en *el Manual diagnóstico y estadístico de los trastornos mentales* (4ª ed., 1994), como la depresión y la esquizofrenia, existe un calificativo específico del tipo "los síntomas no se deben a los efectos fisiológicos directos de una sustancia o a un estado general de medicación" (por ejemplo, pp, 286, 327, 366, 402 y 432). Por lo tanto, si alguna vez se encuentra una "cosa" orgánica que cause la depresión y la esquizofrenia, entonces, *según sus propios criterios diagnósticos*, podrían dejar de considerarse trastornos mentales.

¿Has estado teniendo pensamientos pasando por tu mente, tales como "¿y qué?" al leer la información anterior? ¿Te has preguntado cosas como: "¿Y qué si hay muchas historias diferentes en los libros de psicoterapia?" o "¿Y qué si los diagnósticos de trastornos mentales se basan enteramente en síntomas?".

Estas preguntas sólo pueden responderse según tus propios estándares personales. ¿Es importante para ti ser más efectivo en lo que haces? Incluso los hechiceros son útiles algunas veces. Sin embargo, para los hechiceros que quieren ser más efectivos en lo que hacen, es muy poco probable que mejoren esforzándose más por apaciguar al dios sol o al espíritu del bosque. No importa cuántas ofrendas hagan o cuántos ingredientes pongan en su medicina. Sin una explicación precisa de cómo mejora la gente, algunas de las personas que traten mejorarán, otras seguirán igual y otras empeorarán. Y no sabrán de qué personas se trata ni por qué responden de forma diferente a sus encantos. La razón por la que la gente mejora, permanece igual o empeora no está relacionada, en su mayor parte, con lo que hace el hechicero. Las personas mejoran de manera fortuita cuando las trata un hechicero. Si los hechiceros quieren tener un impacto más directo en el bienestar de las personas que tratan, necesitarán una historia diferente.

En psicoterapia se da una situación similar. La terapia cognitiva y la relajación aplicada, por ejemplo, han demostrado producir resultados igualmente eficaces en el tratamiento del trastorno de pánico (Ost & Westling, 1995). Si estos tratamientos son realmente igual de eficaces, entonces está claro que ni las técnicas específicas de la terapia cognitiva ni las de la relajación aplicada pueden considerarse responsables de la reducción de los síntomas del pánico. Ni la pócima específica de la terapia cognitiva ni el brebaje de la relajación pueden identificarse como el agente curativo. Esto significa que los psicoterapeutas que hacen terapia cognitiva o relajación aplicada no están haciendo lo que creen que están haciendo en términos de ayudar a las personas a mejorar. Esto también significa que si los psicoterapeutas, como los psicoterapeutas cognitivos, quieren ayudar a más personas con más frecuencia, será inútil inventar más estrategias cognitivas o mejorar la forma en que emplean sus estrategias existentes.

Ningún procedimiento psicoterapéutico debería librarse de este análisis. En la medida en que las personas mejoran en psicoterapia, no se debe a ninguna estrategia específica de ningún método concreto. No es porque las personas hablen con sillas, o discutan sus pensamientos disfuncionales, o muevan las pupilas, o liberen sus emociones, o sean desensibilizadas sistemáticamente, o den la mano a su yo adulto y a su yo niño, o satisfagan sus necesidades, o controlen su comportamiento.

No estoy sugiriendo que las personas no mejoren en el contexto de diversas actividades psicoterapéuticas. Es evidente que muchas mejoran. *Lo* que sugiero es que no son las actividades las que les hacen mejorar. Aprender a relajarse no hace que mejoren, hacer las tareas no hace que mejoren, hablar con las sillas no hace que mejoren, discutir creencias irracionales no hace que mejoren, e integrar partes del yo no hace que mejoren. Estas actividades no son malas, ni terribles, ni malvadas. En términos de ayudar a las personas a mejorar, probablemente sean indirectas en el mejor de los casos, y distractoras en el peor. Fundamentalmente, no son *necesarias* para que las personas mejoren.

Muchas investigaciones sobre psicoterapia sugieren que el ingrediente más importante de una psicoterapia efectiva es establecer una relación cálida y afectuosa. Por lo tanto, las actividades específicas que se realicen son en gran medida irrelevantes siempre que se establezca la relación adecuada. Sin embargo, los investigadores aún no pueden decir qué es lo que parece ayudar de una relación cálida y afectuosa, por lo que esta relación comparte el mismo estatus que otros factores, características y procedimientos de la psicoterapia.

Las razones por las que las personas mejoran no son las que dicen los psicoterapeutas. Esto es problemático sólo para las personas que quieren ayudar a más personas más seguido. A los hechiceros que quieren asegurar su lugar en la tribu curando a mucha gente, no les servirá de nada añadir más de sus ingredientes favoritos al brebaje. Si los psicoterapeutas quieren que más de sus clientes mejoren, es inútil que mejoren en la comprensión del ello, o que discutan los pensamientos irracionales, o que identifiquen las necesidades insatisfechas. Nada de esto ha conducido a los clientes a su situación actual, ni nada de esto les permitirá recuperarse.

De hecho, la mayor parte de la psicoterapia actual equivale a poco más que darle consejos a la gente. Si tienes miedo de salir de casa, intenta salir un poco durante un rato. Si te sientes triste, empieza a hacer cosas que te gusten. Si crees que no te quieren, piensa que te quieren. Si te sientes tenso, respira hondo. En muchos casos, muy pocos de los consejos o sugerencias que se ofrecen parecen excesivamente profundos. Más bien equivalen a "si no puedes hacer mucho de algo, haz un poco". O, "si estás pensando cosas que no quieres pensar, entonces intenta pensar cosas que sí quieres pensar". Dado que muchas personas que visitan a los psicoterapeutas son probablemente tan inteligentes como el psicoterapeuta, es interesante preguntarse por qué no se les ocurrieron estas sugerencias a ellos mismos. Y puesto que a algunas personas les ayudan los consejos y a otras no, no puede ser que sean los consejos los que hagan la diferencia.

En el capítulo anterior sugerí que gran parte de lo que se hace actualmente en psicoterapia bien puede interferir con la capacidad de las personas para mejorar por sí mismas. Quizá lo que hace un hechicero realmente eficaz es recomendar a los enfermos que pasen cinco días descansando en sus chozas. Para muchas personas, tras cinco días de descanso pueden llegar a sentirse mejor. Todo lo demás que el hechicero hace es sólo para el espectáculo de la hechicería. Los hechiceros no gozarían del estatus ni del prestigio de que disfrutan si otras personas de la tribu descubrieran que lo único que hacen realmente es recomendar un periodo de descanso.

Me decepcionaría que sacaras una idea de que de mi comparación entre hechiceros y psicoterapeutas fuera de que intento humillar, menospreciar o degradar a hechiceros y psicoterapeutas. Mi propósito al hacer la comparación es demostrar que, como proveedores de recursos psicológicos, quizá no seamos tan sofisticados como creemos. No es raro oír a la gente hablar de la ciencia de la psicoterapia sin pensárselo dos veces, pero rara vez describirían a la hechicería como una ciencia. Sin embargo, en la actualidad ambas prácticas son quizá más similares que diferentes.

No creo que los hechiceros y los psicoterapeutas sean charlatanes conspiradores, como tampoco creo que un niño que escribe una carta a Papá Noel sea un bribón. Sólo creo que están equivocados. A lo largo de la historia ha habido muchas ideas equivocadas. La gente que creía que el mundo era plano estaba equivocada. La gente que creía que la tierra estaba en el centro del universo estaba equivocada. Las personas que creían que otras personas eran brujas y que debían ser sumergidas o quemadas estaban equivocadas. Las que creían en el flogisto y el éter estaban equivocadas. Las que creían que el plomo podía convertirse en oro estaban equivocadas.

Aunque es fácil ver la insensatez de las ideas del pasado, para algunas personas parece intolerable considerar la idea de que actualmente podríamos estar equivocados. De hecho, probablemente estoy infringiendo una de las reglas tácitas de la psicología. Parece haber un acuerdo general en la comunidad de las ciencias sociales de que no diremos que algo está mal. "No diré que tu teoría es errónea si tú no dices que la mía lo es". Es como si la palabra "incorrecto" generara picor en los oídos de la gente. Se piensa que ninguna teoría o idea es errónea, sólo que algunas son mejores que otras. Pues no parece que esa sea una forma de mejorar. A veces, algunas cosas están mal, eso es todo. Reconocer lo erróneo de una idea allana el camino para la exploración de ideas nuevas y más acertadas. Acomodar las ideas equivocadas en un mosaico de "todo vale" impide el desarrollo de la precisión y retrasa el progreso.

Y no creo que la psicoterapia de MOL esté exenta del juicio de lo correcto y lo incorrecto, ni que la Teoría del Control Perceptual (PCT) lo esté -la teoría que sustenta MOL. De hecho, espero fervientemente que en el futuro se demuestre que algunas de las ideas de este libro son erróneas. Definitivamente, no pretendo que este libro sea la última palabra sobre MOL o sobre la conceptualización de los problemas psicológicos desde la perspectiva de la PCT. Las ideas que describo aquí son tan correctas como puedo hacerlas en este momento, y creo que son un buen comienzo, pero eso no significa que no deban seguir siendo examinadas, evaluadas y revisadas cuando los resultados de pruebas rigurosas sugieran que es necesario modificarlas. No tengo ningún apego especial por ninguna de las ideas sobre las que he escrito... salvo las de exactitud y precisión.

Aunque he sugerido que parece haber un acuerdo *general* para evitar decir que algo está mal en las ciencias sociales, el acuerdo no ha sido respaldado unánimemente. Dado que estoy argumentando enérgicamente sobre los problemas que plantea el modo en que se conceptualizan y tratan actualmente los problemas psicológicos, sería descuidado de mi parte no señalarte al menos algunas de las fuentes que conozco y que exploran estos problemas, o elementos de ellos, con más detalle del que proporciono aquí.

Algunas páginas atrás mencioné al profesor Robyn Dawes. El subtítulo de su fascinante libro *House of Cards* (1994) es *Psicología y Psicoterapia Construidas sobre el Mito*, y a lo largo de este libro él deja claro que no ha firmado el acuerdo de "no digas que está mal". Dawes dice cosas como:

> ...no sabemos exactamente por qué algunas personas mejoran y otras no. (p. 38).

y

> Un aspecto especialmente preocupante del ámbito de la terapia profesional es la creencia persistente y sincera, pero tenaz, de que cualquier práctica actual es "iluminada", mientras que las prácticas pasadas eran deficientes, cuando no escandalosas. Aprendemos los defectos específicos del pasado pero parecemos inmunes a aprender el principio general de que década tras década, grandes nuevas ideas y grandes nuevas terapias resultan ser todo menos grandes. (p. 192).

Dawes sugiere la expresión "tiranía de la infancia" (p. 223) para designar todas las creencias basadas en la idea de que los acontecimientos de la infancia afectan de algún modo de forma generalizada y dramática al funcionamiento de los adultos. Dawes continúa señalando, sin embargo, que "nuestra creencia en la tiranía de la infancia tiene poco más fundamento que la creencia en un dios de las montañas". (p. 223).

El Dr. Thomas Szasz es un psiquiatra que escribe prolíficamente acerca de los problemas de las nociones actuales de las complicaciones psicológicas. Quizá su libro más conocido sea *El mito de la enfermedad mental* (1974, edición revisada). En este libro, Szasz explica extensamente la falacia de comparar la enfermedad mental con la enfermedad física. Señala cosas como:

> ... mientras que en la medicina moderna se *descubrían* nuevas enfermedades, en la psiquiatría moderna se *inventaban*. (p. 12).

y
> "Enfermedad mental" es una metáfora. Las mentes pueden estar "enfermas" sólo en el sentido de que los chistes están "enfermos" o las economías están "enfermas". (p. 267).

La psicología y la psicoterapia son las preocupaciones de este libro, pero no son los únicos ámbitos en los que florecen ideas erróneas sobre los problemas de salud mental. El Dr. Peter Breggin es un psiquiatra que critica abiertamente los enfoques farmacológicos para tratar los problemas de salud mental. Él y el Dr. David Cohen escribieron *Your Drug May be Your Problem: How and Why to Stop Taking Psychiatric Medications* (1999), en el que afirman:

> Se dice al público que la prescripción de psicofármacos tiene mucho de ciencia, pero no es así, dado que sabemos muy poco sobre el funcionamiento del cerebro. ... Sencillamente, no comprendemos el impacto global de los fármacos en el cerebro. (p. 5).

y

> ... no hay pruebas sustanciales de que ningún diagnóstico psiquiátrico tenga una base física ... (p. 93).

Elliot Valenstein es profesor emérito de Psicología y Neurociencia en la Universidad de Michigan. Valenstein es otro de los pocos que no teme romper la regla de "no digas que está mal". En su apasionante y atractivo libro *Blaming the Brain: The TRUTH About Drugs and Mental Health* (1998), analiza meticulosamente el uso de medicamentos para tratar problemas psicológicos. Una de las conclusiones a las que llega en el libro es que ninguna de las teorías bioquímicas de los trastornos mentales es correcta, pero los investigadores no saben qué poner en su lugar (p. 94). También sugiere que las influencias de la política y la moda tienen más que ver con la configuración de las etiquetas diagnósticas que las consideraciones científicas (p. 147), y que la prescripción de fármacos se hace básicamente por ensayo y error (p. 146). Señala que no sabemos nada de las causas:

> Al seguir el enfoque bioquímico de los trastornos mentales se ha aprendido muchísimo sobre neuroquímica y acción de los fármacos, pero es cuestionable cuánto se ha aprendido sobre la enfermedad mental. No sabemos realmente si un desequilibrio bioquímico es la causa de algún trastorno mental, y no sabemos cómo incluso los desequilibrios bioquímicos hipotetizados podrían producir los síntomas emocionales, cognitivos y conductuales que caracterizan al trastorno mental. (p. 138).

> La ahora abrumadora evidencia de que la experiencia puede alterar la estructura y función neuronal debería dejar claro que es peligroso asumir que cualquier característica anatómica o fisiológica distintiva encontrada en los cerebros de personas con trastornos mentales fue la causa de ese trastorno. (p. 128).

Actualmente hay mucho "hocus pocus" en psicología. Un sólido paquete estadístico por aquí, un potente programa informático por allá, una evaluación neuropsicológica en otro lugar y una imagen cerebral impactante en otro rincón. Los psicólogos (y otras personas que trabajan en el área de la salud mental) desean tan desesperadamente que se acepten sus ideas erróneas que harán casi cualquier cosa para encontrar nuevas formas de hacer que las cosas parezcan ser como ellos quieren que sean. La aceptación parece más importante para los psicólogos que la exactitud. O quizá el profesor Valenstein tenga razón... sabemos que las ideas son erróneas pero no sabemos con qué sustituirlas.

Pero hay una alternativa a las nociones existentes del comportamiento. La ha habido desde los años cincuenta. Esta idea alternativa es tan diferente de las explicaciones actuales como el modelo heliocéntrico del universo es diferente del modelo geocéntrico. Esta idea es la que esbozo en los Capítulos Cuatro y Cinco y la que Powers ya ha explicado en el prólogo. (Consulta www.livingcontrolsystems.com si deseas aún más información). Algunas personas han tenido fragmentos de esta idea de vez en cuando, pero Powers ha sido la primera persona en descifrar con exactitud y precisión cómo encaja todo. La idea básica es que los humanos (y, de hecho, todas las cosas que viven) no se comportan, sino que controlan. Comportarse no es lo que hacen los humanos. Lo que hacen es controlar. Si la idea de que los seres vivos controlan es cierta, y hay pruebas convincentes de que lo es, entonces las ideas que no reconocen o explican este hecho son erróneas. Gracias a Powers tenemos algo con lo que sustituir todas esas ideas equivocadas.

Los seres vivos controlan. Este simple hecho tiene profundas implicaciones para las ciencias de la vida. Tener la idea correcta al alcance de la mano, sin embargo, no significa que se puedan responder todas nuestras preguntas. Lo que esta nueva idea significa es que muchas preguntas actuales son irrelevantes, por lo que podemos dejar de buscarles respuesta. La nueva idea sugiere nuevas preguntas y nuevas vías de investigación. Al igual que el conocimiento de un universo heliocéntrico no nos ayudará a responder preguntas sobre un universo geocéntrico, el conocimiento del proceso de control no nos ayudará a responder preguntas sobre las causas del comportamiento.

La idea de que el comportamiento está causado por determinadas cosas es errónea. Creer que las notas, o la cárcel, o los bonus, o los stickers, o las relaciones, o las bombas, o una mirada fulminante, o el "empleado del mes", o cualquier otro "estímulo" pueden hacer que la gente actúe de determinadas maneras es apelar a la magia. Y no sirve de nada trasladar el estímulo que está fuera de la cabeza hacia adentro e insistir en que los pensamientos, necesidades, metas, trastornos mentales, genes, emociones, personalidades o recuerdos traumáticos o neurotransmisores hagan que las personas actúen de manera particular. Eso requiere un recurso similar a la magia. Cuando intentamos comprender cómo funciona algo, no es muy útil inventar soluciones mágicas. Ya hay suficiente magia en el mundo. No sabemos cómo convertir el plomo en oro, pero la naturaleza transforma el carbón en diamantes y la arenilla de las almejas en perlas. Cosas como las fuerzas gravitatorias y electromagnéticas parecen bastante mágicas. La creación de la vida y el fenómeno del control también tienen un sentido mágico. Hay magia a raudales en la naturaleza sin necesidad de crear aún más cada vez que encontramos algo que sea un poco difícil de descifrar.

Con el tiempo, la idea de que algunas cosas (como las malas circunstancias o los malos pensamientos o las sustancias químicas desequilibradas o las personalidades dudosas) causan otras cosas que llamamos enfermedades mentales (como la agorafobia o el trastorno bipolar) llegará al Salón de la Fama de las Ideas Equivocadas y ocupará el lugar que le corresponde junto al flogisto y los mundos planos y todas las demás ideas que se han demostrado erróneas. Los avances de la ciencia no nos revelarán los secretos del TDAH, la depresión, la esquizofrenia y todos los demás trastornos psicológicos. Los avances de la ciencia nos mostrarán que hemos estado mirando las cosas de forma equivocada.

Imagino un patio delantero de una casa en el futuro. Dos ancianos recuestan sus sillas contra la pared. Contemplan el mundo y recuerdan los viejos tiempos:

> Hal, ¿recuerdas cuando creíamos que la gente podía tener algo llamado fobia social?
>
> Claro que sí, Marv. Y qué me dices de que la gente tenía cogniciones defectuosas que los enfermaban.
>
> Eso también era bueno. Pero mi favorita, Hal, fue la de los neurotransmisores que te vuelven loco.
>
> ¡Oooh ee! ¡Vaya locura que ocurría en esos tiempos! Estábamos simplemente confundidos acerca de dónde estaba la locura.
>
> Sí señor... Claro que sí.

A lo largo de esta explicación he mostrado sin pudor mi inclinación por la exactitud y la precisión. A algunas personas, sin embargo, no les seduce la exactitud de una idea. Prefieren que sus ideas favoritas tengan otras cualidades, como atractivo popular, facilidad de comprensión o comerciabilidad. La gente tiene todo tipo de maneras de decidir si una idea es o no una idea con la que están dispuestos a correr. Quizá les gusta que las ideas encajen perfectamente en su red de creencias, o que sean aceptadas por la mayoría de la gente, o que sean divertidas y entretenidas. Sin duda, hay más formas de elegir ideas. Sin duda, algunas ideas tienen más de una de estas cualidades. Estoy yendo al extremo por el bien de la lección. En este libro presento una idea que me parece bastante exacta (es la primera mitad del libro). Si no te molesta tanto la falta de exactitud de las ideas, probablemente este libro no sea de tu agrado.

No siempre es fácil aceptar que las historias a las que uno se aferra con fuerza son erróneas. Mucha gente creyó en su día en historias sobre Papá Noel y el Ratoncito Pérez. También se creía que la Tierra era el centro del universo. Una buena historia no tiene nada de malo. El problema surge cuando a los cuentos se les pide que hagan cosas que no pueden hacer. El cuento de Papá Noel no le conseguirá a Grace su nueva bicicleta a menos que sepa que tiene que asegurarse de que su madre y su padre vean la carta a Papá Noel antes de Navidad. La historia geocéntrica del universo no ayudará a Nicolás a comprender lo que parecen ser pequeños titubeos que los cuerpos celestes hacen en su marcha ordenada a través del cielo, ni le ayudará a buscar nuevas estrellas y planetas que aún no han sido descubiertos.

Las historias de psicoterapia actuales parecen apreciarse más por su valor de entretenimiento que por su exactitud científica y su plausibilidad y poder explicativo. El entretenimiento es una buena actividad en la que participar. Sin embargo, comprender la condición de ser humano y averiguar cómo ayudar cuando surgen problemas no mejorará con el entretenimiento. Si la comprensión y la mejora son el objetivo, entonces la precisión, y no el entretenimiento, debe ocupar un lugar central.

Lo dicho

Existen muchas explicaciones diferentes para explicar la presencia de problemas psicológicos, pero estas historias carecen de plausibilidad científica.

Las etiquetas diagnósticas no son más que términos arbitrarios para agrupar los síntomas que presentan las personas, no indicadores de una patología subyacente.

En general, las personas no mejoran debido a las diferentes técnicas que se les presentan en psicoterapia.

Una historia inexacta no será de ninguna ayuda cuando haya que corregir los problemas.

Lo importante

Las ideas actuales sobre los problemas psicológicos son erróneas, y la reticencia a reconocer y abordar su error está retrasando el progreso.

Lo que viene

¿Qué es un problema psicológico?

Capítulo Tres

La esencia de los problemas psicológicos

En psicoterapia hay dos tipos de historias. El primer tipo intenta explicar qué son los problemas psicológicos. Los diagnósticos psiquiátricos son quizás el más conocido de estos relatos. El segundo tipo de historias son explicaciones de *por qué* existen los problemas psicológicos. Son las historias que hablan de cosas como identidades, necesidades, pensamientos y comportamientos disfuncionales. A partir de ahora trataré los dos tipos de historias de formas diferentes. Primero ofreceré una nueva historia sobre lo que son realmente los problemas psicológicos. Luego esbozaré una historia que explique por qué existe este problema.

Cuando hablo de problemas psicológicos, me refiero a los problemas que experimenta una persona. No me refiero a los problemas vistos por los demás, desde fuera. Específicamente, no hablaré de personas que se considera que tienen problemas psicológicos por lo que dicen los demás. A veces, por ejemplo, los cónyuges o los padres o las autoridades médicas consideran que sus parejas o hijos o pacientes tienen problemas de naturaleza psicológica. Sin embargo, a menos que la pareja, los hijos o los pacientes también consideren que tienen problemas, no formarán parte de este debate. Por todo tipo de razones, de vez en cuando se considera que algunas personas tienen trastornos psicológicos que explican algunas de las formas en que se comportan cuando las personas con autoridad consideran que su comportamiento es censurable. Qué hacer con las personas que no creen tener problemas aunque otros piensen que sí los tienen está fuera del alcance de este libro. En este libro tengo en mente sólo a aquellas personas que se presentan voluntariamente a un psicoterapeuta por problemas que están experimentando. También asumo que el problema no se debe a un deterioro o mal funcionamiento físico subyacente, como la demencia o la epilepsia.

Entonces, cuando la gente acude a nosotros con problemas psicológicos, ¿qué es lo que están experimentando? Los problemas psicológicos existen cuando las personas experimentan percepciones que no quieren experimentar y son incapaces de modificarlas. Por percepciones me refiero simplemente a ideas, sensaciones y experiencias; de hecho, a cualquier cosa que ocurra dentro de la cabeza de una persona (que es el único lugar donde se experimentan los problemas).

En las dificultades psicológicas, los comportamientos, pensamientos o sentimientos de una persona *nunca* son el problema. El único problema psicológico es el grado en que una persona experimenta malestar *por* determinados comportamientos, pensamientos o sentimientos. No salir de casa es un problema sólo para las personas que se quedan en casa y *no quieren quedarse en casa*. Sentirse desanimado es un problema sólo si te gustaría sentirte "con pilas". Tener miedo a los perros es un problema sólo para aquellas personas a las que les gustaría sentirse valientes alrededor de los canes. Oír voces en la cabeza sólo es molesto si prefieres no oír esas voces.

Durante una de mis conversaciones habituales con una amiga mía, Romany, ella me comentó que pensaba que ella no le caía bien a la mayoría de la gente cuando la conocían. Esto me sorprendió mucho. Romany era una madre y esposa amorosa. Tenía una familia muy unida y parecía vivir una vida feliz y plena. Pero al reflexionar sobre su comentario, me pareció que Romany sólo estaba describiendo una de las formas en que ella experimenta su mundo: la hierba es verde, el cielo es azul, el agua moja y a la mayoría de la gente no le gusto cuando me conoce. Supongo que podríamos especular sobre cuánto más enriquecedora sería la vida de Romany si no tuviera esta creencia, pero la PCT sugiere que la riqueza de una vida sólo puede determinarse mirando desde adentro hacia afuera. Nunca podemos recorrer el camino de otro ni determinar para los demás cuáles serán o deberían ser sus caminos. La lección para mí fue que la creencia de que "no caigo bien a la mayoría de la gente cuando me conoce" no *necesariamente* genera malestar. Independientemente de lo bizarra que le pueda parecer una creencia a alguien de afuera, lo importante es la experiencia interna que se tiene de ella. Si Romany también tuviera una creencia del tipo "debería gustarle a la gente de entrada", entonces podría experimentar problemas. En su caso, sin embargo, no había ninguna actitud contraria ni malestar por la creencia.

De hecho, es difícil pensar en algún comportamiento, pensamiento o sentimiento que esté incluido actualmente en las listas de síntomas de los trastornos mentales y que las personas sin trastornos mentales no tengan o experimenten de vez en cuando. Por lo tanto, el comportamiento, los pensamientos y los sentimientos no pueden ser la característica definitoria de los problemas psicológicos. Muchas personas tienen experiencias a diario que preferirían no tener. La mayoría de las personas, sin embargo, modifican esas experiencias para que sean como quieren que sean.

Si la mayoría de la gente experimenta actividad perceptual no deseada de vez en cuando, entonces la actividad perceptual no deseada no puede ser problemática por sí misma, porque la mayoría de la gente no tiene problemas psicológicos la mayor parte del tiempo. El problema no es que se produzcan experiencias no deseadas. La basura perceptiva suele aparecer a lo largo del día y se elimina u olvida rápidamente. El problema tampoco es que la actividad perceptual perdure. Muchas personas se esfuerzan para que experiencias perceptuales como el amor y la satisfacción duren mucho tiempo. Es la combinación de lo no deseado *y* lo duradero lo que parece constituir lo que actualmente denominamos enfermedad mental.

Shelby podría ponerse muy mal si su pareja de repente admitiera estar enamorada de otra persona y quisiera terminar su matrimonio. Puede que le cueste concentrarse en las tareas cotidianas, que llore con facilidad y que se enfade con la gente cuando le ofrecen ayuda. La mayoría de las personas que pasan por una experiencia como la de Shelby tardan un tiempo en adaptarse. Después construyen una nueva vida y a menudo pueden llegar a ser más felices de lo que eran en su matrimonio. Para otras personas, sin embargo, el periodo de tristeza, lágrimas e irritabilidad persiste. A veces, años después, estas personas aún pueden estar viviendo solas en su hogar conyugal esperando el regreso de sus parejas.

Un periodo de "algunos años" puede parecer un tiempo irrazonable para que alguien se adapte a una pérdida significativa como la desaparición de un matrimonio. Sin embargo, para determinar si Shelby está experimentando malestar psicológico años después del colapso de su matrimonio, sería necesario preguntárselo. Tal vez crea que todo esto es simplemente algo por lo que está pasando su marido y quiera estar preparada para cuando él regrese.

Esperar el regreso de un cónyuge que hace tiempo se fue puede no ser una forma muy funcional de llevar una vida según los estándares de algunas personas. Sin embargo, si Shelby no experimenta malestar psicológico mientras espera a su marido, no le servirá de nada decirle que sufre de malestar psicológico, independientemente de lo angustioso que le pueda parecer su conducta a los espectadores. Aunque Shelby esté experimentando cierta infelicidad, es posible que no quiera hacer nada al respecto. Tal vez piense que estar triste y apenada demuestra lo mucho que ama a su marido y la demostración de este amor es más importante para ella que sentirse contenta. O tal vez haya descubierto que, al experimentar cierto nivel de malestar, recibe el apoyo y la atención de amigos y familiares.

La versión de psicoterapia que se presenta en este libro consiste en ayudar a las personas con los problemas tal y como ellos los describen. En el momento en que alguien como Shelby quisiera descubrir una nueva forma de estar en el mundo, entonces MOL le sería útil. Sin embargo, MOL no consiste en convencer primero a la gente de que tiene problemas para que luego el psicoterapeuta pueda ponerse a trabajar en ellos. Ya hay suficiente malestar psicológico en el mundo como para crear más.

El malestar psicológico es la experiencia de soportar una actividad perceptual no deseada y persistente. Desde la perspectiva de esta explicación, es el malestar asociado a un síntoma, más que el síntoma en sí, lo que aborda MOL.

No debería sorprendernos que de vez en cuando experimentemos una actividad perceptual no deseada. Tenemos más células cerebrales que estrellas en la Vía Láctea, y el alucinante número de conexiones que estas células forman entre sí significa que el cerebro está constantemente activo. Mientras estamos vivos, no hay "interruptor de apagado"; la experiencia de vivir es una actividad incesante. Siempre estamos haciendo algo.

Aparte de la actividad constante del cerebro, vivimos en entornos que nunca son iguales. La cantidad de luz varía, las temperaturas varían y los olores en el aire van y vienen, por nombrar sólo algunos de los cambios que pueden producirse. Dado que vivimos en un entorno en constante cambio y en un cerebro en constante actividad, podemos esperar experimentar una corriente de actividad perceptual continua. A veces, parte de esta actividad será inevitablemente irrelevante, inútil o no deseada.

Un mosquito se posa en nuestra oreja, salimos a caminar plena luz del sol, nos pica el dedo gordo del pie, nos perdemos la última torta de chocolate del mostrador de la cafetería, nos quedamos atascados en el tráfico, la gente delante nuestro en la cola del supermercado quiere cambiar de marca de detergente, el pasajero que está a nuestro lado en el tren tiene un problema con el viento, el celular no tiene señal, una hermosa puesta de sol llena el cielo pero la cámara se quedó sin batería. De muchas maneras, experimentamos percepciones diferentes de cómo nos gustaría que fueran. Resulta intrigante que parte de esta actividad perceptiva persiste. La actividad perceptual no deseada que perdura genera malestar, y eso es de lo que están compuestos los problemas psicológicos.

Un problema psicológico es el malestar asociado a una actividad perceptual no deseada y duradera. Esta conceptualización de lo que son realmente los problemas psicológicos es la base de MOL. Desde esta perspectiva, no tiene sentido abordar los sentimientos, pensamientos o comportamientos de una persona. El problema es el malestar asociado a determinados sentimientos, pensamientos y conductas, y no los sentimientos, pensamientos y conductas en sí mismos. El malestar surge de la incapacidad de alterar la actividad perceptual no deseada. Esta conceptualización del malestar es tan universalmente aplicable que podríamos llamarla la Ley del Malestar Psicológico. La Ley del Malestar Psicológico establece que el malestar psicológico es una función de la durabilidad y lo indeseado de las experiencias perceptuales. La psicoterapia entrará en una nueva era de efectividad a medida que tratemos de comprender esta ley con mayor exactitud y precisión cuantificando las relaciones implicadas y sometiendo nuestras sugerencias a procedimientos formales de modelización.

Las personas que experimentan satisfacción en la psicoterapia son aquellas que de algún modo consiguen eliminar el malestar que experimentan independientemente de lo que se les diga que hagan con sus conductas, pensamientos o sentimientos. Para entender cómo ayudar a las personas a reducir el malestar de forma más sistemática, es necesario comprender la naturaleza del malestar.

Lo dicho

Un problema psicológico se experimenta siempre que *perdura* una actividad perceptual *no deseada*. Llamo a esto la Ley del Malestar Psicológico.

Un problema sólo puede ser definido por la persona que lo experimenta.

Lo importante

Los comportamientos, pensamientos y sentimientos que a menudo pensamos que son el problema, en realidad no lo son.

Lo que viene

La naturaleza de vivir.

Cuando la vida está en conflicto.

Capítulo Cuatro

¿Por qué se produce el malestar?

He explicado los problemas psicológicos como el malestar asociado a una actividad perceptual no deseada y duradera. Llegados a este punto, resulta sensato plantearse la siguiente pregunta: ¿Por qué la gente experimenta malestar cuando una actividad perceptual no deseada persiste?

Para entender por qué las personas pueden experimentar problemas, primero es necesario tener clara la naturaleza psicológica de las personas. Esto simplemente tiene mucho sentido. Para entender los problemas que pueden surgir con un páncreas, primero es necesario comprender qué hace un páncreas libre de problemas. Para poder arreglar el motor de un coche, es necesario comprender cómo funciona el motor de un coche cuando no necesita ser arreglado. Es decir, hay que saber qué hace el motor de un coche cuando no tiene problemas. De hecho, para decidir si algo necesita arreglo o no, es importante saber cuáles son sus características naturales cuando no lo necesita. (En el Capítulo Nueve hablaré más sobre páncreas y motores de autos). Sin conocer el estado que no requiere arreglo es imposible determinar si una cosa está en ese estado o no. Por lo tanto, también es imposible saber cómo devolverla a ese estado si eso es lo que se necesita.

Así que mi primera tarea consiste en describir el estado de las personas que actualmente no experimentan malestar. Cuando haya explicado a las personas sin malestar, podré describir qué es lo que va mal y da lugar al malestar psicológico.

¿QUÉ ES LO QUE HACE LA GENTE?

En pocas palabras, las personas controlan. De hecho, todos los seres vivos controlan, pero para esta discusión me voy a ceñir a las personas. Ya mencioné la idea del control en el Capítulo Dos. Aquí voy a profundizar un poco más en ella. En el Capítulo Tres señalé la variabilidad que caracteriza a los entornos que ocupamos. Sin embargo, en gran medida, las personas sólo experimentan una fracción de la variabilidad que podrían conocer si no fueran tan buenas controlando. Debido a su naturaleza controladora, las criaturas vivas se las llama a veces sistemas vivos de control.

Piensa en cómo es un día en la vida de una roca. Las rocas no controlan. Ni siquiera las "rocas mascotas". Las rocas tienen que aguantar lo que les viene. Cuando el día se pone caluroso, las rocas se calientan. Cuando refresca de noche, las rocas se enfrían. Cuando llueve, se mojan. Cuando la tierra tiembla, las piedras rebotan. Las piedras se quedan en donde se las ha puesto. Si pones piedras en el suelo, sabes dónde estarán cuando vuelvas. Las rocas no deciden.

Las personas no son rocas. La gente controla. La gente rica controla; la gente pobre controla; la gente grande controla; la gente pequeña controla. La gente mala controla y la gente buena controla. Incluso la gente que no come verduras controla. Cuando el día se pone caluroso, la gente se refresca. Cuando refresca por la noche, la gente se abriga. Cuando llueve, la gente se queda en casa. Cuando la tierra tiembla, la gente se va de la ciudad. La gente va donde quiere. Si desvalorizas a la gente, harán diversas cosas. Algunos se mantendrán abatidos y otros se reincorporarán en cuanto les des la espalda.

Por supuesto, no todas las personas harán lo que se afirma en el último párrafo. Cuando la tierra tiembla no todas las personas abandonan la ciudad. De hecho, algunas personas viajan a la ciudad. Del mismo modo, cuando llueve, no todas las personas se quedan en casa. Como las piedras no controlan, es fácil predecir qué es lo que hacen en una situación determinada. Como las personas sí controlan, es difícil predecir con exactitud cómo actuará una persona determinada en una situación concreta.

Las casas, pueblos, ciudades, países y el planeta que ocupamos serían muy diferentes si no controláramos. ¿Qué has hecho en la última semana para controlar el estado de tu aspecto? ¿Te has cortado las uñas, has salido a correr, has planchado ropa, has reservado una cirugía estética de abdomen, te has peinado, te has mirado al espejo, has rechazado el segundo brownie de chocolate? ¿Cuál sería el estado de tu aspecto si no hicieras nada por controlarlo? Imagina que te levantas de la cama un lunes por la mañana y no haces nada que afecte a tu aspecto hasta el lunes siguiente por la mañana, cuando te mires al espejo. ¿Qué verías? Es bueno que las rocas no se preocupen por su apariencia, porque las rocas no controlan.

El control está en todas partes. Mientras estamos vivos, controlamos. Desde la perspectiva de la comprensión del proceso de vivir: Control es todo lo que hay. Es todo lo que hacemos. Mientras seguimos inspirando y espirando, actuamos para que las cosas sean como queremos que sean.

¿CÓMO HACE LA GENTE LO QUE HACE?

Puesto que controlar es todo lo que hacemos, podríamos suponer que el malestar psicológico que experimentamos tiene algo que ver con el control. Y así es. El malestar se produce cuando somos incapaces de controlar algunas de nuestras experiencias. Para entender qué problemas pueden surgir en el proceso de control, primero es necesario comprender cómo controlamos. ¿Cómo controlan las personas (y todos los demás seres vivos) las cosas que les importan?

Como mencioné en el Capítulo Dos, y como Powers explicó en el prólogo, desde la década de 1950 ha estado desarrollando una explicación del control de los organismos vivos. Esta explicación se denomina Teoría del Control Perceptual (PCT). En este libro, explicaré las partes de la PCT que son importantes para este debate. Si le interesa saber más sobre estas ideas, Richard S. Marken, W. Thomas Bourbon, Philip J. Runkel, Dag Forssell y Kent McClelland son algunos de los autores que escriben de forma lúcida y atractiva sobre la PCT. En la lista de referencias se incluyen ejemplos de sus trabajos, y hay mucho y excelente material en www.livingcontrolsystems.com.

El control implica tres procesos simultáneos. Para controlar, las personas deben ser capaces de percibir, comparar y actuar. Deben ser capaces de percibir algo que les importa, comparar esa percepción con una preferencia y actuar para influir en lo que perciben. Para controlar el grado de fritura de un huevo, por ejemplo, Toby debe preferir un determinado grado de fritura. Digamos que su preferencia es "bordes crujientes y no blandos". Sin embargo, no basta con saber cómo quiere que esté el huevo. Toby debe ser capaz de comparar el estado del huevo que ve cocinándose en la sartén con el huevo de bordes crujientes, y no blando, que quiere ver. Para comparar, debe ser capaz de percibir. Una regla útil que sirve recordar es que no podemos controlar lo que no percibimos. Toby no podrá convertir el huevo que está cocinando en un huevo crujiente con una yema firme a menos que pueda percibir el estado de sus bordes y su yema. Para asegurarse de que la cocción no se detenga demasiado pronto o se prolongue demasiado, también tiene que poder influir en el contacto del huevo con la superficie de cocción y en la cantidad de calor que llega al fondo de la sartén. Aunque Toby tenga los brazos atados a la espalda, siempre que haya alguien a su lado con brazos móviles y preparado para levantar el huevo cuando él diga "ya", podrá controlar el estado del huevo.

A lo largo de esta descripción te habrás dado cuenta de que es difícil separar la percepción, la comparación y la acción en procesos individualizados. Al percibir, comparamos y actuamos simultáneamente. A medida que actuamos, nuestras percepciones cambian y, simultáneamente, cambia el resultado de la comparación, lo que significa que se necesitan acciones diferentes, que cambian mis percepciones, que… Nuestras palabras nos hacen pensar en ello como paso 1, paso 2, paso 3, vuelta al paso 1 como si fuera un paso de baile, pero es importante darse cuenta de que todo esto ocurre simultáneamente.

Freír un huevo es un ejemplo del control de una percepción visual. Exactamente el mismo proceso se aplica a las percepciones en cualquier modalidad sensorial. La gente regaña a los niños para que se callen, o ponen su concierto favorito de Mozart como forma de controlar sus percepciones auditivas, es decir, lo que les entra por los oídos. La gente calienta aceite aromático o se echa colonia para controlar sus percepciones olfativas, es decir, lo que le entra por la nariz. Y la gente se acurruca un poco más o se frota las mangas de terciopelo contra las mejillas para controlar las percepciones táctiles, es decir, lo que entra por la piel.

La Figura Uno ilustra el proceso de control. Este diagrama es similar a los que utilizan los científicos de la PCT como parte del proceso de comprobación de teorías. En la PCT, este tipo de diagrama se denomina diagrama de sistema. Se parece a un diagrama de flujo, que es una bestia mucho más común en las ciencias de la vida, pero los diagramas de flujo y los diagramas de sistema son diferentes en aspectos importantes. Como me explicó Powers: un diagrama de flujo muestra una *secuencia* de diferentes comportamientos de un sistema, mientras que un diagrama de sistema muestra cómo las diferentes partes que componen un sistema actúan *simultáneamente* durante un ejemplo específico de comportamiento. Los ingenieros y muchos científicos consideran que un diagrama de sistema es el primer paso para construir algo que funcione, del mismo modo que un plano de una casa es el precursor de la construcción de la casa de sus sueños. Cuando se trazan los planos de una casa, hay que seguir ciertas convenciones para que el plano se traduzca en una realidad funcional. Los arquitectos no pueden poner cajas y flechas en cualquier sitio. Del mismo modo, cuando los ingenieros diseñan aviones, sus planos se restringen de determinadas maneras para que lo que se construya a partir del plano pueda elevarse entre los pájaros. Lo mismo ocurre con un diagrama de sistema. Para desarrollar y probar la teoría, los teóricos de la PCT construyen modelos que controlan realmente según las especificaciones del diagrama del sistema. Luego comparan el control del modelo con el control del ser vivo que intentan comprender. Si el comportamiento del modelo no se ajusta mucho al comportamiento del ser vivo que se está modelando, entonces el modelo vuelve a la mesa de dibujo.

La exactitud del modelo PCT no tiene igual en las ciencias de la vida. La comprensión obtenida a partir de modelos funcionales que simulan el fenómeno investigado es diferente de la comprensión obtenida mediante modelos no-funcionales. Los modelos y diagramas de las ciencias de la vida suelen ser modelos no-funcionales. Es decir, no generan datos de la misma manera que se supone que el fenómeno genera datos. Estos modelos no-funcionales pueden tener su lugar, pero no pueden compararse en igualdad de condiciones con un modelo funcional, comportamental y de simulación. Para que las pruebas sean posibles, los modelos no-funcionales tendrían que transformarse en modelos que funcionen. Entonces podría evaluarse el funcionamiento de los distintos modelos. Bourbon y Powers (1993) llevaron a cabo un experimento de este tipo y demostraron claramente las modificaciones necesarias en otros modelos y las deficiencias de éstos.

Ciertamente, el control que ha sido modelado por los científicos de la PCT hasta ahora ha sido bastante simple. Se han desarrollado modelos precisos de seguimiento por computadora, atrapar pelotas de béisbol e interacciones sociales como la cooperación, lo que fortalece los fundamentos de la teoría. Los modelos de control mediante actividades más complejas aún están lejos, pero el éxito de las primeras fases de desarrollo de la teoría indica que se está avanzando en la dirección correcta. Es esta estrategia de construir modelos para probar la teoría la que da a los científicos de la PCT la confianza de que sus ideas no son erróneas o inverosímiles (véase el excelente libro de Runkel *Casting Nets and Testing Specimens* para más información sobre el proceso de construcción de modelos).

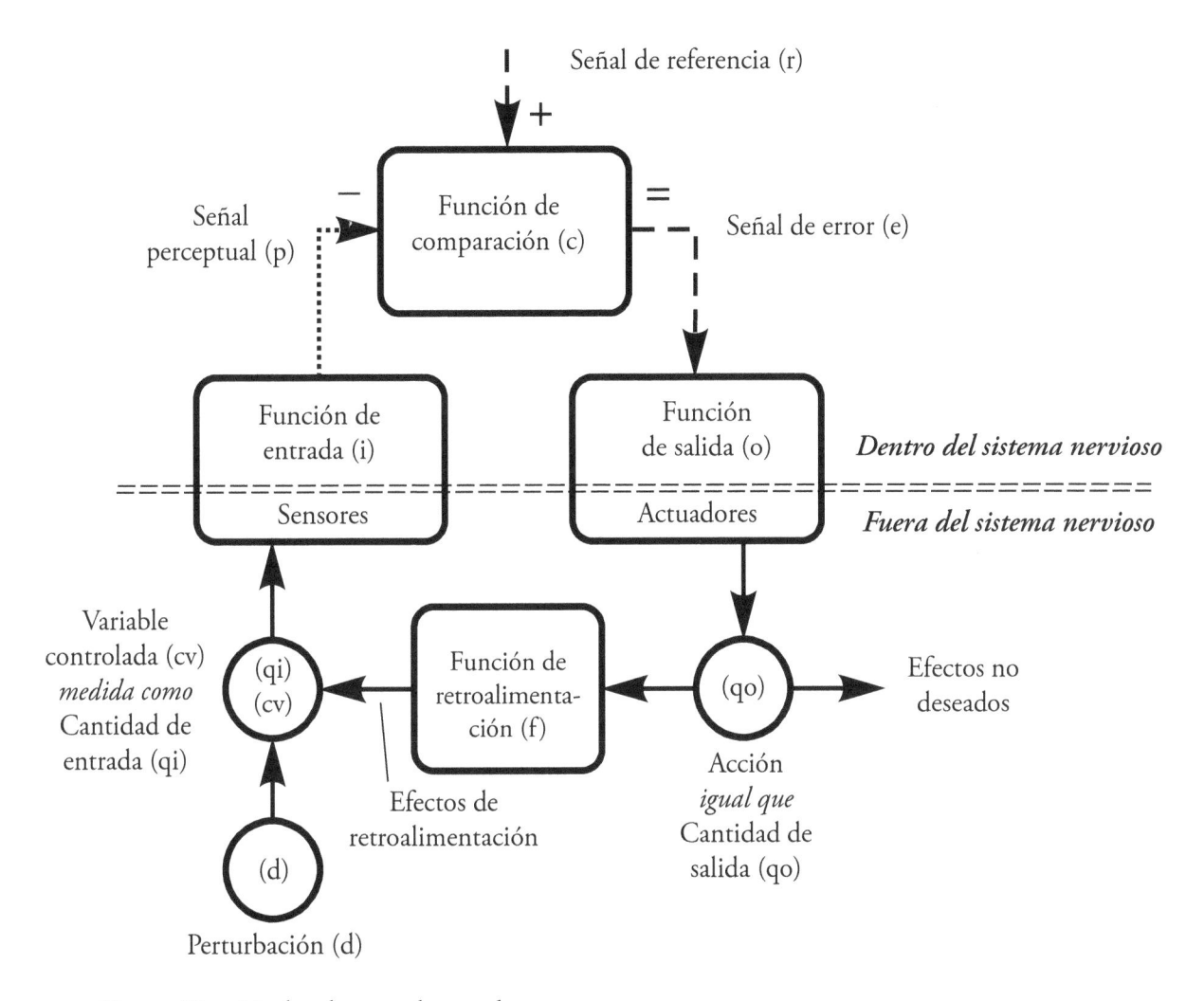

Sección Uno: ¿Por qué? Capítulo Cuatro ¿Por qué se produce el malestar? 37

Figura Uno Un bucle causal cerrado:
    Un sistema de control básico que actúa sobre el medio ambiente.

Nota: Las flechas del sistema nervioso indican señales neuronales que transportan información de una función (red neuronal) a otra. Las flechas en el medio ambiente indican enlaces físicos que dan a la salida de una función una influencia física sobre una variable física. Los círculos indican dónde están las variables físicas o dónde podrían medirse. Las funciones en el medio ambiente suelen indicar leyes físicas que determinan cómo las variables físicas a la salida de la función dependen de las variables físicas a su entrada.

A los modelos funcionales no les preocupa mucho cuánto le gusten las ideas que los sustentan: o simulan el fenómeno con precisión o no lo hacen. En esta estrategia, los fallos de un modelo proporcionan pistas importantes sobre qué hacer a continuación para mejorar el modelo.

La Figura Uno ilustra el modo en que los procesos de percepción, comparación y acción se conectan para formar un bucle causal cerrado. Esta ilustración puede verse como un único sistema de control elemental, formado por unas pocas neuronas y fibras musculares que actúan en la interfaz con el entorno, o puede verse como un resumen de toda una jerarquía, miles de estos sistemas de control elementales en muchos niveles, que actúan de forma compleja a través del entorno. En www.livingcontrolsystems.com, busca *Management and Leadership* y mira su contenido. Compara los archivos new_mgmt_insight.pdf, Documento 3 y sciences_equal.pdf, Exhibit 25. Para más detalles sobre el funcionamiento del control, consulta la sección de tutoriales del sitio web.

En el bucle de control interviene una señal de referencia (r) que especifica el estado al que debe llegar una señal perceptual (p). La referencia puede considerarse como una necesidad, una meta, una expectativa, un objetivo, un deseo o cualquier palabra que exprese el estado de algo que debe experimentarse. (Al hablar de modelos de simulación, lo esencial es entender las funciones de los componentes a los que se les asignan las palabras, más que las palabras en sí que se utilizan como etiquetas). La función de comparación (c) compara p y r, y la diferencia entre ellos es una señal de error (e). La señal de error entra en una función de salida (o) que convierte esta señal de error en señales de salida. Esas señales de salida se envían como señales de referencia a sistemas de control inferiores si el bucle se encuentra en algún punto de la jerarquía, o a actuadores* en la interfaz entre el entorno y el cerebro. Los actuadores pueden ser órganos, glándulas o fibras musculares. Un actuador utiliza la energía metabólica para amplificar enormemente la señal, convirtiéndola efectivamente en efectos físicos como la liberación de hormonas o la contracción de fibras musculares. Las tensiones musculares producen una acción observable que puede medirse como la cantidad de salida (qo) que afecta físicamente a una variable controlada (cv) en el entorno externo al sistema nervioso, que el sistema de control mantiene en el estado especificado por la señal de referencia. La función de retroalimentación (f) resume otros factores del entorno que median entre las acciones físicas y la cv. Si alguna vez has conducido un coche con dirección asistida y otro sin ella, habrás experimentado los efectos de las distintas funciones de retroalimentación. La acción no sólo afecta a la cv, sino que también tiene efectos secundarios no deseados que pueden ser interesantes para un observador, pero que no interesan al sistema de control. Entre las consecuencias imprevistas se encuentran la fatiga muscular y un gran número de efectos en el entorno. Por ejemplo, cuando mueves el brazo, no sólo controlas su posición y velocidad, sino que también creas movimiento del aire, ruido y agitación de la ropa. Cuando conduces tu auto de A a B, no sólo llegas al destino previsto, sino que quemas goma, aumentas el desgaste del coche y consumes parte de las reservas mundiales de energía. Es muy difícil excluir otros factores que afectan a la cv de forma independiente, incluso en un laboratorio, y se resumen en el diagrama como una perturbación ambiental (d). Los efectos tanto de f como de d contribuyen al estado actual de la cv, que puede medirse como una cantidad de entrada (qi), que entra en la función de entrada (i) como información sensorial y se convierte en una señal neuronal donde se convierte en el estado actual de p.

* *Actuar:* Poner en movimiento o en acción; activar. *Actuador:* Convierte una señal o corriente en acción o efecto físico. No confundir con *actuarial* o *actuario*.

Hay que tener en cuenta que no se trata de un diagrama de flujo, en el que ocurre una cosa y luego la siguiente, sino de un diagrama de sistema en el que todas estas cosas ocurren simultáneamente, cada una afectada por la anterior y cada una afectando a la siguiente al mismo tiempo.

Dado que los teóricos de la PCT se basan en simulaciones que han construido para probar sus modelos, tienen que ser capaces de demostrar cómo "la salida" (output) de la persona que se está modelando, está conectada con la variable que está siendo controlada por esa persona. Por ejemplo, si se controla el grado de fritura de un huevo, los factores que intervienen en la función de retroalimentación (f) incluyen las fuerzas musculares de la persona y las propiedades de la sartén y la hornalla. Es decir, todos estos factores deben tenerse en cuenta para especificar cómo la persona -en este caso, un freidor de huevos- es capaz de producir una salida que afecta a una variable que se percibe -en este caso, el grado de fritura del huevo-.

Es necesario especificar no sólo cómo las acciones de un individuo (qo) están conectadas a la variable controlada (cv), sino también cómo la variable controlada (cv) está conectada a la función de entrada (i); de nuevo, esto es necesario para poder construir simulaciones. El estado actual de la variable controlada (cv) se detecta en la función de entrada según los efectos físicos de la variable controlada (cv) sobre la función de entrada (i). Las leyes físicas que describen fenómenos como la luz y el sonido son las leyes que rigen el estado actual de la cantidad de entrada (qi).

El ejemplo del huevo frito se corresponde con el diagrama:

referencia (r)	"Bordes crujientes" y "yema firme".
percepción (p)	Cómo se está viendo el huevo momento a momento.
error (e)	La diferencia entre los bordes y la yema tal y como se perciben en la sartén y "crujiente" y "firme" tal como se recuerdan.
acciones (qo)	Efectos observados de las fuerzas musculares que afectan al estado del huevo.
función de retroalimentación (f)	Incluye elementos como las propiedades físicas de la sartén y la hornalla.
perturbación (d)	Puede ocurrir si otra persona quiere utilizar la cocina al mismo tiempo, o si se produce un corte de luz o gas.
variable controlada (cv)	Estado del huevo en la sartén.
cantidad de entrada (qi)	La luz que se refleja en el huevo e incide en los receptores del ojo, produciendo la percepción (p) de la variable controlada.
efectos no deseados	Crear olores en la cocina, aumentar la factura del gas o de la electricidad, contribuir a la pila de platos sucios, reducir las provisiones.

El control se produce cuando minimizamos el error que es la diferencia entre la percepción y la referencia. Controlamos las percepciones de fritura haciendo que lo que percibimos coincida con lo que hemos determinado que se percibirá. Es decir, actuamos para reducir el error. La esencia de los bucles causales cerrados en la PCT es reducir errores. Bourbon se ha referido a la PCT como la "teoría Ricitos de Oro de la vida". En todo momento somos conscientes de si lo que estamos recibiendo es "demasiado", "demasiado poco" o "lo exactamente adecuado" según nuestras normas internas. Estamos diseñados para cambiar "demasiado" y "demasiado poco" por "lo exactamente adecuado". Sabemos si la yema está demasiado líquida, demasiado dura o en su punto, y haremos todo lo posible para asegurarnos de verla "justo como la queremos" en el plato, entre el tocino y los frijoles.

Tomarse un tiempo para reflexionar sobre la sabiduría de Ricitos de Oro puede ser formativo. Hay algo más que un poco de Ricitos de Oro en cada uno de nosotros. Cada uno de nosotros tiene su propia colección de "en su punto justo" que nadie más puede experimentar. No podemos mendigar, tomar prestado, o robar los "en su punto justo" de los demás, ni podemos regalar un "en su punto justo" o imponer a los demás cuáles deben ser sus "en su punto justo". la PCT explica *cómo* hacen los seres vivos para mantener sus mundos "en su punto justo". He aquí algunos de los "en su punto justo" que se me ocurren:

    demasiado duro, demasiado blando, en su punto justo
    demasiado doblado, demasiado recto, en su punto justo
    demasiado apretado, demasiado flojo, en su punto justo
    demasiado cerca, demasiado lejos, en su punto justo
    demasiado extrovertido, demasiado retraído, en su punto justo
    demasiado amistoso, demasiado despiadado, en su punto justo
    demasiado relajado, demasiado tenso, en su punto justo
    demasiado arriba, demasiado abajo, en su punto justo
    demasiado inteligente, demasiado musculoso, en su punto justo
    demasiado específico, demasiado general, en su punto justo
    demasiado tranquilo, demasiado ansioso, en su punto justo
    demasiado liberal, demasiado conservador, en su punto justo
    demasiado enrulado, demasiado liso, en su punto justo
    demasiado inestable, demasiado estable, en su punto justo
    demasiado llamativo, demasiado discreto, en su punto justo
    demasiado al este, demasiado al oeste, en su punto justo
    demasiado generoso, demasiado austero, en su punto justo
    demasiado preocupado, demasiado ambivalente, en su punto justo
    demasiado pasivo, demasiado agresivo, en su punto justo
    demasiado negro, demasiado blanco, en su punto justo
    demasiado gordo, demasiado flaco, en su punto justo
    demasiado espontáneo, demasiado planificado, en su punto justo
    demasiado verdadero, demasiado falso, en su punto justo
    demasiado claro, demasiado oscuro, en su punto justo
    demasiado picante, demasiado insípido, en su punto justo

>   demasiado empujar, demasiado tirar, en su punto justo
>   demasiado severo, demasiado sereno, en su punto justo
>   demasiado grueso, demasiado fino, en su punto justo
>   demasiado estricto, demasiado indulgente, en su punto justo
>   demasiado sobrio, demasiado borracho, en su punto justo
>   demasiado alto, demasiado bajo, en su punto justo
>   demasiado viejo, demasiado nuevo, en su punto justo
>   demasiado libre, demasiado atrapado, en su punto justo
>   demasiado brillante, demasiado aburrido, en su punto justo
>   demasiado rápido, demasiado lento, en su punto justo
>   demasiado ordenado, demasiado desordenado, en su punto justo
>   demasiado afilado, demasiado embotado, en su punto justo
>   demasiado comprometido, demasiado desentendido, en su punto justo
>   demasiado arriba, demasiado abajo, en su punto justo
>   demasiado profundo, demasiado superficial, en su punto justo
>   demasiado santo, demasiado pecador, en su punto justo
>   demasiado seguro, demasiado indeciso, en su punto justo
>   demasiado parecido, demasiado diferente, en su punto justo
>   demasiado malo, demasiado bueno, en su punto justo
>   demasiado tranquilo, demasiado ruidoso, en su punto justo
>   demasiado rico, demasiado pobre, en su punto justo.

En el Capítulo Dos mencioné que, como seres vivos, comportarse no es lo que hacemos, controlar es lo que hacemos. Un ejemplo sencillo, como freír un huevo, ilustra este principio. Mientras cocinamos el huevo, no nos importa lo que hacen nuestros brazos y piernas, sino lo que hace el huevo. Lo único que nos interesa de nuestros brazos y piernas es su capacidad para influir en el estado del huevo. Sabemos que las cosas van bien cuando el huevo tiene el aspecto (y quizá el sabor) que queremos. Por tanto, lo que controlamos es el aspecto del huevo. Es decir, controlamos lo que percibimos. Controlamos nuestras percepciones, no nuestras acciones. Utilizamos nuestras acciones para controlar nuestras percepciones.

El principio de utilizar nuestras acciones para controlar nuestras percepciones se aplica a todos los comportamientos, incluso a comportamientos muy simples como estirarse. Si quiero estirar los músculos de la pantorrilla antes de un partido de tenis, lo hago produciendo una *sensación* determinada. En realidad, no sé qué están haciendo "realmente" mis músculos durante el estiramiento, sólo sé cómo se sienten. Si quiero estirar más, simplemente produzco más de esa sensación. Es decir, produzco más sensación y asumo que eso significa que se está produciendo más estiramiento. Nadie que me observe estirando puede ver realmente lo que ocurre: la experiencia del estiramiento sólo la conoce el que estira. Esto es cierto incluso para algo tan simple como estirarse: nos estiramos controlando una percepción de estiramiento, no controlando la actividad muscular real necesaria para producir la percepción. Utilizamos la actividad muscular para controlar la percepción.

Este pequeño concepto pone patas arriba la forma convencional de pensar sobre el comportamiento. En consecuencia, cuando decimos que nuestras acciones controlan nuestras percepciones, mucha gente lo oye como "nuestras percepciones controlan nuestras acciones", justo lo contrario. La opinión predominante en psicología es que nuestras percepciones (pensamientos, cogniciones, objetivos) controlan nuestras acciones. El descubrimiento de Powers fue que cuando construyes algo que funciona, descubres que en realidad ocurre lo contrario. Nuestras percepciones no controlan nuestras acciones ni nuestro comportamiento. El comportamiento es el control de la percepción.

UNA ORGANIZACIÓN JERÁRQUICA

Como Powers dijo en el prólogo, él ha propuesto una organización jerárquica de los sistemas de control para explicar el fenómeno de que experiencias perceptuales de distinta complejidad pueden controlarse con la misma efectividad. Cuando se habla de niveles de sistemas de control, algunas personas prefieren hablar de PCT Jerárquico o HPCT. Al leer esta sección, puede ser útil consultar el prólogo, donde Powers ofrece una magnífica descripción de los niveles. Encontrarás más información en www.livingcontrolsystems.com.

Podemos controlar la cantidad de luz solar que entra en nuestros ojos de varias maneras, por ejemplo, entrecerrando los ojos, poniéndonos anteojos de sol, mirando hacia otro lado o entrando a algún lugar techado. Del mismo modo, podemos controlar la experiencia de ser un buen amigo poniéndonos en contacto con nuestras amistades con regularidad, arreglando para vernos periódicamente y ofreciéndonos a ayudarles cuando lo necesiten. Por tanto, la experiencia de controlar la luz del sol y la de ser un buen amigo son percepciones que sólo difieren en términos de complejidad perceptual.

A la hora de considerar los problemas que pueden tener las personas, es importante comprender la disposición jerárquica de los sistemas de control que nos hacen ser como somos. Por este motivo, esbozaré brevemente la naturaleza de la jerarquía antes de describir los problemas que pueden surgir con esta organización.

La Figura Dos muestra una pequeña porción de la jerarquía, sólo tres niveles jerárquicos con tres sistemas de control en cada nivel*. Observa que la señal perceptual recibida por la función de entrada de un sistema de control concreto en un nivel viaja más arriba para combinarse con otras señales similares en niveles superiores. Además, la señal de salida de un nivel determinado se convierte en la señal de referencia para varios sistemas de control del nivel inferior. Estas son

---

* Para otras representaciones de la jerarquía, vaya a www.livingcontrolsystems.com, busque *Management and Leadership* y mire su contenido. Compare la ilustración 4 en new_mgmt_insight.pdf, la ilustración 15 en leading_uncontrollable.pdf, la ilustración 17 en details_comments.pdf y el patrón de fondo de la portada de este libro.

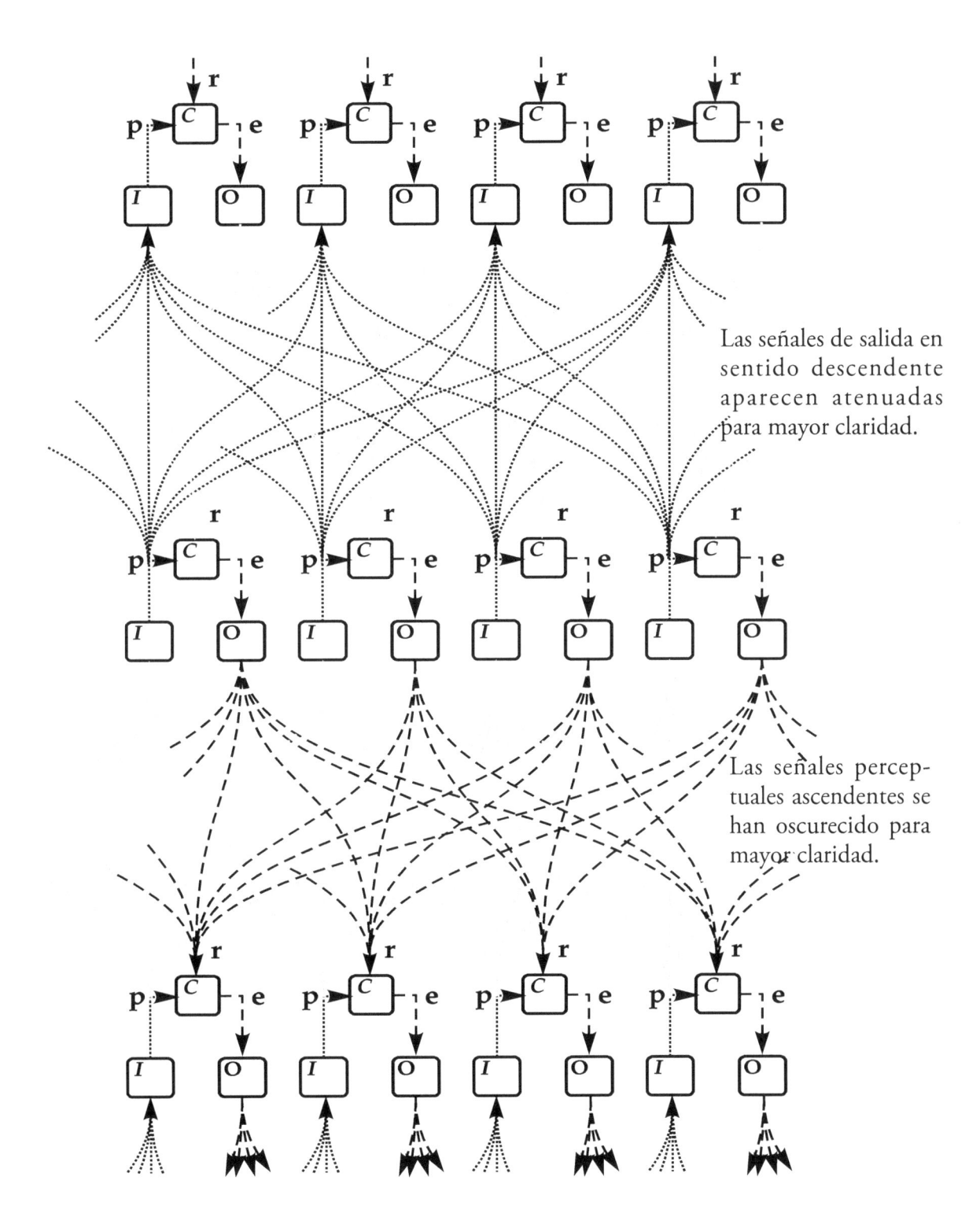

Sección Uno: *¿Por qué?* Capítulo Cuatro *¿Por qué se produce el malestar?* 43

Las señales de salida en sentido descendente aparecen atenuadas para mayor claridad.

Las señales perceptuales ascendentes se han oscurecido para mayor claridad.

Figura Dos Disposición jerárquica de los sistemas de control.

las características esenciales de la jerarquía que Powers trazó en el prólogo: las señales de entrada de un nivel son combinaciones de señales perceptuales de un nivel inferior y la señal de referencia de un nivel concreto es una combinación de señales de salida de un nivel superior.

Aunque las características de los niveles se aclararán en futuras investigaciones, lo importante aquí es el funcionamiento de la jerarquía. Al pensar en los problemas psicológicos, es necesario comprender que los sistemas de control de un nivel controlan sus entradas perceptuales especificando los niveles de referencia para las percepciones de los niveles inferiores. Si necesitas un tiempo para asimilarlo, te recomiendo repasar el prólogo de Powers y pensar en las sillas azules. Los sistemas de control del nivel más bajo contactan directamente con las fibras musculares y las glándulas, pero estos sistemas de control del nivel más bajo no serán importantes para nuestros propósitos.

La jerarquía puede experimentarse subjetivamente mediante el uso de preguntas del tipo "por qué" y "cómo". Si nos preguntamos el porqué de ciertas experiencias, podemos subir en la jerarquía; si nos preguntamos el cómo, podemos bajar.

> Toby, ¿por qué fríes huevos?
> > Porque me gustan así.
> ¿Por qué te gustan así?
> > Porque así los hizo la abuela.
> ¿Por qué te gusta cocinar las cosas como lo hacía tu abuela?
> > Porque me recuerda una época feliz.
> ¿Por qué te gusta que te recuerden tiempos felices?
> > Porque sí.

(¡A veces la cima no está tan lejos!)

> ¿Cómo fríes los huevos Toby?
> > Lo preparo todo y luego los echo en la sartén.
> ¿Cómo los echas en la sartén?
> > Los sostengo sobre la sartén y los casco.
> ¿Cómo se cascan?
> > Les doy unos golpecitos en el lateral hasta que hacen un pequeño chasquido y luego los tomo con las dos manos y hago el chasquido más grande con los pulgares.

("Cómo" puede ponerse muy complicado).

Si aplicara las lecciones del prólogo de Powers al ejemplo de Toby, podría concluir que Toby controla su percepción de "cocinar como la abuela" estableciendo una referencia de "frito" para su sistema de control de la cocción de los huevos.

Este tipo de ejercicio de "por qué y cómo" puede realizarse con cualquier tipo de experiencia. ¿Por qué ayudamos a la gente y cómo la ayudamos? ¿Por qué montamos a caballo y cómo lo hacemos? ¿Por qué escribimos libros y cómo los escribimos? ¿Por qué nos gusta quedar con los amigos y cómo lo hacemos? Experimentar por ti mismo el por qué y el cómo de la jerarquía te ayudará a apreciar la idea de nivel sobre nivel de diferentes tipos de referencias, expectativas u objetivos. A veces, sin embargo, puede resultar difícil encontrar un "por qué". ¿Alguna vez has hecho algo y después te has preguntado por qué lo hiciste?

Hasta ahora, he ofrecido un breve esbozo de lo que significa ser una persona desde la perspectiva de la PCT. Las personas controlan sus percepciones. Lo hacen percibiendo, comparando y actuando en distintos niveles de complejidad perceptual. En general, las personas son maravillosos *controladores*. Sin embargo, de vez en cuando, el proceso de control puede verse perturbado.

UN PROBLEMA PARA LOS CONTROLADORES

Los problemas de control pueden producirse de varias maneras. En este libro trataré principalmente el tipo de problema que es central en MOL. Incluyo una breve sección en el Capítulo Once sobre otros problemas sólo para ayudar a completar el cuadro. Desde la perspectiva de la PCT, el problema *psicológico* más grave para los sistemas de control (es decir, no físicos, como quebrarse una pierna o la esclerosis múltiple) es el conflicto perceptual interno. El conflicto perceptual interno se produce cuando hay que controlar al mismo tiempo dos percepciones incompatibles. Imagina a un sirviente al que el Rey le ordena limpiar los establos y la Reina le pide pulir la plata. Si el tiempo lo permite, estas dos tareas no serían un problema. El sirviente podría limpiar la plata y luego ir a los establos, o hacer los trabajos en el orden inverso. Sin embargo, si el Rey ve al sirviente justo antes que la Reina, y tanto el Rey como la Reina especifican que sus tareas deben realizarse de inmediato, puedes imaginar el estado que podría experimentar el sirviente.

Una persona trabajando sola puede crear un estado similar al que crearon conjuntamente el Rey y la Reina. Por ejemplo, si Alison quiere expresarse y que escuchen su opinión pero no quiere ser grosera, podría darse una situación similar. Aquí hay una idea de expresarse y que la escuchen y una idea de ser cordial. Estas percepciones pueden ser difíciles de experimentar simultáneamente.

Esmeralda vino a verme con un historial de 30 años de trastorno bipolar (al menos, tenía un historial de 30 años de haber sido diagnosticada con trastorno bipolar). Me dijo que había intentado ser amable con la gente toda su vida, pero que nunca se sentía ella misma. Cuando le pedí que me contara algo más sobre su verdadero yo, me dijo que mientras se portaba bien con la gente, en realidad sólo quería decirles "que se jodan".

Pasé un tiempo trabajando con Thomas cinco años después de su divorcio. Me dijo que sentía que todo era una lucha. Tenía una parte de sí mismo que le decía que siguiera adelante, que avanzara, que se superara, que hiciera cursos y se mantuviera motivado. Pero también tenía otra parte que le decía cosas como "¿Por qué tienes que esforzarte? Te has presionado toda la vida, si no quieres hacer nada, tienes permiso para hacerlo".

Patrick en el Capítulo Uno tenía referencias sobre vender su casa ahora, y vender su casa después. Vender ahora le permitiría experimentar una ganancia financiera y vender más tarde le permitiría ofrecer apoyo personal a su pareja. No hay nada malo en ninguna de estas ideas. Querer vender ahora no es problemático y tampoco lo es querer vender más tarde. Es decir, no hay ningún problema con estas ideas por sí solas. Si Patrick tuviera dos casas y quisiera vender una ahora y la otra más tarde no habría ningún problema. El problema se produce porque Patrick quiere experimentar dos estados diferentes de la misma casa al mismo tiempo.

La conversación con Patrick sobre el por qué y el cómo podría haber sido más o menos así:

>Patrick ¿por qué quieres vender tu casa?
>>Porque quiero el beneficio económico que me proporcionaría.
>
>¿Por qué quieres beneficios económicos?
>>Porque es importante para mi calidad de vida.

o

>Patrick ¿por qué no quieres vender tu casa?
>>Porque quiero proporcionar apoyo personal a mi pareja.
>
>¿Por qué quieres proporcionar apoyo personal?
>>Porque eso es importante para mi calidad de vida.

y

>¿Cómo se consigue la calidad de vida?
>>El beneficio económico es una parte importante, al igual que el apoyo personal a mi pareja.
>
>¿Cómo se consiguen beneficios económicos?
>>Por ejemplo, vendiendo mi casa.
>
>¿Cómo proporcionar apoyo personal?
>>Una forma es no vender mi casa.

Quizás el apoyo personal y el beneficio económico siempre habían tenido la misma importancia para la calidad de vida de Patrick y esta forma de valorar las cosas no había sido problemática antes. Sin embargo, con el nuevo trabajo de Patrick, las circunstancias habían cambiado, de modo que esta forma particular de valorar las cosas y de conseguir las cosas que valoraba había entrado en conflicto.

Los sistemas de control en conflicto no están rotos ni son disfuncionales, y desde luego no están locos. El único problema de los sistemas de control en conflicto es la forma en que están configurados. Dos sistemas de control de un nivel envían señales opuestas al mismo sistema de nivel inferior. Debido a esta configuración, aunque ambos sistemas de control tienen la capacidad de funcionar de forma óptima, se les

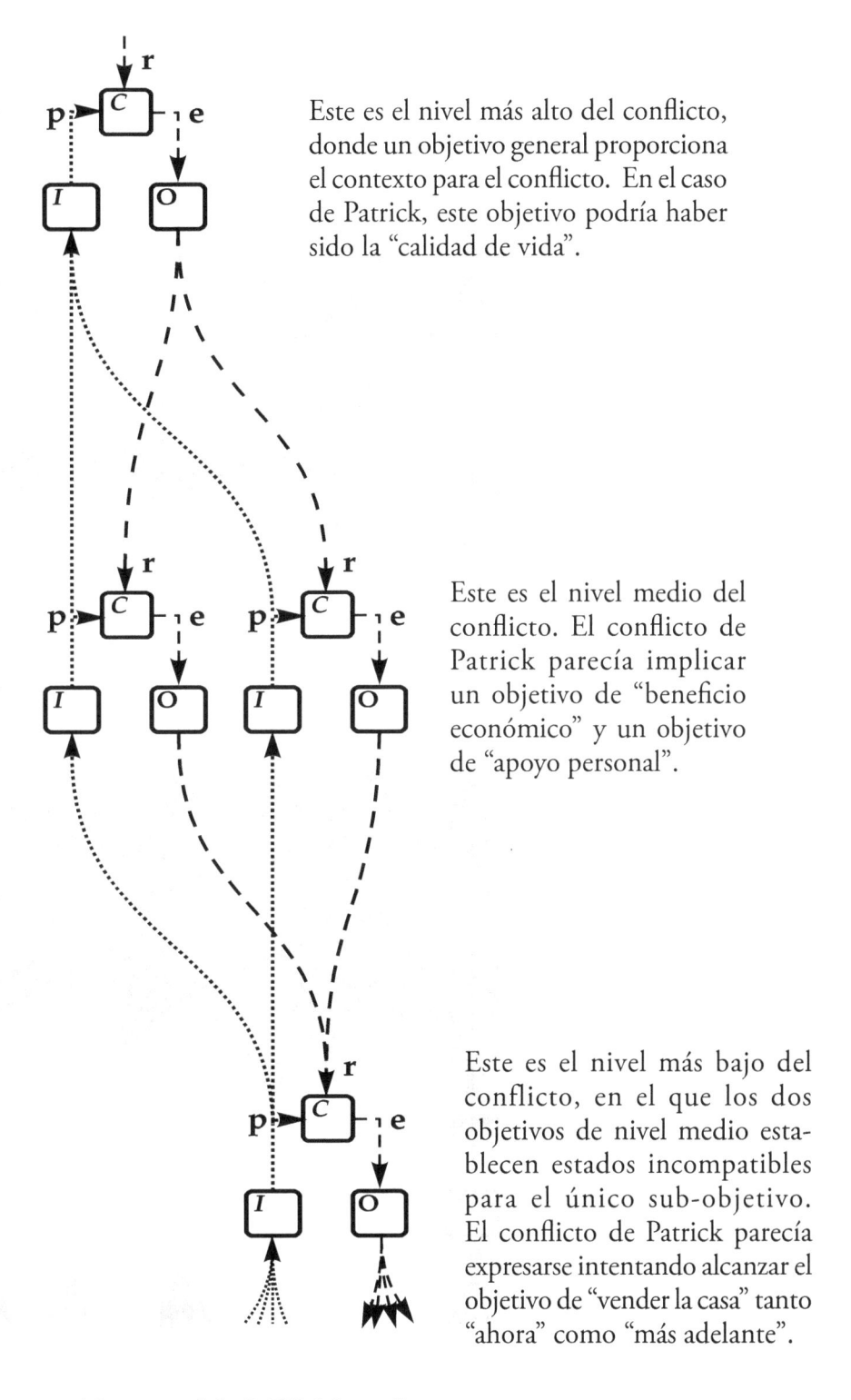

Este es el nivel más alto del conflicto, donde un objetivo general proporciona el contexto para el conflicto. En el caso de Patrick, este objetivo podría haber sido la "calidad de vida".

Este es el nivel medio del conflicto. El conflicto de Patrick parecía implicar un objetivo de "beneficio económico" y un objetivo de "apoyo personal".

Este es el nivel más bajo del conflicto, en el que los dos objetivos de nivel medio establecen estados incompatibles para el único sub-objetivo. El conflicto de Patrick parecía expresarse intentando alcanzar el objetivo de "vender la casa" tanto "ahora" como "más adelante".

Figura Tres Modelo PCT del conflicto interno.

impide funcionar en absoluto porque es imposible que el sistema de nivel inferior satisfaga a ambas referencias a la vez. El conflicto, sin embargo, se está creando en realidad en el nivel que establece las referencias para estos dos sistemas en conflicto. Esta configuración se ilustra en la Figura Tres. La Figura Tres es básicamente la Figura Dos con la configuración de un conflicto resaltada en ella.

Al referirse a la Figura Tres, ten en cuenta que este modelo aún no ha sido sometido a las mismas pruebas rigurosas y extensas que otros modelos de control de la PCT. Por lo tanto, la Figura Tres se encuentra en una fase de desarrollo mucho más preliminar que las dos figuras anteriores. McClelland ha trabajado mucho en la simulación de conflictos interpersonales desde la perspectiva del PCT. Parte de este trabajo podría ser útil al considerar la simulación del conflicto perceptual interno, sin embargo, las simulaciones realizadas por Bourbon sugieren que podría haber diferencias importantes en la forma en que se modela el conflicto interpersonal en comparación con la forma en que se modela el conflicto perceptual interno. Con más investigación y la construcción de simulaciones, podría resultar que la Figura Tres necesite modificaciones y, de nuevo, quizás se verifique que la forma actual es precisa. Quizá también se formen otros modelos de conflicto. Me han dicho que hay más de una forma de hacer las cosas; quizá haya más de una forma de entender el conflicto perceptual interno. Quizá intervengan otros niveles o quizá, en algunas ocasiones, no haya un único sistema de control en el nivel más alto del conflicto. Independientemente de lo que revelen las investigaciones futuras, es probable que la aparición de dos señales de referencia incompatibles que se controlan simultáneamente siga siendo la característica definitoria del conflicto perceptual interno. Lo relevante para MOL es esta particularidad del conflicto, y no la configuración precisa que resulta en sistemas de control controlando percepciones incompatibles simultáneamente.

El conflicto es un fenómeno extremadamente común. Esencialmente, el conflicto se produce cuando un sistema de control especifica una experiencia perceptual que debe percibirse y, *al mismo tiempo,* otro sistema de control especifica una experiencia perceptual que debe percibirse que es incompatible. Es decir, se persiguen simultáneamente dos objetivos incompatibles. Estar aquí *y* estar allí; hacer esto *y* hacer aquello. He aquí algunos ejemplos de objetivos incompatibles:

¿Me pongo la camisa verde o la de cuadros?
¿Vacaciones en la montaña o en la playa?
¿Me corto el pelo o me hago los rulos?
¿Debo casarme con quien quiero o con quien elijan mis padres?

El conflicto de Patrick se expresó a través de la lucha "¿Debo vender ahora o más tarde?", que se generó a partir de los objetivos de querer obtener beneficios económicos y también de querer ofrecer apoyo personal a su pareja. Cada vez que tenemos que elegir entre dos alternativas nos encontramos en una situación de conflicto.

A pesar de su gravedad potencial, es habitual que los conflictos internos se negocien de forma eficaz y sin dificultades. La mayoría de la gente elige habitualmente entre alternativas como éstas:

>¿Debo visitar a mi tía enferma o asistir a la fiesta de despedida de mi amigo?
>¿Hago los deberes o juego con mis amigos?
>¿Contesto al teléfono o sigo revolviendo la crema?
>¿Voy al cine con Sally o a cenar con Sue?
>¿Cruzaré la calle ahora o esperaré a que cambie el semáforo?

Dado el número de veces que un individuo experimenta a lo largo de un día la actividad de elegir entre dos alternativas (¿pan blanco o integral?, ¿la torta de chocolate o la de manzana?) parece razonable concluir que la mayoría de los conflictos no suelen durar mucho. En nuestra casa, la heladera está en el comedor y, cuando decido que es hora de una taza de café, a menudo quedo "atrapado" en la esquina de la sala de estar donde una puerta lleva a la heladera en el comedor y la otra puerta lleva a la pava en la cocina. "Encenderé la tetera y luego tomaré la leche... pero si tomara primero la leche podría *devolverla* mientras hierve la tetera... no, encenderé la tetera, tomaré mi taza al mismo tiempo y la llevaré a la heladera... pero sólo tardaría un segundo en agarrar la leche...". Me alegro de que la mayoría de los conflictos no duren mucho.

A veces, sin embargo, los conflictos sí perduran. A veces las personas siguen controlando ambas experiencias. Cuanto más se prolonga esta situación, menos satisfactoriamente controlan ambas experiencias. Al final, se alcanza un punto medio en el que la persona no experimenta ninguna de las dos percepciones, de modo que existe una constante diferencia entre las referencias y las percepciones, y esta incapacidad prolongada para reducir el error provoca malestar psicológico.

A menudo, el conflicto no es inmediatamente evidente. Cuando las personas acuden en busca de ayuda psicológica, pueden limitarse a hablar de sus comportamientos, pensamientos o sentimientos. Pueden decir, por ejemplo, que no consiguen salir de casa. A primera vista, puede parecer que involucra solamente una experiencia perceptual: la experiencia de estar al otro lado de la puerta de calle.

Sin embargo, la pregunta que debemos hacernos es: ¿qué impide a las personas que parecen no poder salir de su casa simplemente no salir por la puerta? A no ser que estén atados con apretadas cuerdas o encadenados con pesadas cadenas, la única respuesta alternativa posible es que son ellos mismos los que *se están encerrando dentro de la casa*. La trampa está dentro de sus mentes. Es decir, aunque hay una referencia (o un objetivo o un deseo) que dice "sal", también hay una referencia (o un objetivo o un deseo) que dice "quédate dentro".

La conclusión de la PCT es que el conflicto es la causa fundamental de todo el malestar psicológico crónico. Las personas controlan sus experiencias perceptuales. De hecho, es lo único que hacen. El conflicto interrumpe este proceso. La mayoría de los conflictos pasan sin más. Otros perduran y provocan malestar psicológico como resultado de una incapacidad prolongada de control. El malestar se produce cuando las personas experimentan un conflicto interno crónico porque éste les impide experimentar lo que pretenden. Antes de hablar de qué hacer con los conflictos que perduran, la última pregunta que queda es por qué algunos conflictos persisten mientras que otros se eliminan eficazmente. Para responder a esta pregunta, son necesarios los conceptos de reorganización y toma de conciencia (awareness).

Lo dicho

Vivir es controlar.

Desde la perspectiva de la comprensión del proceso de vivir: Control es todo lo que hay.

Nuestros sistemas de control están organizados jerárquicamente.

El conflicto se produce cuando se persigue simultáneamente el control de dos experiencias incompatibles.

El conflicto afecta a varios niveles de la jerarquía.

El conflicto impide el control.

Lo importante

La persistencia y la indeseabilidad del malestar psicológico crónico se deben al conflicto sostenido entre los sistemas de control perceptual.

Lo que viene

La reorganización elimina el conflicto y restablece el control.

La reorganización está vinculada a la toma de conciencia.

Capítulo Cinco

Cuando el conflicto persiste

Si el conflicto se produce con tanta frecuencia tal como lo estoy sugiriendo, pero al mismo tiempo sólo algunos de esos conflictos se cronifican, esto quiere decir que debemos contar ya con alguna forma de resolverlos. Dado que el conflicto se produce en la mente de un individuo, la resolución también debe producirse en la mente del individuo. No se puede sacar el problema, hacer experimentos con él, resolverlo y luego volverlo a meter. Cuando la psicoterapia tiene éxito, en cualquiera de sus formas, es porque de alguna manera se ha facilitado esta eliminación interna del conflicto. Cuando una psicoterapia de cualquier tipo fracasa, es porque se ha impedido este proceso interno. Entender lo que ocurre te ayudará a maximizar las veces que, como psicoterapeuta, ayudas al proceso, y a minimizar las veces que te interpones en su camino.

REORGANIZACIÓN

En la PCT, Powers propone que hay un sistema de reorganización que es responsable de la construcción y mantenimiento de la jerarquía de los sistemas de control. Básicamente, el trabajo del sistema de reorganización consiste en crear nuevas conexiones, alterar las conexiones existentes o manipular de cualquier otro modo los parámetros de los sistemas de control. Es el trabajo del sistema de reorganización el que nos permite aprender, de modo que llegamos a experimentar una actividad perceptual que antes no conocíamos.

Un sistema que altera las conexiones entre sistemas de control es precisamente el sistema que necesitamos para resolver conflictos. Mientras se estén especificando simultáneamente dos referencias incompatibles, se experimentará un conflicto. El conflicto se eliminará cuando se modifique la configuración o los parámetros (o ambos) de los sistemas de control correspondientes.

El sistema de reorganización puede considerarse un sistema de control, tal como los bucles individuales de la jerarquía perceptual, pero se trata de una metáfora. Como ha explicado Powers:

> Es como si hubiera un conjunto separado de sistemas de control que se ocupan de mantener las variables intrínsecas en los niveles de referencia heredados. No sabemos si realmente existe tal sistema, o si los efectos propuestos están causados por propiedades distribuidas por todo el cerebro y el cuerpo.

Metafóricamente, entonces, el sistema de reorganización percibe, compara y actúa. El sistema percibe varios estados fisiológicos fundamentales de nuestro cuerpo que son necesarios para nuestra supervivencia. Estas variables fundamentales, como la temperatura corporal y las concentraciones bioquímicas, se denominan en la PCT, variables intrínsecas. Son los estados percibidos de estas variables lo que controla el sistema de reorganización. Cuando hay un error asociado al control de una variable intrínseca, el sistema de reorganización actúa para reducir el error haciendo que el estado percibido coincida con el estado deseado. Para ello, realiza cambios aleatorios en determinados lugares de la jerarquía perceptual hasta que el error disminuya. Es posible que algunos de estos sistemas de control intrínseco se encuentren en el nivel más alto de la jerarquía perceptual, y que el sistema de reorganización modifique la jerarquía hasta que estos sistemas de control de alto nivel puedan hacer que sus percepciones de las variables intrínsecas coincidan con los valores de referencia.

De hecho, parece que la jerarquía perceptual se crea como un subproducto de estos sistemas de control intrínseco que controlan sus variables intrínsecas. Bourbon lo dice así

> La jerarquía perceptual existe con un propósito: servir de medio para crear y mantener las condiciones fisiológicas intrínsecas de referencia. Eso es lo que viene primero, último, y en el medio. Pensamos que las moléculas autorreplicantes, como las del ADN, son sistemas de control, con sus equivalentes de señales de referencia que especifican qué "percepciones" de la forma molecular o de los estados químicos "percibirán". Según esta interpretación, los genes no son "órdenes" sobre lo que vamos a ser, sino sistemas de control que controlan determinados estados moleculares; todo lo demás que ocurre es, en cierto modo, un gran efecto secundario del control a nivel bioquímico. Si esto es así, entonces debe darse el caso de que, la mayoría de las veces, criaturas como nosotros, con jerarquías perceptuales como las nuestras, acaban siendo buenos entornos para que el ADN logre su propio control.

Aunque escribiendo en un contexto diferente, John Gribbin parecía expresar la misma idea cuando decía "Los biólogos tienen un aforismo que dice que 'una gallina es la forma que tiene el huevo de hacer más huevos'. Del mismo modo, un ser humano es simplemente la forma que tienen los genes de hacer más copias de sí mismos". (1998, p. 116).

Cuando hay un error intrínseco, la reorganización continúa reajustando aleatoriamente la jerarquía en diferentes puntos hasta que las variables intrínsecas vuelven a estar en sus estados de referencia. Es importante señalar que, mientras se produce la reorganización, una persona puede experimentar una *pérdida* de capacidad de control durante un periodo de tiempo mientras los sistemas de control se ajustan (si alguna vez has aprendido a utilizar palillos chinos, o has cambiado el agarre de tu volea de derecha, o has conducido un coche en el que la palanca de las luces y la del limpiaparabrisas estaban intercambiadas, o has reubicado tus muebles pero luego has seguido yendo al lugar donde solía estar tu sillón favorito, sabrás a qué tipo de experiencia me refiero). Aunque esto puede generar preocupación mientras sucede, a medida que la reorganización continúa, finalmente se llega a una solución.

El sistema de reorganización no tiene ningún concepto de bueno o malo, moral o inmoral, pícaro o agradable. El único objetivo del sistema de reorganización es reducir los errores. Cuando el error se reduce y las condiciones percibidas de las variables intrínsecas están en los niveles deseados, el sistema de reorganización deja de actuar sobre la jerarquía perceptual. La jerarquía se mantiene entonces en la disposición que tenía cuando el error intrínseco se redujo lo suficiente, cualquiera haya sido esta.

Todavía no se ha esclarecido cuánto tiempo lleva la reorganización para reducir el error. Sin embargo, sabemos que los sistemas de control de cualquier nivel en particular de la jerarquía tardan más en controlar las variables perceptuales que los sistemas de control de los niveles inferiores a ellos. Por tanto, es razonable esperar que los sistemas de alto nivel que se encuentran en conflicto tarden un tiempo en reorganizarse. Experiencias subjetivas como el "¡Ajá!" del insight repentino, o el "me cayó la ficha" parecen sugerir que la reorganización también puede producirse con bastante rapidez. Patrick pareció encontrar una solución clara a su problema en el tiempo que tardó en sonreír irónicamente. He sugerido la idea de que la reorganización puede producirse en cualquier parte y en cualquier nivel de la jerarquía perceptual. Sin embargo, sería contraproducente reorganizar los sistemas de control que no están en conflicto, mientras los sistemas en conflicto permanecen sin cambios. Lo que se necesita, por lo tanto, es algún modo de dirigir el sistema de reorganización. En la PCT, el fenómeno responsable de la dirección de la reorganización es la conciencia.

CONCIENCIA

La conciencia (o atención) es un fenómeno que aún no se comprende del todo y que a menudo no se explica bien, pero es comúnmente experimentado. Powers lo describe en el prólogo como un punto de vista. El fenómeno es el siguiente: En cualquier momento podemos experimentar una actividad perceptual diferente. Podemos notar o tomar conciencia, por ejemplo, de la presión de nuestros pies en el suelo, o del nivel de vino en la copa, o del movimiento de las llamas en la chimenea, o del estado actual de nuestro matrimonio. Podemos dirigir nuestra conciencia hacia percepciones situadas en distintos partes de la jerarquía perceptual. Parece que la conciencia puede moverse libremente a través de la jerarquía, y hacia arriba y hacia abajo en ella.

Imagina que miras a la Mona Lisa a través de un agujero en un trozo de cartón negro. Puedes mover la cartulina a cualquier parte del cuadro, pero muevas donde muevas la cartulina, sólo podrás ver lo que aparece a través del agujero. La conciencia es capaz de moverse por toda la jerarquía perceptual, pero en un momento dado sólo es posible prestar atención a una pequeña porción de la totalidad de la experiencia del ser. Parece muy difícil ser consciente simultáneamente de las palabras que estoy tecleando y de la cena-festejo que voy a celebrar esta noche. Si me concentro en las palabras, parece que el festejo simplemente flota en segundo plano y lo vislumbro de vez en cuando. Sin embargo, no estoy seguro de que esté flotando en segundo plano, porque si lo compruebo parece que pasa a primer plano. Simplemente asumo que está ahí, en alguna parte, porque lo percibo de vez en cuando. Si, por el contrario, dedico tiempo a pensar en el festejo mientras tecleo, aunque sigo viendo las palabras a medida que aparecen, al cabo de un rato no estoy seguro de cuánto sentido tienen ..... Pero luego, al pensar en el sentido que tienen, se me escapa el festejo, así que si compruebo rápidamente el significado de las palabras... y luego... ¡Uy! Adiós el festejo.

Cambiar el objetivo que se está intentando alcanzar parece implicar la toma de conciencia. No podemos, por ejemplo, comenzar el viaje de ir en coche a la playa, y decidir en su lugar ir al cine, sin tomar conciencia de ese cambio. Quizá la conciencia está asociada con la cantidad de error asociada a los sistemas de control en un momento dado.

En este momento estoy escribiendo en el teclado del ordenador y soy consciente de las letras y las palabras que forman a medida que aparecen en la pantalla. Si de repente oliera a humo y oyera sonar un detector de humo, tomaría conciencia del estado de nuestra casa y empezaría, tal vez, a controlar mi supervivencia. Parece razonable suponer que, si oliera a humo, aumentaría el error en mis sistemas de control relacionados con la supervivencia. También parece razonable suponer que no pasaría de teclear en el ordenador a evacuar mi casa sin ser consciente de esta alteración de la actividad. La gente no parece salir distraídamente de edificios en llamas ni sacar tostadas quemándose de la tostadora.

De hecho, es difícil pensar en aprender algo, o en adquirir una nueva capacidad de control, sin ser consciente de haberlo hecho. Esto se debe a que la reorganización es el proceso mediante el cual los sistemas de control adquieren nuevas capacidades de control, y también porque las personas parecen ser conscientes de que están aprendiendo algo mientras lo están aprendiendo, por todo esto se plantea la hipótesis de que la reorganización "sigue" o está vinculada a la conciencia.

Si la conciencia y la reorganización están vinculadas, entonces una sugerencia plausible en cuanto a la razón por la que el conflicto persiste cuando lo hace, es que la conciencia se enfoca en la parte equivocada de la jerarquía. Cuando las personas están en conflicto interno, a menudo son conscientes de uno o ambos objetivos que persiguen de manera ineficaz (Martin quiere gustar a la gente y también quiere que las cosas se hagan siempre a su manera; quizás el nivel medio de la Figura Tres) o pueden ser conscientes del hecho de que se sienten estancados, agitados o frustrados (Lucy se siente constantemente tensa, al límite, y no puede dormir por la noche debido a su mente acelerada; quizás el nivel inferior de la Figura Tres). Si la sugerencia de que la conciencia está vinculada a la reorganización es correcta, entonces ser consciente de estos dos niveles significa que es ahí donde tendrá lugar la reorganización. Sin embargo, la reorganización en estos dos niveles inferiores tendrá poco impacto en el conflicto que se está experimentando. Es el nivel más alto de la Figura Tres el que crea el conflicto. La reorganización debe producirse en el nivel en el que se origina el conflicto para que éste desaparezca. Por lo tanto, el problema no es que no se esté produciendo la reorganización, sino que se está produciendo en el lugar equivocado. Por lo tanto, los clientes no necesitan que la reorganización se inicie en la psicoterapia; sólo necesitan que se redirija ("shift") al lugar donde puede hacer algún bien.

Patrick parecía ser muy consciente de una disputa, ya que oscilaba entre vender ahora y vender más tarde (echa un vistazo a la Figura Tres). Patrick también parecía ser consciente de que quería obtener beneficios económicos y, al mismo tiempo, ofrecer apoyo personal a su pareja. Sin embargo, una solución al conflicto de Patrick se volvió clara para él solo cuando se dio cuenta de que valoraba estas cosas de diferentes maneras. Para Patrick, en este conflicto en particular, el valor se asignaba a estos sistemas de control desde el nivel más alto de la Figura Tres. El conflicto se desvaneció cuando la conciencia de Patrick trajo el nivel más alto al foco central. Cuando esto ocurrió, parece que resultó evidente para él que el apoyo personal era más importante para su calidad de vida que el beneficio económico. La Figura Cuatro muestra cómo podría haber quedado la parte en conflicto de la jerarquía de Patrick tras la reorganización. El color gris de un lado del conflicto representa las diferentes ponderaciones que Patrick parecía aplicar a las dos percepciones después de la reorganización.

Me he tomado un tiempo para trazar la estructura del conflicto perceptual interno y dónde puede estar la conciencia de una persona en diferentes momentos con respecto a este conflicto. Como dije en el último capítulo, muchos aspectos de nuestra comprensión del conflicto interno son todavía especulativos y esperan un mayor desarrollo a través de pruebas mediante la construcción de simulaciones. Para complicar las cosas, nunca podremos estar seguros de la correspondencia exacta entre lo que la gente articula con palabras y la parcela de su jerarquía que está siendo iluminada por la conciencia en un momento dado (más adelante hablaré más de esto). Sin embargo, la buena noticia es que esta falta de información no compromete en absoluto la integridad de las sesiones de MOL. No es imprescindible saber de qué nivel jerárquico es consciente la gente en cada instante. Ni siquiera es crucial identificar con claridad y precisión sus conflictos; sólo es importante ayudarles a desplazar su conciencia hacia arriba. Casi nunca realizo análisis retrospectivos de las transcripciones como el que se ofrece al principio de este libro (aunque casi siempre reflexiono sobre cuánto cumplí mi papel como psicoterapeuta MOL) y no trazo mapas de conflictos como los que he hecho en la Figura Tres y la Figura

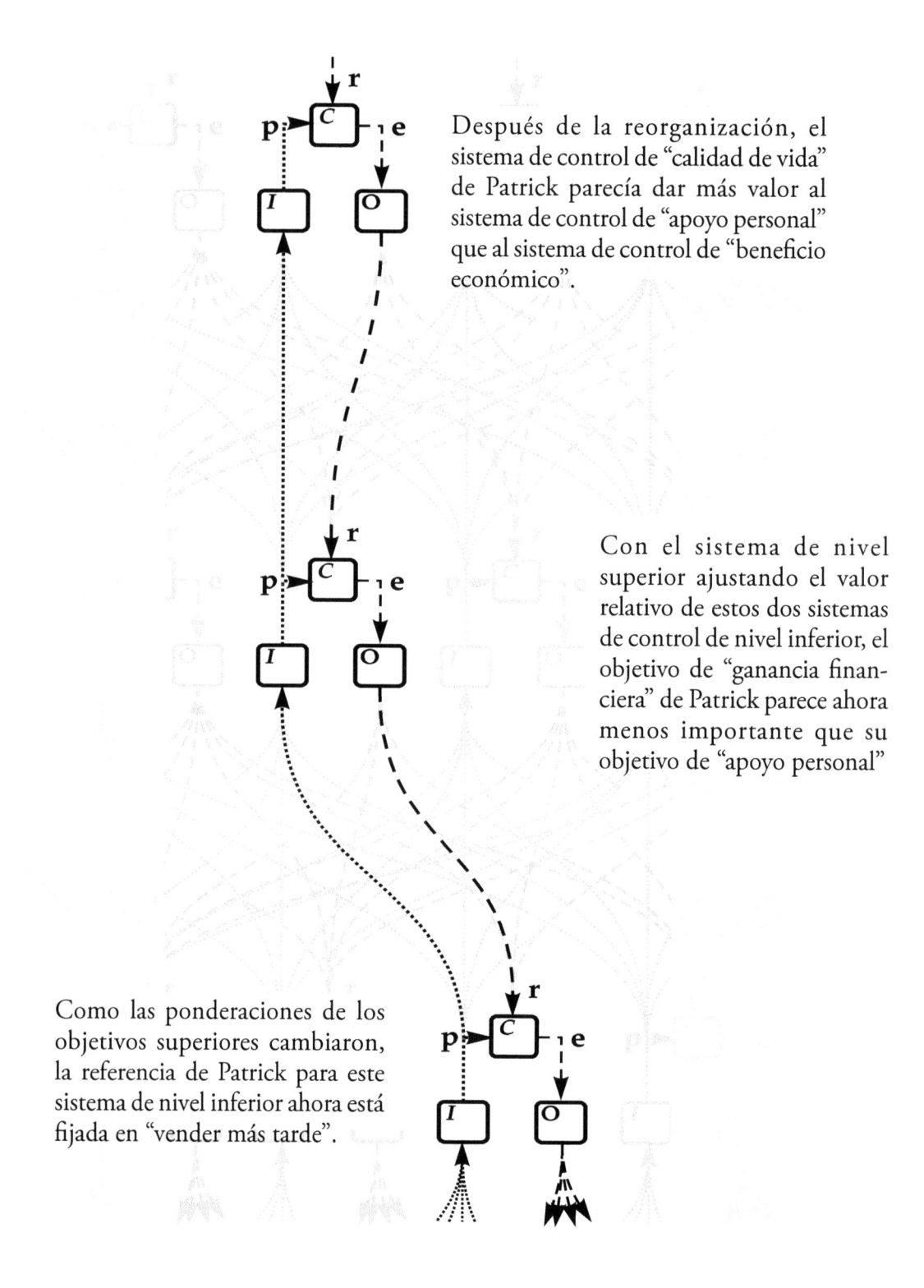

Después de la reorganización, el sistema de control de "calidad de vida" de Patrick parecía dar más valor al sistema de control de "apoyo personal" que al sistema de control de "beneficio económico".

Con el sistema de nivel superior ajustando el valor relativo de estos dos sistemas de control de nivel inferior, el objetivo de "ganancia financiera" de Patrick parece ahora menos importante que su objetivo de "apoyo personal"

Como las ponderaciones de los objetivos superiores cambiaron, la referencia de Patrick para este sistema de nivel inferior ahora está fijada en "vender más tarde".

Figura Cuatro Cómo pienso en la jerarquía de Patrick después de la reorganización.

Cuatro cuando dirijo sesiones de MOL. Ni siquiera estoy seguro de que esta forma concreta de analizar el conflicto de Patrick sea correcta. Es la más precisa que puedo hacer en este momento, pero quizá haya otras formas de representar el conflicto que serían más precisas. Tal vez después de leer la transcripción, tenga una idea diferente sobre cómo podría representarse el conflicto con mayor exactitud. La corrección de mi representación tal vez podría establecerse construyendo un modelo y determinando qué funciona en términos de generar datos que simulen el tipo de oscilación que Patrick estaba haciendo mientras vacilaba entre "vender ahora" y "vender más tarde". Este tipo de actividad será importante en los programas de investigación para mejorar nuestra comprensión de la formación y cronicidad de los conflictos. Sin embargo, aunque nuestra comprensión del conflicto aumente, es probable que, al llevar a cabo sesiones reales de MOL, el principio fundamental de ayudar a las personas a redirigir su conciencia hacia arriba siga siendo primordial. En esta sección se presenta la transcripción y el mapeo realizados para ayudar a ilustrar y aclarar algunos de los razonamientos que subyacen a la práctica de MOL. Comprender los principios que subyacen a la práctica del MOL es importante si se quiere ofrecer MOL de manera "limpia" y efectiva.

RESUMEN

Antes de entrar en la descripción de MOL, recapitulemos hasta dónde hemos llegado. Empecé sugiriendo que el único problema psicológico es el malestar asociado a soportar una actividad perceptual no deseada. Soportar una actividad perceptual no deseada ocurre cuando las personas sufren un conflicto interno. El conflicto interfiere con la capacidad de control de las personas, y como resultado surge el malestar. La razón de que el conflicto sea posible es que estamos organizados para controlar la actividad perceptual que nos importa. Las personas que experimentan problemas psicológicos no están locas ni enfermas, simplemente tienen conflictos. La PCT nos proporciona entonces un modelo general de trastorno psicológico y nos muestra que la actual diferenciación de trastornos específicos es quimérica.

No hay nada malo en los sistemas de control en conflicto, excepto por la forma en que están dispuestos. Las configuraciones en la jerarquía, así como las características de los sistemas de control, pueden modificarse mediante la actividad del sistema de reorganización. La reorganización es la forma en que se elimina el conflicto entre los sistemas de control. El sistema de reorganización está vinculado a la conciencia. Por lo tanto, el conflicto perdura o persiste porque la conciencia está enfocando el proceso de reorganización en un lugar distinto de donde se origina el conflicto. Para que se elimine el conflicto, la persona debe tomar conciencia del nivel que lo está creando. Es decir, la persona debe llegar a un punto de vista desde el que pueda experimentar conscientemente el nivel más alto del conflicto. Además, la persona debe permanecer consciente de este nivel hasta que el sistema de reorganización sea capaz de eliminar el conflicto.

Los comportamientos de las personas no son, entonces, el problema. Para resolver un conflicto, hay que cambiar los objetivos, no los comportamientos. Y no basta con cambiar cualquier objetivo. El único objetivo que puede cambiarse para resolver el conflicto es el que está estableciendo objetivos incompatibles de nivel inferior para controlar su percepción. Enfocar la atención en los objetivos que están *en* conflicto no tendrá ningún efecto duradero en la resolución final del conflicto.

El éxito de la psicoterapia se produce cuando los clientes toman conciencia del nivel perceptual en el que están creando su conflicto. Nada más importa en psicoterapia aparte de ayudar a los clientes a redirigir su conciencia a los niveles perceptuales adecuados. Bueno, nada más importa desde la perspectiva de la eliminación del conflicto. Para algunos psicoterapeutas, otras cosas pueden importar mucho. Puede importar, por ejemplo, que los clientes completen sus tareas, o escuchen los consejos del psicoterapeuta, o valoren y realicen las actividades que el psicoterapeuta introduce, o se comprometan plenamente con el proceso. Estas cosas pueden ser importantes para el psicoterapeuta, pero a menos que de alguna manera redirijan la conciencia del cliente al nivel perceptual apropiado, son irrelevantes para ayudar al cliente a resolver un conflicto perceptual. Peor que irrelevantes, son perjudiciales si distraen al cliente de la tarea que importa o si mantienen la conciencia del cliente enfocada en un nivel inferior. En resumen, pueden interponerse en el camino.

Algunos clientes mejoran en psicoterapia. De eso no hay duda. Por el momento, sin embargo, estos clientes mejoran de forma impredecible. No hay forma de saber quién mejorará y quién no, porque casi ningún psicoterapeuta considera el malestar psicológico en términos de sistemas de control en conflicto. Con la PCT como explicación de la actividad de vivir, ahora hay una oportunidad de basarse en la ciencia en lugar de la serendipia para los resultados de la psicoterapia. Aún queda mucho por aprender, mucho por explorar y quizás muchos errores por descubrir y corregir. Como se menciona hacia el final del Capítulo Dos, la PCT sugiere que debemos hacernos preguntas diferentes y buscar respuestas en lugares diferentes. Comprender el PCT es el comienzo de un nuevo viaje, más que la llegada sana y salva a un destino cómodo, familiar y seguro. Es necesario investigar y aclarar muchos aspectos importantes. En muchos sentidos, he escrito este libro para fomentar el comienzo de un nuevo enfoque de la psicoterapia. No estoy seguro de adónde conducirá el pensamiento en esta línea. Sin embargo, el camino a seguir está claro.

Lo dicho

La reorganización es un proceso aleatorio que altera los sistemas de control existentes para reducir el error intrínseco.

La reorganización parece estar vinculada a la conciencia.

Para que los problemas se resuelvan, la reorganización debe producirse en el lugar adecuado de la jerarquía.

Los conflictos perduran cuando la reorganización no se produce en el nivel que está creando el conflicto.

Lo importante

Lo único que importa en psicoterapia es ayudar a las personas a tomar conciencia del nivel que está fijando los objetivos incompatibles para que la reorganización pueda hacer los ajustes que sean necesarios.

Lo que viene

Cómo ayudar a las personas a redirigir ("shift") su conciencia hacia niveles perceptuales superiores.

Sección Dos

¿Cómo?

Capítulo Seis

Un esquema del Método de Niveles

Habiendo realizado una descripción de la teoría del control perceptual, comenzaré a delinear MOL. MOL se presenta como un enfoque para ayudar a las personas que es consistente con su organización como sistemas vivos de control. Las prácticas de MOL se basan en los principios de la PCT. Por lo tanto, recurro a la PCT cada vez que no sé qué hacer en una situación concreta de MOL. Esto significa simplemente recordarme a mí mismo que los clientes con los que trabajo son sistemas vivos de control. (Esto no es una cuestión de fe. Si tengo dudas, verifico esa suposición buscando pruebas de que efectivamente controlan). Puesto que son sistemas vivos de control, las ideas y los conceptos que se tratan en la Sección Uno se aplicarán a ellos. Por ejemplo, controlarán las percepciones, no el comportamiento; actuarán para oponerse a las perturbaciones del entorno; y el único mundo que conocen es el de sus experiencias perceptuales internas, al que nadie más tiene acceso directo.

Si en algún momento de los capítulos que vienen, te resulta difícil comprender alguna práctica en particular, puedes encontrar la clarificación que buscas volviendo a los capítulos sobre la PCT, o al prólogo de Powers, o incluso consultando algunas de las fuentes mencionadas en la lista de lecturas al final de este libro, o las que se ofrecen en www.livingcontrolsystems.com. Por motivos de legibilidad, no menciono constantemente y de manera explícita los vínculos entre MOL y PCT tan a menudo como podría, pero esto no debería minimizar en modo alguno la importancia de dichos vínculos.

MOL es lo que es gracias a la PCT. Sin PCT no existiría MOL.

Una suposición detrás de MOL es que las personas se mejoran a sí mismas. Algunas personas mejoran con la ayuda de un amigo, algunas personas mejoran con la ayuda de un psicoterapeuta, algunas personas mejoran con su iguana que tienen como mascota y algunas personas mejoran por sí solas. Sin embargo, cuando las personas mejoran, *siempre* mejoran ellas mismas. Las personas mejoran por medio de una reorganización en el nivel perceptual adecuado. Es decir, en el nivel que está creando el conflicto. La cuestión en psicoterapia es cómo podemos ayudar a nuestros clientes a mejorar (a reorganizarse en el nivel adecuado) y, al mismo tiempo, asegurarnos de que no nos interponemos en el camino de que se mejoren a sí mismos.

Desde la perspectiva del MOL, para ser útiles a los clientes, la única tarea necesaria consiste en ofrecerles oportunidades para redirigir su conciencia a niveles superiores en los que la reorganización pueda eliminar el conflicto que experimentan. Saber a qué nivel ir no es importante. El principio general es: Si el conflicto sigue existiendo, hay que buscar un nivel superior. Y como Runkel me recordó, mover la conciencia hacia arriba no significa en una dirección celestial, no hacia un bien "superior". La palabra "superior" sólo se refiere a la posición relativa en la jerarquía: no hay ningún valor moral asociado a ella.

Por supuesto, no es necesario identificar un conflicto para buscar un nivel superior. Lo básico en MOL quizá sea empezar donde sea que se encuentren los clientes y ayudarles a subir por sus jerarquías. Lo ideal es que la ascensión concluya cuando los clientes experimenten desapego, serenidad, calma, reflexión o algún otro estado mental similar. Si, durante el ascenso por la jerarquía, un conflicto es encontrado, se detiene el viaje hacia arriba mientras se dedica tiempo para examinarlo. Al examinar el conflicto, se pueden encontrar niveles superiores relacionados con este para poder resolverlo.

La actividad principal es ayudar a los clientes a redirigir ("shift") su conciencia. Esto puede parecer algo misterioso, pero en la práctica, jugar con el foco de la conciencia de otra persona es trivialmente fácil. Imagina que estás hablando con tu amigo Willard y de repente haces una mueca y dices: "¡Dios mío! ¡Una araña grande y peluda acaba de caer en tu cuello!", probablemente observarías cómo Willard redirige su conciencia, de la conversación que estaba manteniendo al cuello de su camisa. Hay otras formas menos dramáticas de demostrar la fluidez de la conciencia, pero el punto ha quedado ilustrado.

La dificultad con la conciencia no está en poder influir en el lugar en el que se enfoca. Afectar arbitrariamente al foco de la conciencia es pan comido. En MOL, sin embargo, no queremos afectar al foco de conciencia de una persona arbitrariamente; queremos afectarlo sistemáticamente. Cuando Patrick me estaba describiendo su conflicto, probablemente no habría sido muy útil decirle que tenía una araña peluda en el cuello sólo porque yo pensaba que debía cambiar el foco de su conciencia. No se trata de afectar al foco de conciencia de la gente de cualquier manera, sino de afectar a su conciencia de una manera *particular*. Desde la perspectiva de MOL, el camino es *hacia arriba*. Afortunadamente, la naturaleza nos ha ayudado.

Cuando la gente habla, sobre todo cuando describe una experiencia que ha tenido o un problema al que se enfrenta, de vez en cuando disrumpen su propio flujo de palabras. A menudo hacen una pausa, sonríen, se ríen, sacuden la cabeza, empiezan a tartamudear, suspiran, dicen algo que no "encaja" con lo que estaban diciendo hace un momento, se les caen las lágrimas, miran hacia otro lado o asienten con la cabeza en señal de comprensión. Normalmente, la disrupción parece ser una especie de evaluación, reflexión o conclusión sobre algo que acaban de decir; una especie de meta-comentario. A menudo, después de esta disrupción, las personas reanudan el flujo de palabras en el punto en el que lo habían dejado momentos antes. En muchos casos, parece que ni siquiera se dan cuenta de que se ha producido la disrupción.

Una forma de entender estas disrupciones es apreciar que, en un momento dado, el contenido de la conciencia varía. Esta variación de contenido podría denominarse "pensamientos de fondo" y "pensamientos en primer plano". Los pensamientos en primer plano suelen ser el foco de la conciencia. Mientras escribo estas palabras, soy consciente de los significados que se transmiten y de la claridad con la que se expresan las ideas. De vez en cuando, sin embargo, me doy cuenta de que hay un comentario en segundo plano que sólo parece existir como un leve zumbido la mayor parte del tiempo, y que a veces parece no estar ahí en absoluto. Por ejemplo, me pregunto si cumpliré el plazo que me he fijado, o si el ejemplo que acabo de describir tendrá sentido para quienes lo lean. A menudo, estos pensamientos no duran mucho, pero con frecuencia parecen ser pensamientos *sobre* lo que estoy haciendo en ese momento. Si quisiera, podría mantener la atención en estos pensamientos, y dedicar más tiempo a pensar en los plazos o en cuán adecuados son determinados ejemplos. Focalizar la atención en estos pensamientos de fondo tendría el efecto de convertirlos en pensamientos de primer plano.

Otra forma de pensar en los pensamientos de fondo y los pensamientos en primer plano sería considerarlos como puntos de vista diferentes. Los pensamientos en primer plano son el punto de vista actual y los pensamientos en segundo plano incluyen varios puntos de vista sobre el punto de vista actual. Podrían considerarse distintos tipos de perspectivas sobre el mismo tema. El objetivo detrás del objetivo, o el propósito del propósito.

Por supuesto, MOL no tiene derechos de autor sobre el concepto de pensamientos de fondo y los pensamientos en primer plano. Bourbon observó muy acertadamente que el fenómeno de los pensamientos en primer y segundo plano, aparece en muchas otras formas de psicoterapia y también en otros modelos psicológicos, aunque a veces se les dé nombres diferentes. Lo que da a MOL su lugar bajo el sol es la explicación teórica (PCT) de los pensamientos en primer y segundo plano: cómo pueden entenderse y utilizarse para ayudar a las personas a superar el malestar psicológico. Además, en MOL, los pensamientos en primer y segundo plano son el centro de la psicoterapia, y no sólo simplemente una parte de una terapia más "integral" o "ecléctica".

En MOL, se asume que los pensamientos en primer plano representan la actividad en un nivel perceptual de la jerarquía, y el pensamiento de fondo o metacomentario relacionado representa un nivel superior de la jerarquía. Estos pensamientos en segundo plano son comentarios *sobre* lo que acaba de ser discutido o reflexiones *sobre* una afirmación que acaba de ser expresada. Para reflexionar sobre algo parece lógico que haya que estar "por encima" o apartado de ello.

Brianna me contaba lo mucho que le había costado salir y relacionarse con la gente cuando lo único que quería era quedarse en la cama. Me dijo que estaba contenta con los progresos que estaba haciendo y que poco a poco le resultaba más fácil. Mientras seguía describiendo su conflicto entre querer salir y querer estar en la cama, de repente se le llenaron los ojos de lágrimas, miró al techo y dijo: "Tengo miedo de acabar como mi madre. Ella siempre se metía en la cama.

Qué desperdicio de vida". Desde la perspectiva de la PCT, pienso en las descripciones de Brianna sobre lo que estaba haciendo en ese momento como un punto de vista, y en el comentario sobre sus miedos y su actitud al tumbarse en la cama como otro punto de vista diferente. Lo que lo hacía diferente era que expresaba el punto de vista desde un nivel perceptual superior.

Por supuesto, los pensamientos de fondo no siempre están relacionados con los pensamientos en primer plano. A veces surge un pensamiento de fondo que parece no tener nada que ver con el tema que se está tratando. Jacob mira por la ventana mientras habla y se da cuenta de que se están acumulando nubes grises, lo que le recuerda que tiene ropa tendida para secar, y hace una pausa en su diálogo mientras se pregunta si tiene que ir rápido a su casa.

Si bien los pensamientos no relacionados ocurren, primero se necesitaría aclarar la falta de relación con la persona que reporta el pensamiento. Yo podría preguntar si había alguna conexión entre el lavado de Jacob y la situación que él acababa de describir. El pensamiento que aparentemente no estaba relacionado podría estar conectado de manera poco visible, y nuevamente, podría no estarlo. *Para los propósitos de MOL, solo son de interés los pensamientos de fondo que están de alguna manera relacionados con el enfoque actual de atención.*

El deseo de Brianna (o su referencia, o su objetivo, o "lo que ella *quería*") de quedarse en la cama cuando las cosas se complicaron podría ser la expresión de un procedimiento particular, y el comentario de que este procedimiento es un "desperdicio de vida" parece ser una evaluación de ese procedimiento, y quizá incluso la articulación de una regla (o referencia, deseo u objetivo) sobre cómo debería vivir su vida.

En MOL, a veces llamamos disrupciones a comentarios que aparecen en el diálogo, desde un nivel superior. Sin embargo, dado que las disrupciones no siempre son verbales, sino que a menudo pueden ser una mirada, un encogimiento de hombros, o una sonrisa, utilizaré el término más inclusivo "evento de un nivel superior".

Las disrupciones de esta naturaleza son tan habituales que la mayoría de las veces pasan desapercibidas. Yo no me había dado cuenta de las disrupciones hasta que Powers me habló de MOL. Ahora, a veces, cuando veo la televisión, me doy cuenta de las disrupciones que se producen en los diálogos de las personas que aparecen en pantalla. Los atletas a los que entrevistan sobre su carrera o sus próximas competiciones suelen ofrecer ejemplos claros de disrupciones. Morgan puede describir con entusiasmo el entrenamiento que ha estado haciendo fuera de temporada y las pequeñas lesiones que ha superado y luego decir algo como "Ya sabes... sólo quiero ser la mejor".

Dado que se supone que las disrupciones del diálogo señalan el camino hacia niveles perceptuales superiores, el papel del psicoterapeuta en MOL es estar alerta ante cualquier disrupción que se produzca, y pedir a los clientes que elaboren el comentario realizado durante la disrupción. Que los niveles superiores nunca se presenten no es el problema. El problema es que cuando se presentan no permanecen allí por mucho tiempo. Sin embargo, si tú, como psicoterapeuta de MOL, le preguntas a los clientes sobre lo que acaban de decir, posiblemente se explayen acerca del comentario, la expresión facial o la risa que hicieron. Al explayarse, traerán el pensamiento de fondo al primer plano. Ahora acaban de subir un nivel, y comienza de nuevo la búsqueda de otra disrupción y la posibilidad de un nivel superior.

El procedimiento MOL consiste en identificar las disrupciones que señalan el camino hacia sistemas de nivel superior. Eso es todo lo que puede hacer un psicoterapeuta para ser lo más útil posible para los clientes en psicoterapia. Básicamente, MOL consta de dos pasos que se repiten tantas veces como sea necesario para que la conciencia del paciente alcance un nivel en el que la reorganización pueda afectar a el malestar que está siendo experimentado. Los pasos son: preguntar sobre los pensamientos en primer plano y, cuando se produce una disrupción, preguntar sobre ella.

El esquema de MOL es breve. Sin embargo, la comprensión que hay detrás del esquema puede llevar algún tiempo para poder llegar a ser apreciado. Tu comprensión se verá facilitada a medida que empieces a experimentar MOL en tu práctica con tus clientes.

Lo dicho

Proporcionar oportunidades para que los clientes redirijan su conciencia a niveles perceptuales más elevados es la mayor ayuda que un psicoterapeuta puede ofrecer.

Las disrupciones en el flujo del diálogo a menudo pueden ser una pista de que se acaba de producir un cambio en el foco de la conciencia.

La atención consciente en diferentes niveles se experimenta a menudo como pensamientos en primer y segundo plano.

Lo importante

Lo único que hace un psicoterapeuta, que resulta efectivo para eliminar el conflicto perceptual de un cliente, es ayudarle a tomar conciencia de los niveles perceptuales superiores. Entonces MOL tiene dos pasos básicos: preguntar sobre los pensamientos en primer plano y cuando se produce una disrupción, preguntar sobre ella.

Lo que viene

Pensar como un psicoterapeuta MOL.

Capítulo Siete

Una mentalidad MOL

Aunque la distinción es totalmente artificial, pensé que podría ser útil discutir el papel de los psicoterapeutas MOL, en términos de las cosas que hacen en las sesiones de psicoterapia y las actitudes que mantienen. Fue al escribir esta parte del libro cuando gané más conciencia de las limitaciones de la palabra escrita. A medida que describo diversos aspectos de MOL, no dejo de recordar lo difícil que es delinear un proceso como éste. He hecho todo lo que he podido para sugerir cómo podría desarrollarse MOL, pero no me preocuparía demasiado si tu versión de MOL no reproduce exactamente lo que sacas de estas páginas. Si tienes en cuenta los principios de la PCT, nuestras versiones de MOL serán las mismas a nivel teórico, independientemente de cómo sean las prácticas concretas. Aunque considero que hago exactamente lo mismo en cada sesión desde la perspectiva de la PCT, MOL ocurre de forma diferente de un cliente a otro y de una sesión a otra. Seguramente también será diferente de psicoterapeuta a psicoterapeuta.

Primero hablaré de las actitudes o la mentalidad (o las referencias o los objetivos) que hay que adoptar para llevar a cabo sesiones de MOL. Luego hablaré más específicamente de lo que un psicoterapeuta MOL puede hacer realmente en las sesiones de MOL. En realidad, los capítulos no serán tan distintos. Me ha resultado difícil describir las actitudes que son importantes sin hablar también de lo que eso significa en la práctica. Del mismo modo, cuando hable del hacer de un psicoterapeuta MOL, me encontrarás mencionando actitudes también. Tal vez, la división que he hecho es más una cuestión de énfasis con el fin de organizar la información en esta parte del libro más que la delimitación de entidades distintas. Pensé que un cierto grado de separación podría hacer más fácil centrarse en un área a la vez y así facilitar tu aprendizaje del método.

Como mencioné al comienzo del libro, no te prescribiré acciones particulares que debas seguir, sino que te ofreceré pautas generales dentro de las cuales podrás determinar tus propias experiencias como psicoterapeuta MOL. A veces se mencionan procedimientos y preguntas específicas. Sin embargo, cuando esto ocurra se utilizarán como ilustraciones de las posibilidades que existen y no como mandatos de prácticas obligatorias.

Es importante destacar que para hacer bien el trabajo, es imprescindible tener claro cuál es ese trabajo. Comprenderás mejor el trabajo de un psicoterapeuta MOL si te centras en la intención de lo que se describe a continuación, y no en los ejemplos específicos que se ofrecen. Para convertirte en un efectivo psicoterapeuta MOL, es importante que aprendas a establecer objetivos desde una perspectiva MOL, más que aprender una lista de preguntas para aplicar. Algunas preguntas son ciertamente mejores que otras, pero lo más importante es su intención.

Al aprender un nuevo enfoque, puede ocurrir que te preocupes acerca de qué decir y cómo hacer las cosas de la manera correcta. Pero con MOL sería un error suponer que existe una forma ideal de hacer preguntas. En muchos sentidos, no importa qué preguntas se hagan, siempre y cuando se ofrezca a los clientes la oportunidad de describir sus experiencias en el presente. Las preguntas que proporciono son ejemplos del tipo de cosas que se pueden preguntar si se tiene una actitud de curiosidad. Las preguntas no se presentan aquí en ningún orden concreto y no las he incluido con la idea de que se vayan a plantear de una manera determinada. Si aprendes la actitud, las preguntas que haya que hacer te resultarán obvias.

Una actitud de curiosidad acerca de lo que les ocurre a los clientes cuando se sientan frente a ti y te cuentan sus experiencias puede ser la mentalidad más útil que puedas adoptar. Puede ser útil pensar en cada sesión de MOL como un experimento en el cual se descubre qué ocurre a medida que la conciencia del cliente se desplaza por su jerarquía perceptual. El objetivo del experimento es el descubrimiento. El descubrimiento del cliente. Un amigo mío y colega psicoterapeuta MOL, Chris Spratt, les dice a los clientes con los que trabaja cuando les presenta MOL: "Estás aquí para escucharte, y yo estoy aquí para facilitarlo".

En la medida que los clientes participan de forma voluntaria, los psicoterapeutas MOL exploran con curiosidad qué es lo que los clientes experimentan mientras hablan:

> ¿Qué es lo qué experimentan cuando te piden un consejo, o te piden que les digas lo que tienen que hacer?
>
> Si José te dice que quiere suicidarse, ¿qué está haciendo al decírtelo y qué está experimentando mientras te lo dice?
>
> ¿Está indicando su intención de acabar con su vida?
>
> O ¿tal vez necesita más apoyo de tu parte del que le estás dando ahora?
>
> Tal vez crea que no lo escuchas o que no lo tomas suficientemente en serio.
>
> ¿Estas palabras están destinadas a llamar tu atención?
>
> ¿No ve ninguna solución a su problema?
>
> ¿Le parece todo muy desalentador cuando describe su situación actual?

Sin duda hay muchas posibilidades, y no intentaré ofrecer una lista exhaustiva de ellas. Tampoco pretendo minimizar la expresión de la ideación suicida. Mi intención al proporcionar este ejemplo es alertarte sobre el papel que desempeñan las expresiones verbales en el proceso de control. Tal vez sea fácil comprender que las acciones pueden significar cosas diferentes en situaciones y momentos diferentes, pero parece más difícil apreciar que las palabras también pueden significar cosas diferentes en situaciones y momentos diferentes.

Incluso puede ser útil plantear a los clientes preguntas como las anteriores. MOL es un proceso transparente en el que los clientes son bienvenidos a conocer todo el procedimiento y se les informará inmediatamente ante cualquier consulta. Con MOL, el psicoterapeuta y el cliente están en el mismo equipo. El psicoterapeuta no tiene ningún objetivo predeterminado en mente ni ningún resultado que el cliente deba alcanzar, ni ningún diagnóstico que deba confirmarse. No se espera que los clientes cumplan con ningún régimen de tratamiento en particular y no hay ningún protocolo al que deban socializarse.

El objetivo de MOL es el descubrimiento mediante la redirección de la conciencia. Por lo tanto, a menudo puede ser útil preguntar sobre cosas que se te hayan ocurrido mientras el cliente hablaba:

¿Qué quieres que entienda al decirme estas cosas?

¿Quieres que preste más atención a lo que estás diciendo?

¿Cómo quieres que me suene lo que estás diciendo?

¿Cómo te suena lo que estás diciendo?

¿Quieres que te diga lo que tienes que hacer?

¿Te parece que yo debería estar haciendo algo diferente?

¿Qué te van pareciendo las cosas a medida que las vas contando?

Incluso si los clientes te dicen que no saben de qué hablar, esta actitud de descubrimiento es la misma. Dado que, como psicoterapeuta MOL, adoptarás el enfoque de aprender con curiosidad sobre el funcionamiento de la jerarquía del cliente (porque mientras tú aprendes sobre ella, el cliente también lo hará), podrías preguntar algo como:

¿Estás definiendo qué vas a contarme?

¿Quieres guardarte las cosas para ti por ahora?

¿Te parece que no puedes armar la idea?

¿Te preocupa cómo sonará lo que vas a decirme?

¿Sientes a menudo que no sabes de qué hablar?

¿Es un problema para ti no saber de qué hablar?

De nuevo, la atención se centra en lo que los clientes están haciendo o lo que están experimentando mientras están sentados frente a ti. Por supuesto, puede darse el caso de que a veces los clientes cambien de opinión. A veces deciden que no les apetece hablar en ese momento. Ofrecer la oportunidad de cambiar la cita también es una posibilidad a tener en cuenta.

Muchas veces, cuando se pregunta por primera vez sobre lo que los clientes hacen o sobre sus experiencias, se está haciendo una conjetura. El carácter tentativo de la pregunta tiene poca importancia, ya que los clientes suelen corregirte si te equivocas.

Por ejemplo:

¿Estás pensando qué decirme?

el cliente podría responder:

Sí, la verdad es que sí. Temo que piense que soy un tonto.

Alternativamente, el cliente podría responder:

No, en absoluto. Sé exactamente lo que tengo que decir, sólo me pregunto si he tomado la decisión correcta al venir hoy.

Mientras escribo estas palabras, me acuerdo de una vez que mi esposa, Margaret, y yo íbamos en coche. Había habido un breve silencio cuando Margaret dijo: "¿Qué pasa? ¿Qué estás señalando?". Acababa de notar un picor en el dorso del pulgar y me lo estaba rascando frotándolo hacia delante y hacia atrás en la parte superior del volante. Margaret vio que movía la mano y pensó que estaba señalando algo. Ese pequeño suceso parece ser un buen ejemplo de que no se puede saber lo que la gente *hace* o *experimenta* simplemente observando pasivamente sus acciones. Si quieres tener más claro lo que están haciendo y lo que están experimentando, tienes que adoptar una actitud investigadora, como hizo Margaret. Exactamente la misma idea se aplica si sustituyes "escuchar sus palabras" por "observar sus acciones". Es decir, no puedes saber lo que la gente está *haciendo* o lo que está *experimentando* simplemente escuchando pasivamente sus palabras. Si quieres ser más claro (y ayudarles a serlo) sobre lo que hacen o experimentan, tienes que investigar. MOL es mucha investigación. Sin embargo, se trata de investigar con un matiz, porque el objetivo último de que hagas preguntas sobre lo que hacen los clientes *no* es que tú puedas entender mejor sus experiencias, sino que los *clientes* puedan entender mejor las suyas.

Otra actitud útil en la mentalidad MOL es que estás al servicio de tus clientes, eres un recurso para ellos. Eres un recurso que puede ayudarles a hacer una cosa, la única cosa que importa desde la perspectiva de la resolución del conflicto perceptual interno: redirigir su atención a niveles perceptuales superiores. Como psicoterapeuta MOL, adoptas la postura de que los clientes no te traen a sus mundos para que los moldees, los pinches o los manejes en determinadas direcciones. Eres más útil para ellos cuando les permites mover su conciencia hacia arriba.

Los psicoterapeutas MOL reconocen que no "saben lo que es mejor" cuando se trata de cómo sus clientes deben tratar sus problemas. Los psicoterapeutas MOL ciertamente saben que si los clientes quieren resolver el conflicto perceptual interno, MOL los ayudará a hacerlo. Pero saber esto no les dice nada sobre si los clientes *quieren* o no participar en el proceso, ni siquiera sobre si *deberían* participar en el proceso. Esta información sólo puede provenir de los clientes.

Como psicoterapeuta MOL, aceptas que no sabes qué punto de vista tienen o necesitan los clientes. No sabes en qué nivel están y no sabes el nivel al que llegarán. Desde los principios de la PCT, entiendes que los clientes tienen todo el equipo que necesitan para resolver conflictos. Los psicoterapeutas MOL entienden que sus clientes no son defectuosos, ni trastornados, ni necesitan que los reparemos. Están en conflicto. La única cosa con la que los clientes necesitan ayuda es con mantener su conciencia en el nivel donde la reorganización puede alterar el sistema de control que crea el conflicto. Por lo tanto, la tarea de un psicoterapeuta MOL consiste en preguntar a los clientes qué tienen en mente y conversar con ellos. Éstas serán las cosas que proporcionen las oportunidades para redirigir la atención. Durante la conversación preguntará sobre cualquier disrupción que se produzca para que los clientes puedan mantener su atención en el nivel que vislumbraron durante la disrupción.

¿Cómo te suena lo que estás diciendo?

¿Qué pensamientos pasan por tu mente mientras me explicas esta situación?

¿Qué más puedes decirme al respecto?

¿Qué piensas del problema que acabas de describir?

¿Te preocupa estar en esta situación?

¿Qué es lo que te preocupa?

¿Puedes contarme algo más sobre la idea que se te acaba de ocurrir?

Los psicoterapeutas MOL no saben cuál es la dirección correcta de las conversaciones ni adónde llevarán éstas. Un psicoterapeuta MOL simplemente participaría con Beth en la conversación y, mientras participa, el psicoterapeuta buscaría disrupciones en el diálogo actual de Beth, que pudieran ser un indicador de una posible dirección a seguir. A veces, Beth podría incluso sugerir directamente el siguiente lugar al que dirigirse. Dada la transparencia de MOL y la actitud de cooperación que existe, el psicoterapeuta puede pedir a Beth que ayude durante la conversación haciéndole saber si detecta un pensamiento de fondo que el psicoterapeuta no haya captado.

Los psicoterapeutas MOL reconocen que desconocen casi por completo el mundo perceptual de los clientes con los que trabajan. Por esta razón, los psicoterapeutas MOL trabajan duro para "ser tontos" y asumir lo menos posible sobre lo que se está diciendo. Este enfoque se adopta de la actitud de curiosidad mencionada anteriormente. La tarea de los psicoterapeutas MOL es no suponer nada (o lo más cerca posible de no suponer nada). Esto puede ser difícil para algunos psicoterapeutas que han construido sus prácticas sobre la base de ser inteligentes y perspicaces al cuestionar, interpretar y formular lo que los clientes les dicen. En MOL, sin embargo, tu trabajo consiste en "ser tonto" y pedir a los clientes que te expliquen las cosas.

>   ¿Qué relación hay entre ____ y ____?
>   Cuando hablas de ____, ¿te refieres a ____?
>   Hace un rato dijiste _____, ahora dices _____. ¿Estas dos cosas están relacionadas?

Cuando los clientes te expliquen estas cosas, también se las estarán explicando a sí mismos. Estarán examinando y alterando las conexiones en sus propias mentes.

Al hacer preguntas tontas y sencillas, al no dar nada por sentado y al preguntar sobre detalles concretos de los acontecimientos que describen los clientes, les ayudarás a analizar sus experiencias perceptuales de una forma que quizá nunca antes hayan hecho. Es formativo reflexionar sobre lo mucho que suponemos cuando los clientes nos cuentan sus experiencias. Un aspecto importante de MOL es no dar por sentado nada. La razón de preguntar sobre minucias es ayudar a los clientes a diseccionar lo que están expresando. Al diseccionarlo, tendrán la oportunidad de dar un paso atrás y considerar lo que están expresando desde un nivel superior.

Fátima me contó que bloqueaba los pensamientos cuando le resultaba demasiado difícil enfrentarse a ellos. Cuando le preguntaba cosas como

>   ¿A dónde van los pensamientos cuando se bloquean?
>
>   ¿Sigues teniendo la sensación de que están ahí?
>
>   ¿Qué tipo de bloqueo es? ¿Es como una pantalla, una jaulita o una habitación? ¿Puedes ver dentro?
>
>   ¿Qué hacen los pensamientos cuando están allí bloqueados? ¿Intentan salir?
>
>   ¿Qué te hace pensar que hay que bloquear los pensamientos? ¿Qué imaginas que pasaría si no estuvieran bloqueados?
>
>   ¿Cómo sabes qué pensamientos hay que bloquear y cuáles no?
>
>   ¿Tienes alguno bloqueado en este momento?
>
>   ¿Hay algún sentimiento asociado al bloqueo?
>
>   ¿Los desbloqueas alguna vez?
>
>   ¿Cuántos puedes bloquear a la vez?

Fátima tuvo la oportunidad de reflexionar sobre el *proceso de bloqueo* y, al hacerlo, empezó a hablar de los pensamientos que antes intentaba ignorar.

Wang me dijo que siempre fue una persona que se preocupaba, que era algo que no podía evitar. Cuando le pregunté cuál era su experiencia de preocuparse y cómo lo hacía, me dijo que pensaba en muchas cosas. Con más preguntas exploratorias, explicó que no se preocupaba por todas las cosas en las que pensaba. A continuación, describió una distinción entre "pensar" y "preocuparse". Wang convertía un "pensar" en una "preocupación" añadiendo un "y sí" delante del "pensar". Sus preocupaciones tenían entonces la forma característica de ser pensamientos del tipo "y sí + pienso", mientras que otras percepciones que describía como pensamientos que no eran preocupaciones no tenían esta forma. Wang se mostró sorprendido e intrigado por esta distinción y dijo que nunca antes había considerado su pensamiento de esa forma.

Los psicoterapeutas MOL pueden pedir a sus clientes que describan lo que quieren decir cuando utilizan diversas palabras. Pueden interesarse por el uso que hace el paciente de la palabra "feliz" o "desesperado" o de cualquier otra palabra que parezca significativa o que se repita con frecuencia. La palabra en sí no tiene ninguna consecuencia particular, pero puede ser útil si es un marcador de una experiencia de la que el cliente es constantemente consciente. Los psicoterapeutas MOL estarían siempre atentos a las ocasiones en las que descubren que han caído en asumir que "saben" lo que les pasa a sus clientes.

Si Olivia informara de que su madre acababa de morir, en lugar de responder con un comentario empático y comprensivo como "Eso debe ser muy duro para ti" un psicoterapeuta MOL preguntaría cosas como:

¿Cómo te sientes al estar sin tu madre?

¿Cómo es para ti estar sin tu madre?

¿Piensas en ella a menudo?

¿Piensas en ella ahora?

¿Qué te ocurre cuando piensas en ella?

¿Qué recuerdos te resultan más memorables?

¿Se repiten algunos recuerdos con más frecuencia que otros?

Si Abraham te dice que sufre ataques de pánico, en lugar de dar por sentado que sabes a qué se refiere, podrías preguntarle cosas como:

¿Qué entiendes por "ataque de pánico"?

¿Cuál es la sensación de pánico que experimentas?

¿Puedes ayudarme a saber qué es para ti un ataque de pánico?

¿En qué sentido te parece un ataque?

¿Es un problema para ti experimentar estos sucesos?

¿Cuál es el problema con los ataques?

El objetivo de estas preguntas es ayudar a Abraham a examinar en detalle su experiencia de sufrir un ataque de pánico. A medida que él realice este examen, tomará conciencia del estado y la conducta de su mente durante los momentos de pánico. A medida que su conciencia sobre estos momentos se amplíe, tendrá la oportunidad de tomar conciencia de los sistemas de control perceptuales de nivel superior que están generando las experiencias que él, Abraham, está entendiendo como ataques de pánico.

La exactitud con la que un cliente describe una experiencia particular es en gran medida intrascendente para un psicoterapeuta MOL. Los psicoterapeutas MOL no tienen que preocuparse por si sus clientes están siendo sinceros o mintiendo y engañándoles. Las palabras en MOL son sólo herramientas para ayudar a redirigir la atención del cliente. Si los clientes cuentan historias sobre cosas que nunca ocurrieron, MOL procede exactamente igual que cuando los clientes describen hechos que realmente ocurrieron. No es necesario moldear las palabras de los clientes para que se conviertan en ideas más apropiadas. En la medida de lo posible, los psicoterapeutas MOL se esfuerzan por escuchar sin decidir lo que el cliente *debería* hacer, o de lo que *debería* hablar, o lo que *realmente* le está pasando al cliente.

Un psicoterapeuta MOL asume que el nivel superior en el que se puede resolver el conflicto está ahí mismo, en la jerarquía existente del cliente. El psicoterapeuta no necesita inventarlo o persuadir al cliente de que tal cosa existe. El psicoterapeuta ni siquiera tiene que encontrarlo. Aunque la experiencia de notar un pensamiento de fondo es la de que "aparece" en la mente, en realidad el pensamiento de fondo estuvo ahí todo el tiempo. La "aparición" se produce cuando la conciencia lo ilumina. No son los pensamientos los que se mueven. Es la conciencia la que se mueve, y su recorrido por la red se experimenta como cambios en el punto de vista, cambios de perspectiva o de enfoque. Puesto que ofrecer oportunidades para que la conciencia se mueva es quizá la principal actividad de MOL, es importante ser claro acerca de esto. MOL no proporciona nada nuevo a sus clientes. MOL simplemente proporciona oportunidades para que los clientes lleguen a una posición en la que puedan dar un nuevo sentido a la situación en la que se encuentran. Ciertamente, los nuevos sistemas de control, los nuevos pensamientos y las nuevas experiencias, todos forman parte de la experiencia humana -ese es el trabajo del sistema de reorganización. *Lo que está en juego en MOL es dónde es que debe producirse la novedad.*

A veces, dentro de la información verbal y no verbal que se presenta, habrá una disrupción. Un psicoterapeuta MOL entiende que esto indica un cambio en la conciencia que puede llevar al nivel que ha establecido el contexto para el conflicto. El papel de un psicoterapeuta MOL, entonces, es identificar cualquier disrupción que surja y pedirle a los clientes que describan el comentario que acaban de hacer con más detalle, como una forma de ayudarles a mantener su atención en ese nivel. En términos de la PCT, un psicoterapeuta MOL tendría referencias para reconocer los momentos en los que el cliente ha cambiado a un nivel perceptual superior, y para llamar la atención del cliente sobre estos momentos como oportunidades para cambiar la conciencia del cliente allí el tiempo suficiente para que tenga lugar la reorganización.

Por lo tanto, cuando los psicoterapeutas MOL evalúan la efectividad del trabajo que realizan, lo que evalúan es su capacidad para identificar las disrupciones y preguntar por la clarificación de estas disrupciones. Es decir, reflexionan sobre su contribución en la interacción.

¿He notado alguna disrupción en esta sesión?

¿Me he centrado demasiado en el contenido de lo que Andrew estaba diciendo y no he percibido las disrupciones que se han producido?

¿Volví a centrar la conversación en el problema cada vez que parecía que empezábamos a hablar de temas que no estaban relacionados?

¿Le pregunté a Nicole sobre las dos partes del conflicto al mismo tiempo?

¿Seguí el ejemplo de Zachary en lo que se refiere a los eventos de niveles superiores?

¿Hasta qué punto resistí el impulso de aconsejar o sugerir?

¿Sentí que conocía la respuesta al problema de Makayla?

¿Cuánto tiempo pasé intentando resolver el problema de Sam?

¿Qué proporción del tiempo dediqué a ayudar a Padme a redirigir su conciencia y cuánto me interpuse en el camino?

Los psicoterapeutas MOL no evaluarían su capacidad para provocar cambios en sus clientes. Tampoco estarían interesados en evaluar la eficacia con la que resolvían los problemas de sus clientes. Cualquier cambio que ocurre en la experiencia del conflicto se ve como un subproducto de psicoterapeutas que hacen un buen trabajo en lo que ellos pueden hacer. Lo que los psicoterapeutas pueden hacer es conceptualizar los problemas psicológicos desde una perspectiva de control, identificar los sucesos de nivel superior cuando ocurren y pedir al cliente que describa estos sucesos con más detalle.

Los psicoterapeutas MOL están básicamente desinteresados en los problemas de sus clientes porque se dan cuenta de que los problemas que sus clientes están describiendo en términos de comportamientos, pensamientos y sentimientos no deseados o desagradables no son los problemas reales. El verdadero problema de cualquier individuo que experimenta un conflicto crónico es que no se ha reorganizado en el nivel que ha establecido las condiciones para el conflicto. Por lo tanto, lo único que le interesa a un psicoterapeuta MOL es la toma de conciencia del cliente. Los psicoterapeutas MOL confían en el mecanismo de reorganización responsable del establecimiento de la jerarquía perceptual y saben lo que pueden hacer para ayudar a este mecanismo a funcionar allí donde sea efictivo. Como ya he mencionado, lo que pueden hacer es darse cuenta de las disrupciones cuando se producen y preguntar a sus clientes sobre ellas.

Con MOL, cualquier respuesta que expresen los clientes es útil. Desde esta perspectiva, incluso la ausencia de respuesta es una respuesta. La no respuesta o la falta de acción del cliente puede ser algo sobre lo que preguntar. Una falta de respuesta, por ejemplo, le proporciona más información de lo que un cliente podría estar haciendo actualmente en tu compañía. Si el cliente se limita a mirar hacia abajo y no responde, puedes preguntarle:

¿Estás esperando a que te haga algunas preguntas?

¿Te parece que tu problema es tan grave que ni siquiera hablar de él te va a ayudar?

¿Te sientes abrumado en este momento?

La intención aquí no es convencer o persuadir a los clientes para que hablen, sino ayudarles a tomar conciencia de sus experiencias actuales. Aunque no respondan a la pregunta, es posible que tomen conciencia de sus experiencias internas al oír la pregunta.

Los psicoterapeutas MOL entienden que en la medida que sus clientes estén vivos algo están experimentando mientras están en presencia del psicoterapeuta MOL. Lo más probable es que estén experimentando una variedad de cosas. La tarea del psicoterapeuta MOL es ayudar a los clientes a ser conscientes de estas cosas preguntando sobre ellas. El psicoterapeuta hace esto para que los clientes tengan la oportunidad de tomar conciencia de sus procesos de pensamiento inmediatos y luego tomar conciencia de los pensamientos de fondo y así sucesivamente. En MOL, los clientes aprenden a pensar sobre su pensamiento.

La actitud del psicoterapeuta de MOL es la misma independientemente de lo que se esté hablando. Si un cliente habla de recuerdos, por ejemplo, se aplicaría el mismo proceso. El contenido del recuerdo sería de interés secundario. El enfoque principal para el psicoterapeuta MOL sería descubrir cómo los clientes experimentan la actividad de recordar y qué están haciendo los clientes al contarle sobre sus recuerdos. Es decir, los psicoterapeutas MOL están mucho más interesados en el *proceso* de pensamiento de los clientes que en el *contenido* específico de cualquier pensamiento en particular. El contenido del pensamiento es interesante sólo en la medida en que proporciona ilustraciones instantáneas del proceso de pensamiento. El proceso se desarrolla justo frente a tus ojos cuando tus clientes te hablan de sus pensamientos. Mientras aprendes sobre sus procesos de pensamiento (especialmente los procesos que están creando su malestar), también lo harán ellos. La tarea de los psicoterapeutas MOL es entonces preguntar sobre el proceso de recordar.

¿Qué ocurre cuando recuerdas eso?

¿Con qué frecuencia lo recuerdas?

¿Qué pasa por tu mente cuando lo recuerdas?

¿Te molesta tener esos recuerdos?

¿Te gusta recordar este tipo de cosas?

¿Tienes esos recuerdos en otras ocasiones? ¿Cuándo?

¿Puedes detener el recuerdo cuando quisieras?

¿Puedes iniciar el recuerdo cuando quisieras?

¿Puedes detenerlo o iniciarlo a mitad de camino?

¿El recuerdo continúa ahora, mientras hablamos de él?

Los psicoterapeutas de MOL reconocen que cualquier consejo o sugerencia que den a sus clientes sólo puede interferir con sus propios mecanismos de reorganización al desviar la atención de los clientes de los conflictos que sólo ellos experimentan. A veces, los clientes piden consejo explícitamente. Angelina puede suplicarte que le digas cómo puede detener la rutina de limpieza que realiza exactamente ocho veces al día, o los 57 minutos que pasa cada noche comprobando que todo está cerrado y apagado. Como probablemente ya sabrás, el problema de Angelina desde la perspectiva de MOL no es que limpie y compruebe: es que limpia y comprueba *y* no quiere limpiar y comprobar. Cualquier consejo sobre cómo reducir la limpieza y las revisiones molestará a la parte de ella que *quiere* limpiar y revisar. Es mejor ayudarle a resolver esto por sí misma, redirigiendo su atención a niveles superiores al de limpiar y comprobar, donde se crea la situación de limpiar y comprobar y no querer limpiar y comprobar. Hablaré más sobre cómo decirle a la gente cómo actuar en el Capítulo Once.

No se puede obviar el hecho de que es un trabajo duro ser un psicoterapeuta MOL. Tu tarea como psicoterapeuta MOL requiere una concentración sostenida. Tienes que prestar atención a la conversación en curso para familiarizarte con lo que el cliente está describiendo. Tienes que ser capaz de hacer preguntas sobre lo que se está describiendo para que el cliente siga proporcionando información sobre lo que tenga en mente. Sin embargo, al mismo tiempo que hace esto, también debe prestar atención a cualquier disrupción que se produzca para poder preguntarle al cliente para que describa la disrupción con más detalle. Cuando se produce una disrupción, hay que ser capaz de abandonar el tema de conversación actual y retomar un nuevo tema. Debes recordar que lo único importante para asegurar el éxito de la psicoterapia es adherirte firmemente a la tarea de conversar y luego preguntar sobre disrupciones.

Ya he hablado en varias ocasiones sobre el éxito de la psicoterapia o sobre la mejora del cliente. Permítanme aclarar a qué me refiero con esto. Desde la perspectiva de la PCT, la evidencia del éxito de la psicoterapia es la resolución del conflicto perceptual interno. El sistema vivo de control con modelo estándar de funcionamiento óptimo (SVCMSFO) en forma humana no tendría conflictos la mayor parte del tiempo, y cuando se produjeran, sería capaz de reorganizarse antes de que los conflictos se hicieran crónicos. Esto no significa que estos SVCMSFO puedan saltar edificios altos de un solo salto, sólo significa que pueden dedicarse a la tarea de ser humanos cualquiera sea la forma que sea. Estar en conflicto obstruye el control. Powers explica muy bien la ausencia de conflicto en el Capítulo Diecisiete de su libro *Behavior: The control of perception* (o Capítulo Dieciocho en la nueva edición impresa del 2005 del libro).

No hay duda de que los psicoterapeutas podrían dedicarse a otras actividades además de proporcionar oportunidades a los clientes para reorganizar los conflictos mediante el redireccionamiento de la conciencia. Podrían, por ejemplo, proporcionar a los clientes estrategias y técnicas que les permitan *vivir con* el conflicto.

Sin duda, algunos clientes se sentirán intimidados por la emoción asociada al conflicto interno. Algunos clientes han desarrollado formas muy elaboradas de evitar situaciones en las que el conflicto se convierte en un problema. En mi primera sesión con Dimitri, me contó que llevaba mucho tiempo luchando contra la depresión. Anteriormente había visitado a un psicoterapeuta que le había dado algunas estrategias para ayudarle a ganar la batalla y le habían hecho sentirse mejor durante un tiempo, pero su depresión había vuelto. Venía porque quería más estrategias para poder seguir luchando.

La psicoterapia MOL no consiste en ayudar a los clientes a vivir con los conflictos, sino que consiste en ayudarlos a resolverlos. Cada vez que los clientes hablan de cosas como esforzarse, o controlar su comportamiento, o superar debilidades es probable que exista un conflicto. El control no conflictivo no proporciona ninguna sensación de oposición o resistencia interna. Así que el trabajo de un psicoterapeuta MOL es proporcionar oportunidades para que los clientes redirijan su conciencia a niveles perceptuales más altos para que el conflicto interno pueda ser resuelto.

Los psicoterapeutas MOL deben ser disciplinados y centrados. Los clientes acuden a psicoterapia por diferentes motivos. Algunos, por ejemplo, consideran que acudir a hablar con un psicoterapeuta *como* la solución a sus problemas. Tener a alguien que les apoye y no les juzgue con quien hablar regularmente puede ayudarles a afrontar las dificultades que encuentran en su vida cotidiana. Los psicoterapeutas MOL, sin embargo, no ofrecen MOL para apoyar a los clientes en su vida mientras siguen adelante con el conflicto intacto. MOL se trata de resolver el conflicto. A veces, entonces, los psicoterapeutas MOL necesitarán estar enfocados y firmes mientras se apegan al tema en cuestión. Mantener la concentración en un tema y explorarlo en detalle puede ser un elemento crucial para encontrar niveles superiores que son importantes para el asunto que se está tratando.

En ocasiones, los clientes pueden querer desviarse del tema y dejar de hablar del conflicto. Esta desviación puede darles un tiempo para alejarse de las emociones asociadas a la discusión de su problema particular. Por supuesto, siempre tienen la opción de terminar la sesión y volver más tarde, pero durante el tiempo que estén en presencia del psicoterapeuta MOL, el tema de discusión debe ser el conflicto o la dificultad con la que se han encontrado. Permanecer en el conflicto y experimentar las emociones asociadas puede ser un aspecto importante para encontrar el lugar adecuado desde el que resolver el conflicto. El aparente desvío también podría estar relacionado con el conflicto de alguna manera y esto podría comprobarse con los clientes. Si no está relacionado con el problema que se está discutiendo, se debería volver al tema original.

MOL consiste en seguir al cliente como guía, pero no se trata de asociación libre. Se sigue la pista del cliente cuando un evento de nivel superior ocurre mientras se explora un conflicto, problema o dificultad. Este evento de nivel superior se explora como una posible vía hacia un nivel superior. Si resulta no ser tan relevante, se puede reanudar la conversación anterior. A veces puede resultar incómodo tanto para el cliente como para el psicoterapeuta hablar de un tema que al cliente le resulta difícil y emocionalmente perturbador. Sin embargo, participar con el cliente en la evitación de discusiones sobre el problema es probable que se interponga en el camino del cliente para resolver el conflicto de manera eficiente y resuelta.

MOL es un método minimalista y como tal puede ser difícil de aprender para los psicoterapeutas. A los psicoterapeutas que están acostumbrados a asumir papeles como el de profesor, coach o sabio amigo puede resultarles muy incómodo centrarse sólo en las disrupciones en lugar de proporcionar actividades atractivas, o discutir formulaciones persuasivas, o desarrollar interpretaciones perspicaces. Los psicoterapeutas mismos, por lo tanto, podrían experimentar un período de reorganización a medida que aprenden este nuevo método.

Quizás el aspecto más difícil de acostumbrarse a MOL para un psicoterapeuta es su naturaleza paradójica. Los psicoterapeutas pueden muy bien verse a sí mismos como agentes de cambio. Sin embargo, desde la perspectiva del PCT, se reconoce que cuando el problema es un conflicto interno crónico, el único mecanismo capaz de producir el cambio requerido es la reorganización. Y los psicoterapeutas no tienen acceso al proceso de reorganización del cliente. Si vuelves la vista a las figuras de los Capítulos Cuatro y Cinco te darás cuenta de que cualquier reorganización que se produzca ocurrirá dentro del sistema, pero el psicoterapeuta está fuera, en el entorno. A lo único que tienen acceso los psicoterapeutas es a la información verbal y no verbal que ofrecen los clientes. Una reducción en el malestar psicológico durante la psicoterapia es algo que ocurre enteramente de forma interna en los clientes. En un sentido muy real, los psicoterapeutas son espectadores del cambio que se produce en el contexto de la psicoterapia. Pueden aplaudir y animar metafóricamente a sus clientes y ofrecer toda la ayuda que deseen, pero son los clientes los que finalmente llevan a cabo cualquier cambio que se produzca. El cambio que se produce no puede anticiparse ni predecirse de antemano. Nunca se está seguro de la solución que aportará la reorganización. Esto a veces puede ser desconcertante para los psicoterapeutas que están acostumbrados a formular los problemas de sus clientes por ellos y luego dirigirlos hacia cursos "apropiados" de acción correctiva.

Los psicoterapeutas MOL novatos pueden sentir que andan dando tumbos buscando la pregunta correcta. Puedes sentir que te estás volviendo menos competente como psicoterapeuta y puedes sentirte desanimado por ello. Puedes sentirte confuso e incómodo y la imprevisibilidad de las sesiones de MOL puede ser desconcertante. Puede que sientas que no estás haciendo nada para que se produzca el cambio. Que no tienes el control. Tal vez incluso te sientas un poco impotente al comparar tu papel actual con el de otro tipo de psicoterapeuta más activo y directivo. Llegados a este punto, puede que te resulte provechoso tomar conciencia de tus propios pensamientos de fondo.

¿*Estás* en conflicto?

¿Quieres hacer esta nueva técnica y también quieres asegurarte de que solucionas los problemas de los clientes?

¿Cuál es tu propósito al aprender MOL y qué propósitos persigues al utilizar MOL?

¿Qué pensamientos de fondo tienes mientras preguntas a los clientes sobre sus experiencias?

¿Cuál es tu actitud hacia los psicoterapeutas que andan dando tumbos?

A medida que aprendes MOL, puedes esperar reorganizarte del mismo modo que lo harán tus clientes. Incluso si estás *casi* completamente decidido a practicar MOL exclusivamente, todavía puede haber algún conflicto asociado con convertirse en un psicoterapeuta MOL. Puede que te preocupe utilizar sólo un enfoque o utilizar un enfoque diferente del que utilizan tus colegas. Puede resultar incómodo salir del entorno del vale todo y adoptar un enfoque que aspire a unos estándares de lo correcto y lo incorrecto. Pueden surgir pensamientos como "Quiero utilizar MOL exclusivamente, pero este otro enfoque funciona bien en determinadas situaciones" o "Me gusta mucho MOL, pero no estoy seguro de la idea de que haya una única forma correcta de hacer las cosas" o "Creo que MOL tiene mucho que ofrecer, pero todavía no es muy conocido y mis colegas podrían pensar que es un poco raro". Aunque estos conflictos se reorganizarán con el tiempo, dadas las condiciones adecuadas, el proceso puede seguir siendo incómodo.

La reorganización no se limita a las situaciones de conflicto. La reorganización suele formar parte del proceso de aprendizaje. Así que incluso si no estás en conflicto sobre convertirte en un psicoterapeuta MOL probablemente experimentarás alguna reorganización. Mientras te desarrollas como psicoterapeuta MOL puedes esperar que tus sistemas de control psicoterapéutico sufran algunas turbulencias y modificaciones. Comprender el proceso de reorganización puede ayudarte a superar la tormenta mientras aprendes a sentirte más cómodo en tu nuevo papel. Además, los sentimientos que experimentes pueden brindarte insights acerca de lo que tus clientes experimentarán cuando resuelvan los conflictos en sus vidas.

Otro factor a tener en cuenta desde la perspectiva del psicoterapeuta es que los sentimientos de confusión e imprevisibilidad pueden indicar que las cosas van *bien* en la sesión. Por lo general, el trabajo de un psicoterapeuta MOL consiste en seguir la pista del cliente en la psicoterapia cuando se discute un conflicto y se persiguen las disrupciones. Si las sesiones MOL le parecen desordenadas, eso podría indicar que estás con el cliente. La experiencia del cliente también puede parecerle desordenada a él mismo.

Si el cliente está rebotando entre los lados de un conflicto, entonces puede ser el caso que usted como psicoterapeuta se sienta como si estuviera rebotando también. Si el cliente está agitado y expresa lo que parece un torrente de ideas inconexas, es posible que usted se sienta confuso e inconexo. Estas experiencias subjetivas suyas pueden indicar que está siguiendo de cerca al cliente.

Mientras seas capaz de mantenerte lo suficientemente alejado del contenido como para detectar las disrupciones cuando se produzcan, no hay necesidad de creer que la confusión que puedas experimentar de vez en cuando interfiere en el proceso de MOL. Aquí no se examina tu confusión, sino la del cliente. Si parece que tus sentimientos están interfiriendo en tu capacidad para dirigir la sesión, puedes preguntarle al cliente. "Me siento un poco confuso con lo que estás diciendo en este momento, ¿tú cómo ves todo esto?". También puede ser útil tomar conciencia de tus propios pensamientos de fondo. ¿Esperas que la sesión tenga una estructura o un resultado determinados? ¿Prevees que el cliente llegue a determinadas conclusiones o aprenda determinadas habilidades?

Otra opción es preguntar a los clientes sobre el ida y vuelta mientras éste se produce. Lo que parece ida y vuelta por fuera también puede parecerlo por dentro, y esta tendencia de pasar de forma repentina e inesperada de un tema a otro puede ser parte de la dificultad que están experimentando.

> Empezaste hablando de ____ y luego mencionaste ____ y ahora estamos hablando de ____. ¿Estas cosas tienen alguna conexión para ti? ¿Están relacionadas de alguna manera?
>
> Parece como si estuvieras saltando de un tema a otro. ¿A ti qué te parece?
>
> ¿Te molesta ir así de un tema a otro?
>
> ¿Tenés idea de qué tema va a ser el siguiente?

Aprender a tolerar los sentimientos de desorden e imprevisibilidad puede ser difícil sí como psicoterapeuta has estado acostumbrado a ser directivo, organizado y muy estructurado. Muchos psicoterapeutas creen que conocen el tratamiento ideal para los clientes que llegan con determinados trastornos. En MOL, sin embargo, con cada cliente que veas, adoptarás la actitud de querer averiguar, con curiosidad, ignorancia e ingenuidad, cuál es la experiencia de enfermedad mental de *este* cliente. Tu trabajo no es saber, sino descubrir. A medida que descubras cosas sobre tus clientes, ellos también las descubrirán por sí mismos, y de eso se trata. En MOL, lo único que sabes es que la conciencia tiene que ir para arriba.

Dedicar tiempo a comprender lo que significa ser efectivo en psicoterapia y los límites de tu propia omnipotencia puede ser una lección de humildad y, a la vez, algo gratificante. Ser más consciente de lo que *realmente* hacen los psicoterapeutas que es útil y efectivo en psicoterapia, y aclarar el papel que desempeñan las técnicas y las actividades, puede ayudarte a hacer mejor lo que deseas hacer. El esfuerzo por comprender lo que significa controlar la actividad perceptual puede ayudarte a reorganizar las partes de tu jerarquía de control perceptual que se dedican a hacer psicoterapia y a obtener satisfacción de sus nuevas experiencias de identificar disrupciones y redirigir la conciencia. Además de ayudar a tus clientes a resolver conflictos internos, MOL puede permitirte desarrollar una decisión inequívoca en el proceso de ayuda.

Antes de terminar este capítulo, me gustaría plantear una vez más la cuestión de la intención. Quizás la respuesta más inquisitiva para los psicoterapeutas de MOL emergentes es:

¿Por qué quiero aprender MOL?

Por supuesto, podría haber una infinidad de respuestas a esta pregunta.

> ¿Quieres aprender MOL porque lo ves como otra técnica útil para añadir a tu repertorio de estrategias?
>
> ¿Suscribes a la noción de "eclecticismo" y crees que es importante mantenerse al día de los últimos avances?
>
> O bien, ¿consideras que la PCT es la descripción más precisa que existe de la actividad de vivir y, por lo tanto, que MOL es la forma más adecuada de ayudar a los clientes que experimentan malestar psicológico en forma de conflicto interno?

Las respuestas que des tendrán mucho que ver con el tipo de experiencias que tengas a medida que aprendas MOL.

MOL no es una cura milagrosa y no hará a la humanidad inmune a frustraciones del ser humano. MOL es una forma de interactuar que reconoce y respeta la naturaleza de los clientes. En lugar de instar a los demás a ajustarse a modelos de diseño fantasiosos, es una forma de permitir que los seres humanos sean humanos ofreciendo oportunidades para que sus procesos naturales de reorganización funcionen sin obstáculos.

Lo dicho

Los psicoterapeutas MOL sienten curiosidad por los mundos perceptuales de sus clientes.

Los psicoterapeutas MOL están interesados en el proceso de la manifestación del malestar psicológico más que en el contenido del malestar. El contenido del malestar es sólo de interés como vehículo para explorar el proceso de experimentar malestar.

Cualquier cosa que ocurra durante la interacción de la psicoterapia puede usarse para una exploración y descubrimiento posteriores.

Los psicoterapeutas MOL comprenden su papel en el proceso.

Las sesiones de MOL pueden ser un poco desordenadas.

Los psicoterapeutas pueden experimentar confusión, duda, conflicto y reorganización a medida que aprenden a realizar MOL.

Lo importante

Los psicoterapeutas MOL se ofrecen como recursos a sus clientes para ayudarles a redirigir su conciencia a niveles perceptuales superiores.

Lo que viene

Haciendo MOL.

Capítulo Ocho

Haciendo MOL

Los psicoterapeutas interesados en la práctica de MOL tienen mucho que considerar. Más que nada, MOL es una experiencia, y cualquier descripción verbal o escrita se queda dramáticamente corta a la hora de experimentar MOL. Como mencioné antes, nuestros tapices individuales de MOL pueden ser todos diferentes, pero el hilo del PCT será común a todos. Este libro no pretende responder a todas las preguntas habidas y por haber sobre MOL. Mi objetivo es proporcionar información que te ayude a empezar.

Es importante darse cuenta de que, como práctica psicoterapéutica, MOL todavía está en su infancia. Muy pocas personas conocen las ideas de MOL y quizás aún menos las utilizan para practicar un MOL "clásico". Los psicoterapeutas parecen ser un grupo bastante creativo, y parece que MOL es demasiado insípido para el gusto de muchos. Además, a los psicoterapeutas les gusta ayudar, y parece que es muy difícil acostumbrarse a la idea de que en psicoterapia a menudo tenemos que hacer menos, en lugar de más, para poder ayudar al máximo.

Puede darse el caso de que el MOL "clásico" necesite de algunas modificaciones con el tiempo. Sin embargo, en la actualidad, los psicoterapeutas que desean mejorar MOL no están en condiciones de realizar este tipo de evaluación. Necesitamos un gran número de profesionales cualificados en MOL que estén preparados para utilizar un MOL "clásico" durante periodos prolongados antes de que podamos empezar a entender qué ajustes hay que hacer. Como aplicación de los principios de la PCT, parece un comienzo razonable. Sin embargo, la exactitud de esta conclusión sólo se establecerá con el tiempo.

Sin una reflexión y una planificación meticulosas, es probable que cualquier añadido a MOL se interponga en el camino de una psicoterapia efectiva. Una forma útil de evaluar tu práctica psicoterapéutica podría ser preguntarse: ¿Cuánto de lo que estoy haciendo ahora está ayudando a los clientes a ganar conciencia de los niveles perceptuales superiores? Si la respuesta es "muy poco" o "no lo sé", entonces es muy probable que te estés interponiendo más de lo que podrías, retrasando así la eliminación del conflicto por parte de tus clientes.

MOL consiste en no interponerse. Hacer MOL es aceptar que los clientes que se presentan ante ti ya tienen todo lo que necesitan para ayudarse a sí mismos. Su única dificultad es que están atascados. Lo único que necesitan es que les des un empujoncito, porque tú sabes en qué dirección hacerlo. La dirección es hacia arriba.

Los clientes que se sientan frente a ti no necesitan tus consejos ni tu sabiduría. Tienen una vida que volver a vivir. No necesitan resolver cómo vivir la vida que tal vez tú tienes en mente para ellos. Sólo necesitan ayuda para salir del fango en el que están atrapados. MOL no sólo les ayuda ahora, sino que también es una forma de aprender a salir de futuros pozos de lodo. Volveré sobre esta idea en los Capítulos Diez y Once.

Cuando haces MOL, lo que estás haciendo es participar con tus clientes en una conversación. En realidad, no importa de qué hablen tus clientes, porque de todos modos no te interesa el contenido de lo que tienen que decir. Lo único que te interesa es encontrar indicadores de niveles superiores. La idea general es ayudar a los clientes a "poner sobre la mesa" algunas de sus experiencias del "ahora". Cuando están sobre la mesa, los clientes pueden mirarlas. Al mirarlas, "mirarlas" se convierte en la experiencia del ahora. La tarea consiste entonces en poner sobre la mesa el "mirarlas" y mirarlo. A continuación, poner sobre la mesa el "mirar el mirarlas" y mirarlo... y así sucesivamente.

Como psicoterapeuta MOL, estarás muy ocupado. La idea no es quedarse sentado esperando a que surja un evento de nivel superior. Más bien, como psicoterapeuta MOL estarás ocupado preguntando con curiosidad a los clientes sobre sus experiencias actuales. Sin embargo, no te interesa lo que tengan que contarte sobre su problema porque entiendes que el problema del que te hablan no es el problema en el que hay que centrarse. Su problema no es que se sientan de una determinada manera o que piensen de una determinada manera o que se comporten de una determinada manera. El problema es que tiene un conflicto. Por lo tanto, tu único interés es ayudarles a explorar sus conflictos. Al igual que un artista puede explorar el expresionismo a través de las acuarelas, tú ayudarás a tus clientes a explorar sus jerarquías a través del material verbal y no verbal que te presenten.

Los psicoterapeutas MOL también serán activos en otro sentido. A menudo, el psicoterapeuta MOL tendrá que mantener la conversación sobre el conflicto. Será importante no distraerse con el caleidoscopio de información que los clientes pueden presentarle. MOL es un enfoque limitado; es posible que te metas en algunos callejones sin salida, y no pasa nada. Sin embargo, con el modelo de conflicto que ofrece la PCT, dispondrás de una hoja de ruta para volver al camino correcto cada vez que se produzca una desviación.

La conversación presente en la sesión de MOL es importante desde el punto de vista de que te ofrece un foro para explorar la experiencia actual del cliente. No quieres saber qué hizo Diego el fin de semana, ni la experiencia de Audrey cuando condujo hasta tu clínica, ni siquiera la experiencia de Seth en tu sala de espera. La experiencia actual es la experiencia que Diego, o Audrey, o Seth tienen ahora mismo en el presente mientras cada uno de ellos se sienta frente a ti y habla. ¿Qué está experimentando Diego? Quizá lo que le preocupa es algo que ocurrió el fin de semana. En ese caso, el tema de conversación sería el malestar que está experimentando Diego *en este momento*, mientras remueve activamente los recuerdos en su mente, en lugar del suceso real de hace unos días. MOL es una exploración de la experiencia del *ahora*. El ahora es todo lo que hay, así que mejor conocerlo.

De eso trata MOL: de ayudar a los clientes a descubrir y examinar el estado *actual* de sus mentes. En última instancia, el ahora es todo lo que hay para trabajar. No se puede hacer nada sobre cómo ha llegado una mente a su estado actual y nadie sabe cómo será en el futuro. Si una mente tiene problemas, los tiene ahora y, por lo tanto, el descubrimiento, el examen y la reorganización de los problemas sólo pueden producirse ahora.

En la conversación con Patrick, parte de la charla fue así

P: Y ahora... ahora lo estoy revisando... luchando con eso.

T: OK. ¿Qué... qué está pasando con la lucha?

P: (frunce el ceño) ... no estoy seguro de entender tu pregunta.

T: Mmmhhmmm. Cuando... cuando luchas, ¿qué te pasa?

Llegados a este punto de la conversación, no me interesaba preguntarle a Patrick qué pensaba sobre la lucha en un sentido objetivo, en tercera persona, del mismo modo que se le pide a la gente que haga una crítica de una película que acaban de ver o de un restaurante en el que han cenado. Quería conocer el proceso de lucha: cuál era la experiencia de lucha de Patrick *mientras luchaba*. Quería conocer el *ahora* de la lucha para Patrick. Desde la perspectiva de Patrick, no se le pide que adivine cómo le gustaría que fueran las cosas o que recuerde cosas que podrían haber ocurrido. Todo lo que se le pide a Patrick que haga es que describa las cosas tal y como ocurren en este momento. Esa es la única tarea de los clientes en las sesiones de MOL: que te cuenten sus experiencias actuales. A veces puede parecer apropiado preguntarle cómo recuerda que ocurrió algo o cómo imagina que ocurrirá. Sin embargo, incluso durante estas conversaciones, es importante volver a sus experiencias actuales *tal y como* las recuerdan o imaginan.

La experiencia MOL es una actividad en tiempo presente. Como psicoterapeuta de MOL, estás interesado en el funcionamiento de la jerarquía tal y como está funcionando actualmente. El punto de interés es lo que los clientes están experimentando *en el momento* en que se sientan frente a ti. En otras palabras, cómo están experimentando *ahora mismo* lo que sea que estén describiendo.

¿Estás recordando la discusión que tuviste anoche con tu pareja?

¿Qué sientes al recordarlo?

¿Qué pensamientos te vienen a la mente ahora mismo cuando piensas en la discusión?

La gente nunca siente malestar por eventos que no están ocurriendo. En la medida en que la gente dice que siente malestar por cosas que ocurrieron hace mucho tiempo, el malestar surge del recuerdo de esos acontecimientos. Es decir, la gente sólo siente malestar *en el presente*. En el presente, una de las formas en que la gente siente malestar es recordando y repasando sucesos pasados. (Otra forma es imaginar futuros acontecimientos desagradables. Para imaginarlos se aplican exactamente los mismos principios que para recordarlos, pero en los próximos párrafos sólo utilizaré recordar como ejemplo).

Un psicoterapeuta MOL se interesa en lo que la experiencia de recordar es para los clientes *cuando recuerdan*. Sentirás curiosidad por la experiencia de conflicto de Svetlana mientras ella está experimentando el conflicto.

Theresa experimentaba malestar asociado a haber sido acosada sexualmente unos años atrás. Cuando acudió a psicoterapia, la situación había llegado a tal punto que su malestar estaba creando problemas en la relación con su pareja. Al principio, dijo que el incidente del pasado estaba resuelto y no era un problema. Sin embargo, a medida que exploraba sus pensamientos, refirió que, aunque estaba convencida de que no era responsable del acoso sexual, también le quedaba la duda de que quizás podría haberlo evitado y de que podría haber contribuido a ello de alguna manera. Dijo que le resultaba muy difícil pensar en ese aspecto. El malestar de Theresa, por tanto, parecía estar generado por su confusión y conflicto respecto a si ella era responsable, al menos en parte, del acoso. Aunque el incidente había ocurrido unos años atrás, la confusión y el malestar se producían ahora.

Lo que a ti te interesa es lo que los clientes experimentan *ahora mismo* cuando te hablan de sus problemas.

> ¿Están haciendo tiempo, o diciéndote lo que tu quieres oír, o evitando un tema difícil, o describiendo un recuerdo desagradable?
>
> ¿Tienen muchos pensamientos o muy pocos?
>
> ¿Aparecen imágenes y sonidos junto con sus pensamientos?
>
> ¿Los pensamientos se están moviendo? ¿A qué velocidad?
>
> ¿Dónde visualizan las imágenes?

Si Inzamam te dice que se siente nervioso, desde una perspectiva interesada podrías preguntarle cosas como:

> Acabas de decir que te sientes nervioso. Cuéntame algo más sobre el nerviosismo.
>
> ¿Dónde lo sientes?
>
> ¿Tienes algún pensamiento junto con esos sentimientos?

Como psicoterapeuta MOL, te preguntarás qué están experimentando tus clientes cuando se sientan frente a ti.

> ¿Estarán buscando las palabras adecuadas?
>
> ¿Están evitando un tema delicado?
>
> ¿Se están desahogando?
>
> ¿Te están diciendo lo que creen que tú quieres oír?
>
> ¿Intentan encontrar respuestas a hechos pasados que no comprenden?
>
> ¿Intentan darte la respuesta correcta?

Si te pidiera que me describieras el viaje que haces cada día para ir de casa al trabajo, sin duda serías capaz de hacer un relato de tus viajes. Sin embargo, la historia que me contarías sería muy distinta de la que yo escucharía si viajara contigo de camino al trabajo y tu describieras o relataras tus experiencias *durante el trayecto.* En el primer caso, estarías recordando, adivinando, imaginando, rellenando huecos y omitiendo lo que no te parece importante o se te ha olvidado. En el segundo relato, te limitarás a describir. En la primera historia, esbozarás lo que *recuerdas* que ocurrió de camino al trabajo. En la segunda, contarás lo que *sabes* que estás viviendo *en ese momento.* En MOL nos interesa sobre todo lo que los clientes saben y pueden describir, no lo que recuerdan o imaginan. Es a partir de su descripción de las experiencias del ahora que se buscan los caminos hacia los niveles superiores. El trabajo de los clientes en MOL, por lo tanto, sólo es describir o informar el funcionamiento actual de su mente.

Hacer MOL implica sentarse frente a tus clientes y escuchar lo que tienen que decir con una actitud de curiosidad acerca de lo que están experimentando. Sin embargo, mientras escuchas, también estás atento a los acontecimientos de nivel superior. El psicoterapeuta MOL hace un peculiar tipo de escucha a medias. Tienes que prestar cierta atención a lo que dicen los clientes para poder participar en la conversación. Es importante, sin embargo, que no te quedes tan absorto en sus convincentes relatos de la infancia (por ejemplo) al punto de que te pierdas los acontecimientos de nivel superior cuando aparezcan. Cuando te percates de un acontecimiento de nivel superior, simplemente pregunta al cliente por él e inicia una conversación sobre el fragmento que ha aparecido momentáneamente.

Durante esta parte de la conversación con Patrick, se produjo una disrupción:

T: ... pero... pero eso va a pasar de todos modos... vas a hacer eso...

P: Sí. (Sacude ligeramente la cabeza y sonríe con un lado de la boca).

T: ¿Qué se te ha venido a la mente justo ahí? Cuando tú...

P: Oh... es... (se ríe)... umm... (levanta la vista)... a ver si puedo recapturarlo... (hace una pausa de unos cinco segundos)... cuando... cuando tenías las manos por aquí (hace un gesto)

T: Sí.

P: valorando aquí (sigue gesticulando)

T: Sí.

P: Umm ... (hace una pausa) ... lo que pasó ... había (gesticula con las manos) ... es casi como si me dijera a mí mismo... la ... la solución está clara (sonríe y me mira) ... tal vez ... tal vez la solución está ... está clara. Tal vez yo solo... la decisión no es sopesarlas (asiente con la cabeza) una contra otra.

Cuando Patrick sonrió y negó con la cabeza, me pareció que acababa de darse cuenta de una idea de fondo, así que le di la oportunidad de redirigir su atención hacia esa idea. Para ello, le pedí que describiera la experiencia que acababa de tener. Como dijo Patrick, para describir su experiencia tenía que "recapturarla". Al recapturarla, pudo experimentarla más plenamente y, al hacerlo, desplazó su conciencia a un nivel superior. Si me hubiera centrado en la valoración que estaba haciendo y hubiera discutido con él los pros y los contras de las decisiones que estaba considerando, le habría ayudado a mantener su conciencia en el nivel inferior y, por tanto, le habría impedido reorganizarse en el nivel que necesitaba cambiar. En la conversación que mantuvimos, por ejemplo, en un momento dado mencionó que había estado pensando en los pros y los contras. En lugar de preguntarle por cada ventaja y desventaja, le pregunté sobre el *proceso* de equilibrar los aspectos positivos y negativos.

Así que la idea básica es preguntar a los clientes sobre su experiencia de la disrupción. El objetivo de las preguntas es ayudar a los clientes a reexperimentar las percepciones al nivel del que sólo tenían un indicio durante la disrupción.

> ¿Puedes decirme qué te ha pasado por la mente justo cuando apartabas la mirada?
>
> Acabas de decir que te sientes como si te faltaran las palabras. ¿Qué te sucede cuando te pasa eso? ¿Te ocurre con frecuencia?
>
> ¿Qué actitud adoptas cuando te quedas sin palabras?
>
> ¿Se te ha venido algún pensamiento a la cabeza cuando sonreías justo ahora?

La regla general que debes tener en cuenta es que siempre eres consciente de un nivel u otro en un momento en particular. Esencialmente, el proceso de ser es un proceso de ser consciente, al menos desde la perspectiva del ser. Cuando hablas o describes algo, eres consciente de un nivel concreto. Es decir, las experiencias de las que eres consciente en un momento dado representan sistemas de control en un nivel en particular. Cuando se hace un meta-comentario o se produce algún otra disrupción, suponemos que has sido consciente brevemente de un nivel superior al que habías sido consciente un momento antes.

Si las palabras anteriores le suenan a jeringoso, puede que le ayude consultar primero el prólogo de Powers y después el ejemplo de Toby y el huevo frito del Capítulo Cuatro.

Mientras Toby cocinaba su huevo, era consciente del estado del huevo. El sistema de control del "estado del huevo" tiene su referencia en el sistema de control de "cocinar como la abuela" pero, por el momento, Toby sólo es consciente del estado del huevo. Si hubiéramos podido estar en la cocina con Toby y pedirle que nos contara lo que estaba haciendo y experimentando mientras preparaba su comida, probablemente nos habría descrito los pasos necesarios para freír el huevo.

> Bueno, dejo que se caliente la sartén y pongo un poco de mantequilla. Ahora romperé el huevo en el centro de la sartén. Ahora, tendré que esperar un rato mientras se cocina.

Mientras nos hacía estos comentarios, podía decir distraídamente algo como:

> Sí, eso se ve muy bien. A la abuela le gustaría.

mientras sacaba el huevo cocido de la sartén. Los psicoterapeutas MOL supondrían que un comentario como "A la abuela le gustaría" es diferente de los comentarios anteriores sobre el procedimiento de freír el huevo. Los psicoterapeutas MOL supondrían que para hacer ese comentario Toby había tomado conciencia brevemente del sistema de control "cocinar como la abuela". Toby podría experimentar este cambio de conciencia como un pensamiento que le viene a la mente. Sin embargo, el sistema de control "cocinar como la abuela" está ahí todo el tiempo. Lo bueno de los sistemas de control es que siguen controlando tanto si somos conscientes de ellos como si no lo somos.

Al pedir a los clientes que describan lo que experimentaron durante la disrupción, les estarás ayudando a retornar su conciencia al nivel que visitaron sólo brevemente durante la disrupción. Si Toby quisiera que le ayudaras a explorar su jerarquía, podrías preguntarle

¿Cómo se siente que a tu abuela le hubiera gustado?

¿Es importante para ti que a la abuela le hubiese gustado lo que cocinas?

¿Piensas a menudo en cómo vería la abuela lo que haces?

¿Qué más le gustaría a la abuela?

Otras preguntas más generales podrían ser:

¿Puedes contarme más sobre ese pensamiento?

¿Qué sientes al oírte decir esas palabras?

¿Se te ocurre este pensamiento a menudo?

¿En qué otros momentos te ha rondado este pensamiento por la mente?

Cuando existe un conflicto, no necesariamente después de una disrupción es que la persona llegará al sistema de control que está creando la situación para que se produzca el conflicto. Dada la miríada de sistemas de control que componen a un individuo, puede darse el caso de que algunos eventos de nivel superior, aunque estén relacionados con la experiencia que se está describiendo, no sean necesariamente los responsables de establecer las referencias de los sistemas de control en conflicto. La conciencia parece poder desplazarse por toda la jerarquía en un instante. Además, a veces los clientes se distraen por alguna palabra en particular que pronuncian o por algo que observan. Algún acontecimiento inesperado puede perturbar un sistema de control en algún otro lugar de la organización de la jerarquía perceptual que puede no estar directamente relacionado con el conflicto que se está tratando. Además, parece que los conflictos pueden resonar en muchos niveles inferiores de la jerarquía, por lo que los clientes pueden pasarse el tiempo describiendo un problema aparente tras otro.

Noah puede empezar describiendo lo frustrado que está por no poder volver al trabajo debido a su pierna lesionada, lo que puede recordarle que tampoco puede jugar al tenis en ese momento, y entonces se le puede ocurrir que todavía no ha sacado a pasear al perro, con lo que puede recordar las palizas que recibía cuando se olvidaba de sus tareas domésticas cuando era niño.

Samantha podría decirte que no tiene confianza ni autoestima y que nunca se siente bajo control. Se pregunta si esto se debe a que no se sintió bajo control cuando sufrió abusos sexuales de niña y entonces reflexiona sobre por qué deja que la gente en su vida pase por encima de ella. La articulación de la palabra "deja" parece ser importante y se le ocurre que quizás en realidad ha tenido el control todo el tiempo y esto le hace cuestionarse si dejó que ocurriera el abuso sexual y se siente culpable. Entonces empieza a hablar de los cursos universitarios que ha desaprobado y de su dificultad para mantener un trabajo.

Jeremy dice que ha decidido que no encaja y que ya no quiere formar parte de la raza humana: se limitará a observar los acontecimientos en lugar de participar en ellos. Le molesta especialmente la avaricia y el egoísmo que hay en otras personas, y habla de cómo ve regularmente las noticias en televisión, que le recuerdan constantemente los problemas que existen. Se le ocurre que ve las noticias porque confirman que tiene razón, y se da cuenta de que tener razón es importante para él.

En estas situaciones, el principio básico sigue siendo el mismo: seguir buscando "arriba". Puede que sea necesario atender a varias disrupciones antes de llegar a la que está estableciendo el conflicto.

El hecho de que algunas disrupciones no conduzcan a lugares útiles en términos de reorganización no es un problema con MOL. Si algunos comentarios sobre la disrupción actual parecen ser improductivos, el psicoterapeuta puede simplemente volver a la situación original. "Me estabas contando lo asustada que estabas de estar en público. ¿De qué aspecto del miedo eres consciente ahora mismo?" Como MOL es una experiencia del "ahora", siempre que parezca que se ha perdido un hilo, es posible simplemente pedir a los clientes que describan lo que les está ocurriendo en ese momento.

A veces, en las sesiones de MOL puede parecer que las disrupciones no ocurren o que ocurren con poca frecuencia. Si sucede esto, como psicoterapeuta MOL seguirías asumiendo que los clientes que toman asiento frente a ti están organizados como sistemas vivientes de control jerárquicos cuya conciencia puede moverse a través de sus jerarquías. Al menos esa sería tu hipótesis de trabajo. Si estos clientes llevan a cabo actividades como caminar, comer, conducir, ir de compras, vestirse, arreglarse, recoger flores, quitar la nieve de las piedras y comer muesli, entonces podría asumir con seguridad que tu hipótesis está respaldada y que los clientes son sistemas vivos de control. Aunque ahora no realicen estas actividades, ¿las han realizado alguna vez? Participar con éxito en este tipo de actividades indicaría que los clientes controlan sus experiencias. Basándote en esta observación y en tu comprensión de la PCT, podrías estar dispuesto a suspender el juicio sobre si el cliente es psicótico, está "fuera de control" o es disfuncional. En su lugar, podrías considerar la idea de que el cliente está experimentando un conflicto crónico.

Si los clientes tienen las características de un sistema vivo de control, entonces podrías asumir que tienen las propiedades necesarias de un sistema vivo de control. En este caso, en ocasiones podrías preguntar específicamente a los clientes si tienen algún pensamiento de fondo sobre lo que acaban de describir, aunque no se haya producido ninguna disrupción. Puede decir cosas como

> ¿Cómo te sientes con lo que acabas de decir?
>
> ¿Qué piensas mientras te oyes decir esas palabras?
>
> ¿Has notado algún pensamiento en el fondo de tu mente mientras me explicabas estas cosas?
>
> ¿Tienes algún pensamiento de fondo sobre lo que has estado describiendo?

Aunque este se trate de un enfoque legítimo para redirigir la conciencia, puede ser problemático porque cualquier redireccionamiento que se produzca se hace en función de tu marco temporal y sobre lo que te interesa saber más, y no desde la perspectiva del cliente. Sin embargo, si esperas hasta que una disrupción surja de forma natural, entonces estarás siguiendo la pista del cliente y el camino que se desarrolle quizás tenga mayor probabilidad de ser significativo para el cliente. Al mismo tiempo, mientras buscas una disrupción que eleve el nivel, estarás haciendo todo lo posible, mediante preguntas basadas en la curiosidad, para ofrecerle a los clientes la oportunidad de tomar conciencia de sus pensamientos de fondo. A veces, dejar que una pausa se prolongue sin apresurarse con una pregunta puede ser una oportunidad para que los clientes se detengan en pensamientos que antes eran fugaces.

Lamentablemente, por el momento no existen reglas absolutas sobre si es mejor esperar o preguntar sobre los pensamientos de fondo. Este juicio vendrá con la experiencia. Es perfectamente posible que ambos enfoques sean igual de eficaces, dados los diferentes clientes y las diferentes situaciones. Es posible que futuros programas de investigación arrojen algo de luz sobre este tema.

Para aplicar MOL, es necesario hablar con los clientes sobre lo que tienen en sus mentes. La conversación que se dé versará sobre las experiencias *actuales* de los clientes mientras están sentados frente a ti. Cuando se detecten disrupciones, tu trabajo consiste en pedirle a los clientes que describan sus experiencias de lo que ha ocurrido durante el evento. A medida que Estelle profundiza en la disrupción, ésta se hace más presente en la conciencia, lo que Estelle experimenta como el pensamiento pasando a primer plano. A continuación, tu trabajo consiste en seguir hablando con Estelle sobre su experiencia actual y, al mismo tiempo, estar atento por si se produce otra disrupción. La regla importante es siempre: Si existe un problema, busca arriba.

Durante las sesiones de MOL, los clientes discutirán sobre diversas inquietudes. A veces sus preocupaciones se expresarán como un único problema y otras veces las plantearán como conflictos, tal como lo hizo Patrick en el Capítulo Uno. Los clientes pueden hablar de querer A y también querer B al mismo tiempo (se podría pensar en esto como "querer tener la torta y comérsela también"), o quizás querer A y no querer A al mismo tiempo (se podría pensar en esto como "morder la mano que te da de comer"), o incluso no querer A pero tampoco querer B (se podría pensar en esto como "estar atrapado entre la espada y la pared").

Cuando los clientes describen los conflictos explícitamente, lo que es de tu interés como psicoterapeuta MOL serán las experiencias de los clientes de sus conflictos. Preguntarle a Gustavo sobre ambos lados del conflicto le permitirá describirlo en su totalidad, tal y como él lo experimenta.

> Háblame de hacer A.
>
> Ahora háblame un poco de hacer B.
>
> Ahora cuéntame algo más sobre A.
>
> ¿Con qué frecuencia haces B?

Simplemente continúa yendo hacia delante y hacia atrás entre ambos lados del conflicto (a menudo esto no sucede durante mucho tiempo), hasta que la conciencia de Gustavo se dirija a otra parte. Al preguntarle a Gustavo sobre ambos lados de su conflicto, le estarás ayudando a describir el conflicto mientras lo está *experimentando*.

Sin embargo, no todos los clientes expresarán su problema como un conflicto. Pueden venir y decir que quieren hacer B pero que no pueden. En este caso, tendrías curiosidad por saber "por qué no".

> ¿Qué te impide hacer B?
>
> Si sos capaz de hacer B y no lo haces aunque quieres, ¿es que una parte de ti no quiere hacer B?
>
> O si no, si quieres hacer B y actualmente no eres capaz de hacerlo, ¿qué te impide aprender a hacer B, o pedírselo a alguno de tus amigos?
>
> Nuevamente, si quieres hacer B y no puedes, pero no estás haciendo nada para aprender a hacerlo o adquirirlo de otro modo, ¿hay algo que te impida, por ejemplo, inscribirte a un curso?

No tengo idea de cuáles son las respuestas a ninguna de estas preguntas, pero sin duda me interesaría conocer las respuestas de los clientes. Para cada cliente las respuestas serán probablemente muy diferentes.

Cuando se describe un conflicto, tú como psicoterapeuta tienes que preguntar dos cosas. En la conversación con Patrick, le pregunté sobre vender ahora y vender después. Cuando los clientes vienen a verme y me explican sus inquietudes, empiezo preguntándoles por ellas. Tarde o temprano suelen surgir las dos partes de un conflicto. Si el conflicto no se hace evidente, los clientes pueden viajar subiendo por la jerarquía al enfocarse en las disrupciones que surgen durante la conversación. Puede que los clientes no digan directamente que tienen un conflicto interno, como hizo Patrick, pero a menudo dirán que se sienten divididos o que están luchando, discutiendo o peleando consigo mismos. Paula, por ejemplo, me dijo que estaba "dividida entre los sentimientos de lealtad hacia su marido y la necesidad de mantener una relación con su madre y su hermana". Rose me dijo que aunque se consideraba una persona valiosa la mayor parte del tiempo, a veces oye la voz de su ex marido maltratador que le dice que es inútil y que no vale nada. Ella no quiere creerlo, pero a veces supone que probablemente él tenía razón y que eso es lo que los demás pueden pensar de ella.

A veces, cuando los clientes describen conflictos, la conversación puede adoptar un tono argumentativo. Esto es natural si piensas en el hecho de que estás pidiendo a los clientes que discutan dos puntos de vista opuestos al mismo tiempo. La cuestión es que la discusión nunca debe implicar al psicoterapeuta. En esencia, los clientes están discutiendo consigo mismos. "Quiero defenderme". ... "Pero no le caeré bien a la gente si hago eso". ... "Pero mis verdaderos amigos me respetarán por ello". ... "Pero podría empeorar aún más algunas situaciones". Y así sucesivamente hasta que se produzca una disrupción.

Independientemente de si se expresa un conflicto o no, el procedimiento sigue siendo el mismo. Pregúntale a los clientes por sus experiencias actuales y, cuando aparezca un nivel superior, pregúnteles por él. Probablemente, una pauta sensata sea trabajar con lo que se tiene. Si se expresa un conflicto, sigue con eso. Si no, discute el tema que plantea el cliente.

Dado que el psicoterapeuta y el cliente son socios en un experimento de exploración y descubrimiento, algunos aspectos más convencionales de la psicoterapia no son relevantes. Algunas de estas cosas ya las he mencionado, pero las proporcionaré aquí todas juntas. A continuación expresaré las características en términos de la situación general. Por supuesto, puede haber un cliente en particular al que la situación general no aplique. En caso de duda sobre qué hacer en este o aquel caso concreto, siempre es útil volver a la teoría de la PCT y utilizar los principios teóricos como base para el siguiente paso.

El cliente no necesita proporcionar una historia detallada para los propósitos de evaluación y diagnóstico. Los psicoterapeutas MOL no evalúan, ni diagnostican, ni formulan, ni lidian con problemas de comorbilidad o con la complejidad de los casos. Con los sólidos principios de la PCT sustentando la conceptualización y aplicación del MOL, muchos problemas clínicos que pueden parecer desconcertantes dentro de otras escuelas de pensamiento no son relevantes para MOL.

Los psicoterapeutas MOL no aconsejan ni sugieren cursos de acción a los clientes, y no direccionamos a los clientes de alguna manera particular (aparte de dirigir su conciencia hacia arriba). No damos deberes ni material psicoeducativo, ni revisamos el progreso del cliente comparando con la sesión anterior. Además, no atendemos a los clientes en parejas o grupos, sino individualmente.

No es que una actividad como la tarea entre sesiones no pueda realizarse en un programa MOL. Es sólo que cuando ocurre es porque lo ha ideado el cliente, y no el psicoterapeuta.

Robert vino a verme porque le daba miedo conducir su coche por los puentes. Entre sesión y sesión empezó a fijarse objetivos sobre los distintos puentes que conquistaría.

Ruth quería ayuda con las rutinas obsesivas que realizaba seis veces cada mañana. Descubrió que se sentía bien reduciendo el número de seis a cinco, a cuatro y así sucesivamente hasta que se sintió cómoda con sus rutinas.

Russell concertó una cita conmigo porque estaba demasiado irritable y gruñón para su gusto. Después de nuestra primera sesión, se fue a casa y se le ocurrió la idea de dedicarse cinco minutos a despotricar en el baño cada mañana. Descubrió que se sentía mucho mejor el resto del día.

Todos estos ejemplos son bastante corrientes y quizá se parezcan a muchos de las tareas que se plantean en otro tipo de psicoterapias. Lo sorprendente de estas situaciones, es que estas actividades se les ocurrieron a los clientes por sí solos. Sería un error decidir, como resultado de estas experiencias, que todos los clientes con problemas de ira deberían dedicar cinco minutos cada mañana a tener su propio "tiempo personal de despotricar y desvariar" o que todos los clientes con rutinas obsesivas deberían reducir gradual y progresivamente el número de veces que realizan la rutina, o que todos los clientes con fobias a los puentes deberían establecer objetivos entre sesiones para cruzar ciertos puentes. El hecho de que estas actividades tuvieran sentido para Russell, Ruth y Robert no significa que lo tuvieran para cualquier otra persona del planeta.

En ocasiones, los clientes me han preguntado si deberían hacer tareas entre sesiones. Tomo esto como una oportunidad para explorar con ellos algunas de sus ideas actuales.

¿Tienen en mente alguna actividad en particular?

¿Quieren mi permiso para iniciar o detener una actividad concreta?

¿Qué les ha hecho pensar en las tareas?

¿Cómo se les acaba de ocurrir la idea de las tareas?

Por lo general, los psicoterapeutas MOL no dan de alta a los clientes que, por voluntad propia, asisten a las sesiones de MOL. A veces, los propósitos de los clientes están en oposición a la función de MOL, como cuando quieren que se les den consejos o soluciones, o evitan hablar de ciertos temas. Hablo un poco sobre esta situación en el Capítulo Once. Sin embargo, en la mayoría de los casos, los psicoterapeutas MOL sólo hacemos MOL y dejamos que los clientes decidan cuándo ya no necesitan nuestra ayuda. Para que MOL sea lo más eficiente posible, nos concentramos en hacerlo lo más "limpiamente" posible. En las ocasiones en las que los clientes tienden a permanecer en psicoterapia más tiempo que la mayoría, suelo poder identificar los periodos en los que me salí de MOL. Por ejemplo, puede que me haya dejado seducir por el contenido de la historia y haya escuchado demasiado y no haya facilitado lo suficiente el descubrimiento. También puede ocurrir que algunas personas tarden más que otras en reorganizar una solución satisfactoria. Utilizar MOL "clásico" es lo mejor que puedes hacer para asegurarte de que estás ayudando a la gente de la forma más directa posible.

Los psicoterapeutas MOL nos abstenemos de las cosas mencionadas antes, como las de repasar su historia o planificar tareas, no porque pensemos que son necesariamente malas o perjudiciales (aunque a veces pueden serlo). Simplemente no estamos convencidos de que ninguna de esas cosas ayude a los clientes a redirigir su conciencia hacia los niveles superiores que necesitan reorganizarse de manera más eficiente o completa. Darse cuenta de las disrupciones y dirigir su atención hacia ellas es lo que los ayudará.

Existen también una variedad de actividades en algunas psicoterapias que parecen dirigidas a incentivar a los clientes a "comprar" la psicoterapia y a promover su adherencia al régimen terapéutico. Acciones como socializar a los clientes en la psicoterapia, fomentar la colaboración e involucrarlos en el proceso, pareciera tener como objetivo aumentar la probabilidad de que el cliente acepte la visión del psicoterapeuta. El "cumplimiento" con la psicoterapia no tiene cabida en MOL. Se proporciona MOL para que los clientes exploren y descubran el funcionamiento de su propio mundo subjetivo. Esto no puede suceder si están preocupados por cumplir con las demandas del psicoterapeuta.

A veces puede parecer que los clientes tienen "problemas de motivación". Sin duda, algunos clientes te dirán que no les interesa hacer cosas que realmente les gustaría hacer y que les gustaría cambiar esta situación. Sin embargo, en otras ocasiones, los psicoterapeutas son quienes deciden que los clientes tienen problemas de motivación. Esto podría deberse a que los clientes no se adhieren completamente a los procedimientos a los que se les expone en ese momento específico, o por alguna otra razón. Sea cual sea la razón, desde la perspectiva de MOL, los únicos problemas de motivación que deben importar son los que preocupan a los clientes. Si los clientes no hablan de problemas de motivación, entonces no hay problemas de motivación de los que hablar.

Con los principios de la PCT, los misterios de la relación psicoterapéutica pueden iluminarse en el contexto de la psicoterapia MOL. Desde una perspectiva MOL, lo único que importa es que los clientes estén dispuestos a explorar libremente los recovecos de su mente. En la medida en que se muestren cautelosos o reservados, es posible que retrasen el proceso de reorganización, porque no permitirán que su conciencia se desplace sin ataduras. Si están preocupados por cosas como presentarte una imagen particular, o darte las respuestas correctas a tus preguntas, o evitar temas delicados o emocionalmente cargados, o demostrarte que aprecian tus esfuerzos, entonces será difícil para ellos permitir también que su atención escale las cimas de sus jerarquías. Por lo tanto, si consideramos la relación psicoterapéutica desde este punto de vista, la única importancia que puedo atribuir a conceptos como confianza, empatía y consideración positiva incondicional reside en su capacidad para fomentar una atmósfera de exploración liberada para los clientes. Cuando los clientes se sienten cómodos para seguir sin vacilaciones ni restricciones el camino forjado por su conciencia, nada más importa.

También debo mencionar que, aunque hablo de MOL con el propósito de resolver conflictos, éste no tiene por qué ser su único objetivo. MOL puede seguir utilizándose como un proceso de exploración y descubrimiento cuando no hay un conflicto aparente. Si recuerdas el prólogo de Powers, así es, de hecho, como empezó el proceso con su amigo Kirk Sattley. En este caso, MOL es casi un ejercicio meditativo en el que puedes descubrir un poco más sobre lo que significa ser tú. Daré más detalles sobre esto en el Capítulo Once.

Lo importante de un conflicto es que, cuando existe, detiene un ascenso por los niveles que, de otro modo, sería sencillo. Por lo tanto, la actitud de experimentación dentro de un contexto de exploración y descubrimiento puede adoptarse cada vez para verificar si realmente existe un conflicto en algún lugar de esta jerarquía en particular.

MOL es una experiencia. Como tal, necesita ser experimentada para ser comprendida. Las palabras de estas páginas probablemente tendrán mucho más sentido para ti si eres capaz de relacionarlas con tus propias experiencias de MOL. ¡Pues bien! ¿Qué estás esperando?

Lo dicho

Las conversaciones MOL tratan sobre las experiencias del cliente en el *momento presente*.

Los psicoterapeutas MOL necesitan "escuchar a medias" la conversación pero también necesitan estar atentos a las disrupciones que puedan ocurrir.

No todos los cambios de conciencia conducen al lugar adecuado para la reorganización, por lo que el proceso continúa hasta que se encuentra el lugar adecuado.

Lo importante

Los psicoterapeutas MOL ofrecen toda la ayuda que pueden, y obstruyen lo menos posible, proporcionando a los clientes asistencia para considerar su situación desde niveles perceptuales superiores.

Lo que viene

MOL en acción.

Capítulo Nueve

Cómo es la psicoterapia MOL

Ser consciente de las cosas que pueden suceder cuando se adopta MOL puede ayudarle a anticipar y planificar algunas de las experiencias que podrías encontrar como psicoterapeuta MOL. La información que aquí se ofrece se basa en gran medida en mi experiencia como psicólogo clínico full-time. Atiendo principalmente a adultos de entre 18 y 65 años que son remitidos al departamento local de psicología clínica del National Health System (NHS) por médicos de cabecera y psiquiatras. Me derivan personas con diferentes problemas, por lo que he tenido la oportunidad de utilizar MOL en una amplia variedad de situaciones. MOL es el único enfoque que utilizo en mi trabajo. No lo he mezclado con otras técnicas, ni lo he dejado de lado en favor de otro enfoque en situaciones particulares.

En cierto sentido, es imposible establecer una fórmula precisa para el desarrollo de la interacción de una sesión de MOL. Cabe esperar que las sesiones de MOL sean fluidas e impredecibles. Aprender MOL es un proceso de aprendizaje de qué actitudes adoptar, no de qué procedimientos desplegar en qué circunstancias. En todo momento, si estableces tus actitudes de acuerdo con los principios de la PCT, podrás dejar que la sesión de MOL se desarrolle libremente.

El antiguo filósofo griego Heráclito comentó célebremente que "Nunca te bañas dos veces en el mismo río". Este comentario capta bien la esencia de MOL. En MOL cada sesión se considera un evento discreto. Puede que sea la única vez que veas al cliente, o puede que sea la única vez que el cliente hable contigo sobre este problema concreto. Cuando los clientes vuelven para sesiones posteriores, habrán vivido un poco más y es muy posible que se encuentren en un lugar diferente al que estaban cuando los viste por primera vez. Además, es posible que la reorganización ya se esté produciendo en un lugar distinto de donde se estaba produciendo antes, y que los clientes piensen ahora de forma diferente sobre una o más cosas.

Así que cada sesión empieza de nuevo. A veces se continúa el hilo de la sesión anterior, pero a menudo se habla de algo diferente. El tema de conversación en MOL lo determina el cliente.

El trabajo de MOL puede comenzar desde la primera sesión. Una vez que nos hemos presentado, pregunto algo como

¿En qué puedo ayudarte?
¿Qué hay en tu mente hoy?
¿De qué te gustaría hablar?
¿Qué te trae a verme?
¿Por dónde te gustaría empezar hoy?
¿En qué te gustaría que nos enfoquemos hoy?
¿Qué te gustaría abordar en esta sesión?
¿Qué te está preocupando en este momento?

y a partir de ahí comienza la sesión de MOL. Incluso si los clientes llegan y empiezan a hablar, considero importante obtener su permiso antes de empezar, por lo que podría hacer una pregunta como "¿Es eso algo a lo que te gustaría dedicar tiempo explorando hoy?". Luego, paso el tiempo con el cliente indagando con curiosidad sobre sus experiencias actuales y ayudándole a tomar conciencia de experiencias perceptuales de nivel superior.

A medida que más psicoterapeutas aprendan la teoría de la PCT y adopten la práctica de MOL, sin duda las preferencias diferirán en cuanto a factores como los aspectos procedimentales de la realización de MOL. Algunos psicoterapeutas, por ejemplo, podrían preferir dar una breve explicación del proceso antes de comenzar. Después de probar diferentes procedimientos, mi preferencia ahora es comenzar la sesión de MOL y brindar explicaciones, como una fundamentación, sólo si los clientes lo solicitan o indican que podría ser útil. Por lo general, no hablo mucho *sobre* el proceso porque prefiero dedicar todo el tiempo que pueda a proporcionarles a los clientes una experiencia *del* proceso. Prefiero ponerme en marcha rápidamente con MOL y proporcionar información sólo cuando parece útil hacerlo.

Según mi experiencia, muchos clientes participan en la actividad psicoterapéutica sin necesidad de saber por qué se realiza un procedimiento en particular. Otros clientes, sin embargo, sí están interesados. En lugar de darle a todos lo que sólo algunos necesitan, les proporciono una fundamentación a posteriori, quizá al final de la primera sesión, siempre que parezca apropiado. Cuando esto ocurre, comento lo que creo que podría ser útil para ayudar a los clientes a redirigir su conciencia a niveles superiores. Al final de la primera sesión, suelo preguntar a los clientes si tienen alguna duda. Esta parece ser una buena manera de proporcionarles sólo la información que les interesa. También he preparado una pequeña tarjeta con algunos de los aspectos importantes de MOL, incluido mi rol y el suyo en el proceso, y se la doy a los clientes si parecen interesados en conocer el proceso.

La idea general que tengo en mente es que lo único que ayuda a los clientes a eliminar el malestar del conflicto interno crónico es que redirijan la conciencia de sus problemas a niveles superiores y se reorganicen. Cada vez que no les ayudo a elevar su conciencia un nivel o dos, probablemente estoy interponiéndome en el camino. Si hablo mucho, me estoy interponiendo; si escucho mucho (y no pregunto sobre las disrupciones), me estoy interponiendo; si participo en discusiones sobre temas irrelevantes para el conflicto, me estoy interponiendo; si participo en actividades de enseñanza o les doy información para leer, me estoy interponiendo.

Al menos, esto se aplica en términos generales. A veces, hacer las cosas anteriores puede ayudar a la gente a subir un nivel o dos. A veces, por ejemplo, puede ser útil describir a los clientes lo que tienen que hacer. "Tu trabajo consiste en describirme lo que está pasando por tu mente mientras hablamos de tus problemas". Cuando me parece útil hacerlo, puedo explicar a los clientes que pueden hablar de cualquier cosa, pero que, sea lo que sea lo que hablen, daré por sentado que lo que están describiendo les impide de algún modo vivir la vida que quieren vivir en ese momento. Éstas son algunas de las otras cosas que podría mencionar:

- Mi papel es hacerte preguntas para ayudarte a desarrollar una perspectiva diferente sobre tus problemas.
- No te daré consejos ni sugerencias, ni te diré lo que tienes que hacer, ni te ofreceré lo que yo considero soluciones, porque en estas sesiones se tratan de ayudarte a encontrar soluciones que aún no se te han ocurrido.
- Incluso si pudiera darte un consejo que funcionara, lo único que habrías aprendido es a seguir consejos. No habrías aprendido a pensar en los problemas por ti mismo, así que no estarías mejor preparado la próxima vez que te encontrarás con un problema.
- Supondré que vienes a verme porque algún aspecto de tu vida no es como tú quieres que sea, y no puedes hacer que sea como tú quieres. Si, por ejemplo, un recuerdo de tu infancia te preocupa especialmente, podemos hablar de ello, pero cuando hablemos de ello me interesará explorar cómo el recuerdo de ese acontecimiento está interfiriendo en tu vida cotidiana en este momento.
- En estas sesiones no es importante que yo entienda tu problema, sino que tú llegues a un entendimiento diferente del que tienes ahora.
- No hay respuestas correctas o incorrectas, y no hago preguntas para ponerte a prueba.
- Cuando la gente tiene problemas psicológicos, no es porque tengan algo mal en el cerebro; es sólo porque no están buscando la solución en el lugar adecuado. A veces, cuando un problema capta tu atención, puedes pasar mucho tiempo dándole vueltas a lo mismo y pensando en el problema de una manera determinada. Mi trabajo consiste en ayudarte a redirigir tu atención hacia partes del problema que quizá aún no hayas considerado en detalle y a buscar en distintos lugares de tu mente para que seas capaz de generar una solución con la que estés satisfecho.

Esta lista no es exhaustiva, pero es típica de algunas de las cosas que digo siempre que me parece apropiado decir algo sobre el proceso. Lo que digo varía en función del cliente con el que estoy y del contexto de la conversación actual. Los puntos que aquí expongo no deben tomarse como una lista de temas a tratar en la primera entrevista. Lo que abordes con tus clientes en una sesión concreta dependerá de tus propósitos. Mi propósito cuando dirijo MOL es actuar como un recurso cuya única función es ayudar a los clientes a elevar la conciencia de sus problemas a niveles superiores. En consecuencia, cualquier información que proporcione estará diseñada para ayudarme a experimentarme de esta manera.

Al final de la primera sesión, también puedo explicar a los clientes cómo pueden concertar sesiones posteriores, si así lo desean.

También puede ser útil explicar a los clientes de lo que *no* tienen que hablar. No es necesario que cuenten su historia detallada ni que expliquen todas las cosas que han intentado para superar sus dificultades. Basta con que describan lo que tienen en mente.

Para empezar, los clientes empiezan a hablar de lo que les ronda por la cabeza. Cada sesión comienza de la misma manera, formulando el tipo de preguntas mencionadas al principio de este capítulo. Una pregunta del tipo "¿De qué le gustaría hablar hoy?" suele ser la primera. El objetivo de la pregunta inicial es invitar a los clientes a que empiecen a describir la experiencia actual que les gustaría explorar. No es necesario hacer una recapitulación de lo que ha ocurrido desde la última vez que se vieron, aunque es posible que el cliente quiera hablar de ello contigo. Independientemente de lo que el cliente comience a hablar, el psicoterapeuta MOL escucha y proporciona afirmaciones reflexivas y preguntas de clarificación. El psicoterapeuta anima a los clientes a proporcionar más y más información sobre lo que les inquieta y hace preguntas para comprender mejor las experiencias del cliente y obtener más información.

¿Está _____ relacionado con _____?

Cuando has dicho _____, ¿te referías a _____?

¿Con qué frecuencia te pasa _____?

¿Siempre ocurre lo mismo?

¿Ha ocurrido antes?

¿Desde cuándo ocurre?

La idea aquí es que, a medida que los clientes te explican su situación actual, también se la están explicando a sí mismos. Las experiencias pueden parecer diferentes cuando uno se las describe a otras personas, y uno mismo las escucha fuera de su mente en lugar de sólo en su interior. Alexander explicó que cuando hablaba de sus problemas era capaz de mirarse a sí mismo y a su situación, pero no podía hacerlo cuando sólo pensaba en sus problemas para sí mismo.

Mientras se están describiendo las experiencias presentes a los demás, parecen producirse disrupciones. Un psicoterapeuta MOL atiende una disrupción en cuanto la detecta y pide al cliente más información sobre ella. Preguntas como:

¿Qué se te vino a la mente cuando sonreías?
son habituales. Y, en respuesta a algo como:

Todo esto parece una locura,

el psicoterapeuta podría decir:

- ¿Qué parte te parece una locura?
- ¿Te molesta estar diciendo locuras?
- ¿Qué te hace pensar que parece una locura?
- ¿Acaba de pasar algo que te haya hecho pensar en cómo estabas sonando?
- ¿Fue mi pregunta la que parecía una locura o fue otra cosa?
- ¿Te sucede en otras situaciones de sentir que las cosas que dices parecen una locura?
- ¿Cuál es el aspecto que te está pareciendo loco en este momento?
- ¿Cuál es la sensación de locura que te ha llamado la atención en ese momento?
- ¿Cuál es tu actitud respecto a decir cosas que son una locura?
- ¿Te preocupa que puedas estar loco?

Si el cliente dice algo como:

Simplemente no puedo soportarlo más,

el psicoterapeuta podría preguntar:

- ¿Cuál es tu experiencia de no poder soportar algo?
- ¿Te molesta no poder soportarlo?
- ¿Puedes describirme el "no poder soportarlo"?
- Cuénteme algo más sobre el hecho de no poder soportarlo.
- ¿Son algunas cosas en particular las que no soportas o es todo en su conjunto?
- ¿Cómo sabes que no lo soportas?
- ¿Qué te hace pensar que no lo soportas?
- ¿Qué pasa cuando no lo soportas?
- ¿Cuándo llegaste al punto de no soportarlo?

Si el cliente dice:

Me siento como si me pusieran en un aprieto,

el psicoterapeuta puede preguntar sobre la experiencia de estar en aprietos.

¿Te molesta estar en aprietos?

¿Qué te pasa ahora que estás en aprietos?

¿Te sientes a menudo como si estuvieras en aprietos?

Cuéntame algo más sobre estar en aprietos.

¿Cuándo te diste cuenta de que estabas en un aprieto?

¿Alguna vez te has sentido en un aprieto en otras situaciones de tu vida?

A veces, la elaboración de la disrupción conducirá a un diálogo más significativo sobre las inquietudes del cliente y, a veces, no. Si una disrupción en particular no resulta relevante, entonces el cliente y tú vuelven a la inquietud original.

Nos hemos desviado un poco del tema, estabas hablando de _____.

¿Podemos volver a lo que decías hace un momento? Creo que decías _____ .

¿Tienes algo más que decir sobre el área de _____ que acabas de describir?

¿Qué más puedes decirme sobre _____ ?

Algunas personas se ocuparán de las disrupciones sin que se les pida demasiado, pero otras necesitarán saber explícitamente lo que se espera de ellas. ¿Qué puedo decir? Las personas son diferentes. Cada persona es un mundo. Por lo general, la gente te dirá lo que necesita. Si necesitan una explicación, se la doy. Pero no doy por sentado que todos los clientes la quieran o la necesiten.

Si los clientes no están seguros de lo que tienen que hacer, puede ser útil enseñarles acerca de los pensamientos de fondo. Powers me enseñó un par de actividades estupendas para enseñar a la gente lo que se entiende por pensamientos de fondo. Si le pides a la gente que piense una y otra vez durante un breve periodo de tiempo el pensamiento: "No tengo este pensamiento" o el pensamiento: "Mi nombre no es... (inserte el nombre)", no suele pasar mucho tiempo antes de que note que sus expresiones cambian o alguna otra sugerencia de que podrían ser conscientes de los pensamientos de fondo. A continuación, puedes ilustrar el fenómeno de los pensamientos de fondo pidiéndoles que describan lo que estaba ocurriendo mientras pensaban lo que les habías preguntado.

Como mencioné en el Capítulo Siete, a veces sucede que los clientes no saben de qué hablar o quizás no tienen nada en particular de qué hablar. Aunque esto puede ocurrir por una variedad de razones, sería contraproducente persuadir a los clientes para que hablen de cosas que no desean hablar o sugerirles que algo en particular es un problema para ellos cuando actualmente no lo ven como un problema. Los clientes acuden a psicoterapia para elevar su conciencia un nivel o dos y poder reorganizarse, no para practicar la deferencia hacia las figuras de autoridad. Después de un poco de indagación sobre el estado de "no tener nada de qué hablar" puede ser apropiado simplemente reprogramar la sesión para más tarde. La actitud de que los psicoterapeutas saben de qué deben hablar los clientes y los problemas que deben abordar para mejorar no pertenece a MOL. (En el Capítulo Once hablo un poco más sobre el trabajo con clientes que no tienen nada de qué hablar).

Puede darse el caso de que el cliente sí tenga algo en mente, pero le dé vergüenza hablar de ello. En esta situación, suele ser útil explicarle al paciente que, como psicoterapeuta MOL, no es necesario conocer el contenido de lo que el paciente desea hablar. Antes mencioné que el contenido no es importante en MOL. Los clientes podrían llamar a la cosa "manzanas verdes" o "nieve que cae" o lo que quisieran y la sesión de MOL podría seguir adelante. En MOL no es importante que el psicoterapeuta se dé cuenta de la naturaleza de los problemas del cliente, sino que lo haga el cliente. Los psicoterapeutas pueden preguntar a los clientes sobre diferentes aspectos de sus experiencias internas y pueden detectar disrupciones e indagar sobre ellas, independientemente de que los psicoterapeutas sepan o no específicamente qué están experimentando los clientes.

Puesto que nunca podemos conocer con certeza las experiencias de los demás y nunca sabemos hasta qué punto lo que los demás nos cuentan se relaciona directamente con las experiencias que están teniendo en ese momento, es una suerte que, con MOL, no necesitemos saber estas cosas. Sin duda, es una ventaja que no necesitemos saber lo que no podemos saber de todos modos. Al principio del Capítulo Cuatro utilicé los ejemplos del páncreas y el motor de un coche para hablar de la importancia de entender cómo funciona algo. Estos ejemplos vuelven a ser relevantes porque, como me señaló Runkel, ilustran una forma importante en la que MOL es diferente. Es razonable suponer que las personas que "arreglan" el páncreas saben mejor que el propio páncreas cuándo no funciona correctamente y qué hacer cuando no es así. Del mismo modo, las personas que arreglan motores de coches suelen saber cuándo el motor del coche no funciona correctamente y qué hacer al respecto. Por regla general, los psicoterapeutas *no* saben mejor que el cliente cuándo algo va mal, qué es lo que va mal o la solución que lo arreglará.

A menudo puede ocurrir que cuando los clientes discuten la dificultad de hablar de un tema en particular, empiezan a encontrar que el tema no es tan difícil de discutir y simplemente empiezan a hablar de lo que sea. Aunque esto ocurre a menudo, es una suerte que no sea un requisito para que MOL pueda proceder.

En raras ocasiones, por una razón u otra, al cabo de 10 o 15 minutos (o algún otro "ratito"), puede que no se consiga realizar la sesión de MOL. Quizás tengas problemas para concentrarte o quizás Joan quiera quedarse con el contenido de lo que te está describiendo. En esta situación, como mi objetivo es ofrecer a los clientes las sesiones de MOL más "limpias" y centradas que pueda, reprogramo la sesión con el cliente para otro momento.

En MOL no hay una frecuencia de contacto requerida ni un límite en la duración del tratamiento. Dejo que mis clientes me digan cuándo necesitan volver, en lugar de programarles sesiones semanales o quincenales (o con otra frecuencia).

Durante mi práctica como psicólogo clínico, he utilizado distintos procedimientos para programar las sesiones. Al principio, llevaba mi agenda a cada sesión y los clientes me decían al final de la sesión cuándo pensaban volver. Luego, empecé a preguntar a los clientes si querían fijar una hora al final de la sesión o si debíamos dejarla para que me llamaran la próxima vez que quisieran hacer algo de MOL.

Ahora, sin embargo, todas mis citas se reservan por computadora. Cuando los clientes son derivados, les envío una carta pidiéndoles que llamen por teléfono al departamento de psicología clínica para concertar una sesión si necesitan asistencia psicológica. Después de la primera sesión, los clientes llaman por teléfono a mi despacho y conciertan una sesión con la secretaria del departamento de psicología clínica cuando quieren volver. Cada mañana compruebo en mi ordenador quién ha reservado sesión para ese día. Esta es mi forma favorita de programar las sesiones y me parece el enfoque más coherente con la idea de que los clientes son sistemas vivos de control. Dado que los clientes se reorganizan a ritmos diferentes, parece que lo más sensato es dejar que sean ellos los que te digan cuándo necesitan experimentar MOL.

Cuando los clientes programan sus propias citas, surge un patrón variable de asistencia. Los clientes que atiendo asisten a una media de tres o cuatro sesiones, con una pequeña proporción de clientes que acuden a más de 15 o 20 sesiones, y muchos que acuden a una o dos sesiones. Algunos clientes asisten regularmente a sesiones semanales o quincenales, pero la mayoría de los clientes varían la frecuencia con la que asisten.

A los psicoterapeutas a veces les preocupa que si los clientes determinan su propio tiempo entre sesiones, es posible que no elijan el que les resulte más beneficioso. El argumento parece ser que el psicoterapeuta será mejor juez que el propio cliente para determinar cuándo deben asistir a las citas. Sin embargo, antes de ver al psicoterapeuta por primera vez, los clientes tuvieron que buscar ayuda para sus problemas, encontrar al psicoterapeuta y acudir a la entrevista. Después de gestionar todo eso, es difícil imaginar que sean incapaces de decidir cuándo volver. Aunque se sostuviera la hipótesis de que "no conocen su propia mente", resulta increíble pensar que el psicoterapeuta conozca la mente del cliente mejor que éste después de haberse reunido hace sólo 20 minutos.

Nunca se ha establecido que sea necesario un número determinado de sesiones para recuperarse de un problema en particular. Ciertamente hay investigaciones que indican que 8 o 12 sesiones (o algún otro número) de una forma particular de psicoterapia, por ejemplo, es eficaz en el tratamiento de la depresión, pero esto no demuestra que 8 o 12 sesiones sean *necesarias* para el tratamiento de la depresión. Desde el punto de vista de la PCT, no tiene ningún sentido suponer que distintos clientes necesitarán el mismo plazo de tiempo para resolver su conflicto.

En la aplicación de MOL, tras un periodo de tiempo, el cliente suele llegar a un punto en el que le parece apropiado parar. Este punto de parada puede indicarse de distintas maneras. A veces, el cliente dirá que se acaba de dar cuenta de algo en lo que no había pensado antes. En otras ocasiones, el cliente puede decir que no tiene nada más de lo que hablar. A veces puede parecer que está comenzando una conversación diferente, lo que podría ser una señal para concluir esta sesión particular de MOL.

A algunos psicoterapeutas les gusta recapitular al final de una sesión de MOL. Yo tiendo a no hacerlo porque prefiero dejar la atención del cliente donde estaba cuando terminó la sesión. Si la reorganización se ha desplazado a un punto útil, no quiero desplazarla a otro lugar. Las investigaciones futuras aclararán sin duda hasta qué punto las sesiones pueden terminar de la forma más satisfactoria para los clientes, pero hasta entonces prefiero hacer menos que más. También puede ser útil identificar el propósito de terminar una sesión de una manera determinada. ¿Cuál sería el objetivo de repasar lo que se acaba de hablar? Si es identificar lo que se ha tratado y aprendido durante la sesión, entonces recapitular no es coherente con un modelo de reorganización aleatoria por ensayo y error que se utiliza para resolver conflictos.

Un periodo de unos 30 minutos es bastante MOL. MOL requiere concentración focalizada tanto para el psicoterapeuta como para el cliente. Por supuesto, no hay una regla rígida para esto. En algunas sesiones, los clientes llegan a un punto de vista útil desde el que considerar sus problemas después de 15 o 20 minutos. En otras sesiones, pueden transcurrir entre 40 a 50 minutos de conversación productiva usando MOL. En otras ocasiones, una sesión de MOL que merezca la pena puede durar 70 minutos. Utilizo diferentes números aquí porque desconfío de que un número en particular se convierta en el estándar de la "hora psicoterapéutica MOL".

Probablemente sea mejor tener una mentalidad abierta sobre la duración de una sesión y utilizar lo que el cliente está experimentando como guía para indicar cuándo es apropiado parar. No hay una respuesta fija que los clientes deban dar para indicar que ha llegado el momento de parar, pero a menudo no es difícil hacerse a la idea de que se encuentran en un momento diferente al que estaban cuando llegaron y que sería apropiado parar. Por supuesto, los parámetros administrativos, como los horarios de las sesiones y de las clínicas, también pueden influir en la duración de una sesión. El tiempo que se dedique a una sesión concreta de MOL no es tan importante como la calidad de MOL que se ofrezca en el tiempo de que se disponga.

Al igual que con otros elementos de MOL, no hay una forma correcta de terminar la sesión. Lo importante es esforzarse al máximo para ofrecer a los clientes la oportunidad de trasladar su atención a niveles perceptuales más elevados durante el tiempo que estén contigo. Cómo empieza y termina este tiempo es menos importante.

Al final de una sesión MOL, los clientes pueden encontrarse en un estado mental reflexivo y pensativo. A veces también dicen estar confusos o con la mente en blanco. Las descripciones individuales de la experiencia de ascender por la jerarquía pueden variar mucho. Por eso no hay una señal específica sobre cuándo parar la sesión. Sea cual sea su estado mental, no hay que esperar que los clientes resuelvan inmediatamente sus problemas. Se puede suponer que lo que ha ocurrido es que la reorganización se encuentra ahora en un lugar en el que puede realizar algunos cambios efectivos en el conflicto del cliente. Sin embargo, el tiempo que tarde la reorganización variará de un cliente a otro. Muchos clientes me han dicho que, en el tiempo que transcurre entre una sesión y la siguiente, a menudo se sorprenden a sí mismos pensando en las cosas que se han tratado en la sesión.

No parece haber ninguna razón para sostener que el cambio psicoterapéutico deba durar mucho o poco tiempo o un número determinado de sesiones. De hecho, la reorganización parece experimentarse de forma lenta y metódica unas veces y bastante rápida otras, que es justo lo que cabría esperar de un proceso aleatorio de ensayo y error. Las personas pueden pasar un largo periodo de tiempo generando soluciones a un problema. Por otro lado, las ideas pueden pasar rápidamente por sus mentes, y llegando a una solución satisfactoria rápidamente.

Otro aspecto a tener en cuenta en la reorganización es el tiempo que se tarda en *crear* problemas en la jerarquía. Por lo general, no parece que a una persona le lleve mucho tiempo desarrollar algún tipo de problema que pueda denominarse psicopatológico. Las personas pueden desarrollar fobias debilitantes tras sólo una o dos experiencias aterradoras. Sin duda, algunas personas soportan estas afecciones durante periodos considerables antes de buscar ayuda, pero la aparición real de la afección no tiene por qué llevar mucho tiempo. Dado que la adquisición de una fobia puede ocurrir en un instante, en principio parece razonable esperar que la eliminación de una fobia pueda ocurrir con la misma rapidez, dadas las condiciones adecuadas. Es posible que MOL sea lo máximo que se puede hacer para proporcionar las condiciones adecuadas.

Lo que quiero decir es que no hay que esperar que el cambio se produzca en un periodo de tiempo predeterminado.

A menudo me he preguntado cuánto tienen que ver las expectativas de los clientes sobre el tiempo que tardarán en mejorar, con su velocidad de mejora. Algunos clientes me han dicho que saben que el cambio no se producirá rápidamente, pero que seguirán trabajando poco a poco y, finalmente, llegarán a donde quieren estar. Otros me han dicho que están hartos de su situación actual y que quieren seguir con su vida lo antes posible. Aunque no dispongo de buenas estadísticas al respecto, me parece que los clientes que creen que tardarán mucho en mejorar tardan mucho, mientras que los que quieren cambiar rápidamente lo hacen. El cambio parece producirse más o menos tan rápido como los clientes creen que lo hará (lo cual tiene sentido desde la perspectiva de la PCT si se considera el "tiempo para cambiar" como una señal de referencia que puede tener una gama de valores que van desde "inmediato" hasta "para siempre"). Como con cualquier otro tema o cuestión, las expectativas de cambio pueden ser algo sobre lo que preguntar desde una perspectiva MOL si algún cliente en particular indica que es relevante.

Además, las expectativas de cambio del psicoterapeuta pueden influir en la duración de la psicoterapia. Así que es importante que el psicoterapeuta sea consciente de sus propias expectativas sobre la duración de la psicoterapia. ¿Esperas que el cliente "mejore" en un día, en un mes, en un año o en seis o diez sesiones con tres meses de seguimiento? Si estas son sus expectativas, entonces puede darse el caso de que estas expectativas funcionen como señales de referencia y que en realidad estés controlando que los clientes pasen en psicoterapia el tiempo que consideras "correcto". En este caso, lo que se está discutiendo son tus expectativas y un proceso de control normal. La discusión allí no es sobre la capacidad inherente del paciente de mejorar en un tiempo determinado. Tus expectativas sobre el tiempo que lleva la recuperación podrían estar influenciando involuntariamente la sesión de MOL que brindas e interponiéndose en tu capacidad de proporcionar MOL de la manera más efectiva posible.

Si lo pensamos bien, probablemente sea un poco absurdo intentar establecer un plazo para el cambio. Podemos decir cuánto se tarda en hornear un arroz con leche, pero ¿cuánto se tarda en aprender una habilidad? ¿Cuánto se tarda en aprender a andar, a cantar afinadamente, a vivir como marido y mujer, o a columpiarse del árbol en el arroyo? ¿Cuánto dura un suspiro? El tiempo que lleva el cambio no debería ser el problema, sino la calidad de las oportunidades que se brindan durante el proceso de cambio.

MOL no se hace en poco tiempo ni en mucho tiempo. Se hace en el tiempo del cliente. ¿Cuánto debe durar un programa de psicoterapia? Debe ser tan largo como sea necesario y no más.

Lo dicho

No existe una fórmula para empezar, dirigir o terminar una sesión.

La duración de las sesiones varía.

El número de sesiones que los clientes necesitan varía.

Los cambios pueden producirse rápidamente.

Será importante ser consciente tanto de las expectativas propias como de las del cliente.

Lo importante

Muchos aspectos de la psicoterapia variarán, pero tus esfuerzos por ayudar a los clientes a cambiar su conciencia hacia niveles perceptuales superiores deberían permanecer constantes.

Lo que viene

El cliente y su experiencia con MOL

Capítulo Diez

MOL desde la perspectiva del cliente

Así como MOL puede ser una experiencia nueva para un psicoterapeuta, también puede ser una forma inusual de comunicación para el cliente. Algunos clientes tendrán una historia de visitar a otros psicoterapeutas y pueden tener expectativas sobre lo que un psicoterapeuta debe y no debe hacer. Incluso aun sin haber tenido contacto previo con psicoterapeutas, puede darse el caso de que los clientes esperen que "hagas algo" sobre su problema.

En ocasiones, a los clientes les puede parecer que no les estás escuchando realmente. Es posible que hayan esperado algún tiempo para concertar una sesión contigo y que tengan ganas de "desahogarse". Mientras te describen sus problemas, tú captas una frase suelta, un movimiento de cabeza o una mirada lejana. Esto puede distraer a veces a los clientes, porque a menudo es el problema que te están describiendo lo que les resulta más relevante. Pueden tener la sensación de que estás eludiendo la cuestión y los estés alejando del "verdadero" problema. Incluso puede que te digan que no está escuchando lo que dicen.

Otra posibilidad es que algunos clientes, en lugar de hablar de sus problemas, se centren en acontecimientos periféricos o hablen de las cosas de forma distante, en tercera persona. Como ya se ha mencionado, la reorganización puede resultar incómoda. Cuando los clientes han experimentado conflictos internos durante mucho tiempo, es importante recordar que probablemente han estado controlando muchos aspectos de sus vidas sin problemas, aunque otros aspectos de sus vidas hayan sido conflictivos. Parece que, a veces, las personas ajustan sus vidas en torno a un conflicto. En toda la red de bucles causales cerrados e interconectados de las mentes de los individuos, muchos sistemas de control siguen funcionando con éxito mientras otros sistemas de control están en conflicto. Por lo tanto, cuando comienza la reorganización, existe la posibilidad de que se vean afectados otros sistemas de control además de los que están en conflicto. La reorganización también puede afectar partes de la vida de los clientes que ni siquiera se daban cuenta de que estaban relacionadas con el conflicto. La reorganización es un proceso de ensayo y error. No siempre se da con la mejor idea a la primera. De hecho, los clientes pueden experimentar confusión e incluso cierto deterioro de su capacidad actual de control a medida que se produce la reorganización. Especialmente cuando los conflictos se experimentan en un nivel alto de la jerarquía, cabe esperar que los sistemas de nivel inferior se vean afectados a medida que los cambios descienden en cascada y reverberan por la red.

La PCT sostiene que la reorganización acabará encontrando una solución efectiva cuando actúe en el área correcta. Es decir, el error intrínseco acabará reduciéndose eventualmente. Muchos clientes encontrarán una solución rápidamente. Otros, sin embargo, tardarán más en encontrar la solución adecuada. Algunos clientes pueden encontrar incómodo el proceso de reorganización y pueden impedir que el proceso continúe. Si esto parece estar ocurriendo, puede ser importante informar a los clientes de que esto puede ocurrir. Si los clientes encuentran que se están volviendo irritables y confusos mientras se reorganizan, por ejemplo, pueden terminar la relación con el psicoterapeuta como una manera de intentar reducir estos sentimientos desagradables. Si terminar la relación psicoterapéutica, sin embargo, también termina la reorganización del sistema de control que crea el conflicto, entonces los estados de irritabilidad y confusión de los clientes pueden persistir. La capacidad de perseverar durante el período de reorganización dará lugar a la resolución del conflicto. Una finalización prematura, sin embargo, hará que el conflicto permanezca sin cambios y quizás también surjan otras dificultades.

Si, como terapeuta MOL, eres consciente de las diversas formas en que se puede experimentar la reorganización, es posible que puedas detectar los momentos en que los clientes experimentan una exacerbación de sus dificultades antes de desarrollar un estado mental más satisfactorio. En estas ocasiones, podría ser útil decir algo como: "A veces, cuando comienzas a hablar de tus problemas, es bastante normal que te sientas un poco peor que antes. Puedes sentirte más molesto, un poco más triste o incluso confundido. Si bien esto ciertamente no es muy agradable, puede ser una parte normal del proceso para lograr una mayor satisfacción. Puede significar que estamos en el camino correcto y que las cosas están empezando a cambiar. Estaré aquí para ayudarte si las cosas empeoran. Si puedes perseverar durante este período desagradable, superarás tus dificultades y aprenderás a ser feliz nuevamente."

Sin duda, podrás redactar la explicación de una manera con la que te sientas más cómodo. La idea general que estoy ilustrando con este ejemplo es que puede ser útil hacer saber a los clientes lo que les puede estar ocurriendo y expresarles la idea de que se trata de una parte natural del proceso. También es importante hacer saber a los clientes que las cosas no empeorarán *necesariamente*. No es posible predecir el curso de la reorganización ni cómo se experimentará a medida que avance.

Además, algunos clientes tendrán la expectativa de que el trabajo de un psicoterapeuta es decirles lo que tienen que hacer. Los clientes pueden venir a ti por consejos y sugerencias y pueden frustrarse por tu aparente falta de voluntad para aconsejar o sugerir. Nadie, sin embargo, entiende suficientemente bien las organizaciones internas de otras personas o las condiciones de su medio ambiente para poder darles instrucciones de cómo comportarse.

Dar consejos a los demás sobre cómo parece que deberían comportarse desde mi perspectiva rara vez les proporcionará información significativa desde sus propias perspectivas. Sólo ellos conocen sus propios mundos internos y sólo ellos tienen la capacidad de hacer que los mundos que experimentan sean correctos según sus propios estándares. Lo que hay que cambiar son las estándares, no las acciones concretas en una situación determinada -las acciones cambiarán de todos modos. Por lo tanto, dar consejos a los clientes, aunque lo pidan, puede interponerse en el descubrimiento de sus propias soluciones.

Antes he mencionado el ejemplo de una clienta que preguntaba cómo podía dejar de limpiar y revisar. El mismo principio que he mencionado se aplica a cualquier conflicto. Decirle a alguien que haga algo que satisface a una parte del conflicto sólo servirá para "agravar" la otra parte. Por último, dar sugerencias a los clientes sobre cómo modificar sus acciones indicaría que crees que las acciones son el problema. En MOL los problemas se entienden de otra manera.

Aconsejar a Aarón sobre cómo dejar a su mujer maltratadora perturbará la parte de Aarón que cree que ella todavía lo quiere y que ella no tiene intención de tratarlo como lo hace. Lo más útil que podemos hacer por Aarón (si quiere que lo ayudemos) es ofrecerle oportunidades de redirigir su atención a niveles de percepción más elevados para que la reorganización le proporcione una solución que sí tenga sentido.

Si los clientes te piden consejo, en lugar de darles el mejor consejo que se te ocurra, como psicoterapeuta MOL, tendrás curiosidad por saber qué ha motivado su pedido.

¿Quieres que te diga lo que tienes que hacer?

¿Sueles pedirle a otras personas que te digan lo que tienes que hacer?

¿Qué acaba de pasar que se te ocurrió pedirme consejo?

¿Cómo te sentís pidiendo consejo?

¿Te molesta pedir consejo a la gente?

¿Cómo serían las cosas para ti si yo hiciera el tipo de trabajo que tú esperas que haga?

¿Qué ocurre en ti mientras esperas mi consejo?

¿Qué es lo importante para ti de mi consejo?

En el próximo capítulo hablaré más sobre dar consejos.

Otro aspecto de MOL que los clientes pueden encontrar inusual es que en MOL es responsabilidad del cliente determinar el contenido de cada conversación. Los psicoterapeutas sólo son responsables de la dirección de la conversación. Es decir, los clientes deciden de qué hablar y los psicoterapeutas intentan ayudarles a redirigir su conciencia a niveles superiores. Los clientes pueden sentirse frustrados porque no se les dice de qué hablar. Los clientes pueden, de hecho, decirle que es su trabajo decirles de qué hablar. Cuando esto ocurre, tú, como psicoterapeuta MOL, te preguntarás qué están experimentando los clientes cuando te dicen cuál es tu trabajo y cuáles son sus propósitos al articular esas palabras.

¿Te preguntas cuál es mi trabajo?

¿Tienes alguna expectativa sobre mí que yo no estoy cumpliendo?

¿Sientes cierta frustración porque no me comporto como esperas?

Si tuviera que decirte de qué hablar, ¿qué diría?

¿Te cuesta decidir qué decir?

¿Tienes a menudo problemas de este tipo?

¿Cómo experimentas estos problemas?

¿Dónde los experimentas?

¿Puedes decirme algo más sobre las ideas que tienes de lo que es mi trabajo?

No cabe duda de que puede ser inquietante escuchar sugerencias de que uno no es competente en lo que hace. En algunas ocasiones, puede ser apropiado volver a darles la explicación de MOL que tal vez les hayas dado antes. Otras veces, ser consciente de tus propios pensamientos de fondo puede ayudarte a mantenerte centrado en la tarea que tienes entre manos y a tener claro por qué haces lo que haces. Puede consolarte saber que tus prácticas se basan en los principios de una teoría científica sólida. El hecho de que los clientes acaben de llegar a un punto en el que ahora te cuestionan su trabajo puede ser un componente importante del conflicto que están experimentando. Tal vez tengan expectativas generales sobre cómo se comportan los demás y estas expectativas les estén causando problemas en relaciones importantes. Una vez más, tu serás de máxima ayuda si dedicas todo el tiempo posible a buscar y ayudar a tus clientes a ver las cosas desde un nivel superior.

Los clientes suelen decir que MOL es un trabajo duro. Tal vez no sea sorprendente, ya que MOL requiere que los clientes experimenten activamente su malestar en lugar de limitarse a hablar de él desde la perspectiva de una tercera persona. Algunos clientes dicen que se van a casa a dormir después de la sesión; otros dan un largo paseo. Incluso cuando al final de la sesión se tiene la mente más despejada, parece que la actividad durante la sesión puede ser agotadora. Los clientes te explican y describen cosas y establecen conexiones que antes no habían establecido. A veces, sus experiencias pueden parecerles tan inusuales a ellos como a ti. Descubrir a veces puede ser duro. Reorganizar una vida mejor para uno mismo puede conllevar cierto esfuerzo. Si los clientes hablan de lo duras que les resultan las sesiones, puede ser importante explorar esto.

¿Qué aspecto de las sesiones estás experimentando como trabajo duro?

¿Te sorprende que las sesiones sean un trabajo duro?

¿Cómo te sientes al tener que trabajar duro en las sesiones?

¿Cómo esperabas que fueran las sesiones?

¿Te molesta que las sesiones sean un trabajo duro?

¿Qué te molesta de eso?

Por último, a los clientes puede resultarles irritante que les preguntes cosas aparentemente intrascendentes como:

¿A qué te referis con "feliz"?

¿Te molesta estar triste?

Acabas de utilizar la palabra "confuso", ¿es la mejor palabra para describir tu estado actual?

Cuando dices que estás "confundido", ¿hay alguna sensación física asociada a ello?

¿Qué tipo de pensamientos tienes sobre la indecisión?

A medida que continúas haciéndoles preguntas, a veces tienen la idea de que aún no te han dado la respuesta correcta. Si sospechas que esto puede estar ocurriendo, explorar sus preocupaciones sobre la respuesta correcta con más detalle podría conducir a un autodescubrimiento útil.

Tu incapacidad para aconsejarles adecuadamente y para llevar a cabo las sesiones de psicoterapia que esperan, puede, en algunos casos, llevarles a cuestionar tu habilidad y experiencia, e incluso podrían dejar de trabajar contigo. Una vez más, puede ser útil preguntarse con curiosidad qué experimentan los clientes cuando cuestionan tus capacidades. ¿Qué experimentan también los clientes cuando terminan su relación contigo?

Ayudar a los clientes a entender qué pueden esperar de las sesiones que tienen contigo puede ser una forma de minimizar la confusión y la irritación posteriores. Proporcionar una breve explicación del proceso puede ser útil para aclarar las expectativas de los clientes. Aclarar a los clientes lo que pueden esperar les ayuda a controlar sus propias experiencias, y MOL consiste en ayudar a los clientes a controlar mejor algunas de sus experiencias. Como se mencionó en el capítulo anterior, esto puede hacerse como una rutina estándar o sólo retrospectivamente cuando sea necesario. El mismo principio se aplica a otras explicaciones y justificaciones. Por ejemplo, puede decidir explicar la reorganización sólo cuando surjan situaciones en las que esta información pueda ser útil, o puede decidir explicarla de forma rutinaria a todos sus clientes. Al considerar si se necesita o no una explicación, puede ser útil tener en cuenta que cuanto más tiempo dedique a otras cosas, menos tiempo dedicará a hacer lo único que importa: ofrecer a los clientes oportunidades para ir hacia arriba.

La experiencia del cliente es lo importante durante la experiencia MOL. Hasta ahora, este capítulo se ha centrado sobre todo en las experiencias de los clientes que pueden resultarles incómodas durante MOL. Las experiencias que he descrito no son universales para los clientes, pero son ejemplos del tipo de situaciones que pueden darse. Estas ideas pueden ayudarte a ayudar a tus clientes a entender lo que están experimentando cuando lo consideres necesario. Sin embargo, no me gustaría que estos aspectos de MOL eclipsaran el viaje profundamente satisfactorio que a menudo es MOL. Llegar a un punto en el que eres capaz de mirar hacia atrás por el camino de tu propia reorganización es experimentar una satisfacción desapegada. Cuando los clientes llegan a este punto, a menudo se observan a sí mismos como nunca antes lo habían hecho. Como observadores de sí mismos, sus problemas pueden parecer distantes y sin importancia.

Algunos clientes me han dicho que han empezado a hacerse el mismo tipo de preguntas que yo les hago en las sesiones. Además, en las sesiones los clientes a veces empiezan a detectar sus propias disrupciones. Los clientes me han dicho cosas como "Me vas a preguntar qué se me ha pasado por la cabeza en ese momento, ¿verdad?" y "Mientras hablaba, se me ha ocurrido...". Esto, por supuesto, debe ser bienvenido y alentado. Los psicoterapeutas MOL pueden invitar a sus clientes a que les informen cada vez que tengan pensamientos de fondo. No hay trucos para esto.

MOL parece tener un poderoso componente preventivo, ya que los clientes aprenden a dirigir su conciencia a través de la interacción psicoterapéutica. En el Capítulo Ocho sugerí que MOL ayuda a los pacientes a salir del fango y quizás a alejarse de futuros fangos. No son pocos los clientes que así lo han manifestado. Es necesario seguir investigando, pero los primeros resultados son alentadores.

He aquí otras cosas que los clientes han dicho sobre su experiencia con MOL:

> [Mi psicoterapeuta] me llevó a plantearme, comprender y responder a las preguntas de mí misma. Actuó como un guía pero me dejó leer el mapa.

> Me siento mejor en mi mente... He ordenado mi cabeza.

> Muchas gracias por ayudarme a resolver mis problemas. No están todos resueltos pero es un comienzo y ahora sé qué tipo de preguntas hacerme para [resolver] el problema.

> Encontré las respuestas a través de mí y no dejando que la gente me dijera lo que tenía que hacer... Ya no me presiono tanto. Acepto que no soy perfecta y he podido dar prioridad a lo que es importante en la vida para mí... Funcionó porque pude hablar abiertamente sin miedo a ser juzgada.

> Me di cuenta de que los problemas que tenía no tenían por qué ser el [centro] de mi vida y que, de hecho, sólo eran tan importantes porque yo permitía que lo fueran.
>
> Tengo más respeto y confianza en mí misma. Los cambios fundamentales me hicieron observar otros muchos en mi vida cotidiana.
>
> Me sentía más positiva, empecé a darme cuenta de que gran parte de mis problemas eran autoimpuestos y tenía energía para levantarme y hacer cosas.
>
> Acepté mis pensamientos y mi personalidad como parte de mí.
>
> Me siento capaz de ver las cosas de otra manera.
>
> Me permitió empezar a gustarme a mí misma.
>
> Me ayudó a ver cómo pienso y hablo de las cosas.
>
> Hablar de ello me ha puesto las cosas en su sitio, más claras, con una visión diferente... me siento mejor, el problema no es ni la mitad de grave, la cabeza está mejor organizada, tengo ganas de seguir con mi vida.
>
> Poder resolver las cosas, pensar en ellas, dar un paso atrás y ver la vida, ha supuesto una gran diferencia.
>
> Me sorprendió el beneficio que obtuve en tan poco tiempo. Suelo guardarme mis sentimientos y esa [charlita] realmente me ayudó.

MOL puede ayudar a los clientes a experimentar claridad y certeza donde antes había conflicto y confusión. La perspectiva de una mayor claridad será única para cada cliente y es importante permitir que esa perspectiva florezca de forma única sin imponer una estructura a su alrededor. Aunque tú, como psicoterapeuta, tengas algunas ideas sobre los procesos de la psicoterapia, sólo los clientes pueden determinar cuáles serán sus experiencias psicoterapéuticas individuales. Si bien desde fuera MOL suele parecer una conversación intrascendente -y quizás la transcripción del Capítulo Uno confirme esta afirmación-, puede tener efectos dramáticos y duraderos en el interior de las personas. Esta simple observación es un recordatorio importante de la distinción entre el proceso de MOL (que es una interacción psicoterapéutica) y el proceso de reorganización (que es una experiencia individual interna). No son lo mismo, y nuestra capacidad para facilitar el proceso de reorganización de nuestros clientes puede depender de lo claros que seamos acerca de las diferencias entre ambos.

Lo dicho

A veces a los clientes les resulta difícil reorganizarse.

Los clientes pueden querer que les digas lo que tienen que hacer.

A veces puede ser útil hablar de las expectativas de los clientes.

Las experiencias psicoterapéuticas de cada cliente serán únicas.

Lo importante

A la hora de decidir cómo manejar una sesión de psicoterapia en particular, el único criterio debería ser: "¿Lo que voy a hacer va a ayudar a este cliente a subir de nivel y mantenerse allí arriba, o es probable que me interponga en el camino?"

Lo que viene

Diversas situaciones que se dan de tanto en tanto en MOL.

Capítulo Once

Algunos escenarios de MOL

Los escenarios que describo en este capítulo se basan enteramente en mis propias experiencias. Sin embargo, ilustran algunos principios que serán útiles para mejorar la práctica de MOL. No hay nada destacable en estas situaciones, salvo que, por alguna razón, me llamaron la atención. Tal vez, a medida que experimentes MOL por ti mismo, recopiles tu propio inventario de situaciones. Muchas de estas cuestiones ya se han tratado en capítulos anteriores, pero se analizan con más detalle en las páginas siguientes.

Un tire y afloje

A veces, al empezar a trabajar con los clientes, puede que empieces a preguntarte si están participando plenamente. A veces, los clientes pueden mostrarse amables y cooperativos, pero no entrar completamente en la experiencia psicoterapéutica. Puedes hacerte una idea de que esto está ocurriendo si percibes que estás jugando a un tire y afloje con un cliente. Del mismo modo, puede parecerle que un cliente ofrece resistencia o tu puedes decidir que el cliente tiene problemas de motivación.

Si te das cuenta de que estás experimentando una situación de resistencia, es importante que compruebes dos cosas. En primer lugar, debe analizar sus propias expectativas.

> ¿Esperas que los clientes o la psicoterapia sean de una determinada manera?
>
> ¿Tienes referencias sobre las formas apropiadas para que los clientes participen en las sesiones de psicoterapia?
>
> ¿Qué es lo que tu presentas a los clientes que ellos se resisten?

En segundo lugar, es importante mantener la curiosidad por lo que experimentan los clientes cuando se sientan frente a ti.

Desde el punto de vista de la PCT, cuando los clientes parecen resistirse, es probable que estés perturbando algo que ellos estan controlando y se ellos se están oponiendo. Puede que estés intentando dirigir sutilmente la conversación hacia algún lugar; quizás crees que has descubierto cuál es el problema pero el cliente aún no lo ha visto. Si se tiene la sensación de que el cliente se está resistiendo, puede ser útil comprobar qué estás aportando a la interacción como para que el cliente la esté rechazando.

Los clientes acuden a psicoterapia por todo tipo de razones. Los clientes no te meten en su mundo sin quererlo o accidentalmente. Si el cliente recurre a tus servicios para describir y explorar lo que sucede dentro de su cabeza y observar adónde lo lleva, entonces MOL se desarrollará sin problemas. Sin embargo, no todos los clientes tienen el mismo propósito. Puede que Cheryl venga sólo para contentar a su pareja. Puede que Dudley haya concertado una sesión contigo para no molestar a su jefe. Cuando Francine explicó que había ido a ver a varios counselors pero que nada de lo que le habían hecho había generado cambios en ella, y que ahora su hija y su madre tendrían que tomarse en serio sus problemas, me pregunté si no sería más importante para Francine que su madre y su hija la tomaran en serio que resolver los problemas que describía.

Sean cuales sean sus motivos para acudir, puedes evitar que se produzca un tire y afloje con los clientes si tienes claro cuál es tu papel. Tu papel como psicoterapeuta MOL consiste en ofrecer oportunidades a los clientes para que atiendan a niveles perceptuales superiores. Para algunos clientes, esto significa que tus servicios no les serán de utilidad. No pasa nada. Si tienes claro cuál es tu trabajo y te ciñes firmemente a ello, los clientes podrán decidir por sí mismos si lo que ofreces es o no es para ellos.

Es el cliente quien decide de qué hablar. Es de esperar que se produzca un tire y afloje si tú, como psicoterapeuta, intentas llevar a los clientes a conversaciones que tú crees que deberían tener lugar pero que ellos preferirían no pensar en ese momento o que no les molestan. Como psicoterapeuta MOL estarás principalmente interesado en discutir aquellas áreas asociadas con el conflicto perceptual interno, pero en última instancia depende del cliente decidir si una discusión sobre estos temas tendrá lugar o no. Un tire y afloje sólo es posible mientras estés sujetando un extremo de la cuerda. MOL consiste en soltar la cuerda.

Savannah me dijo que tenía una serie de lugares en su mente ubicados como "no vayas allí". A veces, en medio de una conversación, fruncía los labios, sonreía ligeramente o se le empañaban los ojos. Me decía que uno de esos lugares acababa de aparecer. En este caso, mi énfasis se centraba en la naturaleza de los lugares "no vayas allí" más que en lo que era un lugar en concreto.

> ¿Cuántos de estos lugares tienes?
> ¿Qué diferencia hay entre un lugar "ve allí" y un lugar "no vayas allí"?
> ¿Cómo sabes que ha aparecido uno de estos lugares?
> ¿Los tienes presentes siempre?
> ¿Dónde están esos lugares "no vayas allí" cuando no piensas en ellos?
> ¿Tienes la misma sensación con todos estos lugares?

Parece que los clientes se esfuerzan mucho por no pensar en las cosas. Por supuesto, para no pensar en algo tienes que tener una idea muy clara de dónde está y qué es. La cosa en la que los clientes se esfuerzan por no pensar a menudo puede ser la clave de la reorganización. Tal vez el hecho de no pensar en el problema esté impidiendo que la reorganización disuelva el problema y sea la razón por la que el problema ha perdurado. Sin embargo, en lugar de decir, sugerir o aconsejar a los clientes sobre qué hablar, el psicoterapeuta MOL estaría más interesado en la experiencia actual de no pensar en algo. Si un cliente menciona algo sobre esforzarse por no pensar en algo en particular, a usted le interesaría saberlo:

¿No estás pensando en ello en este momento?

¿Cómo haces para no pensar en algo?

¿Cómo te sientes cuando no piensas en las cosas?

¿Alguna vez pasas de pensar cosas a no pensarlas o viceversa?

¿Cómo te sientes cuando no piensas en ello?

Si los clientes no quieren participar en la sesión de MOL, es importante respetar esa decisión. Tal vez se trate de un cliente para el que usted no es un recurso. Sólo los clientes individualmente pueden definir lo que consideran útil. Si se han aclarado las expectativas en la medida de lo posible, lo más respetuoso en este caso puede simplemente terminar la terapia. Hay otros clientes que quieren tu atención. Para mí, esto no significa que ofrezca otra cosa a los clientes que no quieren hacer MOL. Desde la perspectiva de hacer lo que funciona (como sugiere la PCT), no hay nada más que ofrecer. Si un cliente no encuentra útil lo que le estoy ofreciendo en ese momento, lo más que puedo hacer es dejarle la opción de volver si, en algún momento en el futuro, cree que podría beneficiarse de participar en MOL.

James vino a verme porque estaba constantemente deprimido. Describió un estado de ánimo bajo desde que tenía memoria. Cuando nos conocimos tenía 55 años. Me dijo que sentía que podría sacar más provecho de sus relaciones y de su carrera si no estuviera deprimido todo el tiempo. Empezamos con la terapia y durante cada sesión parecía que algo no andaba bien, pero no podía darle en el clavo. En la novena sesión le pregunté qué significaría para él dejar de estar deprimido. Se detuvo, me miró fijamente, miró al techo y luego dijo: "¿Puedo pensarlo y decírtelo la semana que viene?". Esto me sorprendió porque anteriormente había dicho que quería reducir su depresión, así que pensé que mi pregunta era bastante de rutina.

Cuando llegó la semana siguiente, James me dio una respuesta. Dijo que consideraba su depresión como una vieja amiga y que le daba miedo pensar en la vida sin ella. Explicó que de vez en cuando las cosas van mal en su vida. Algunas cosas que van mal son importantes y otras son triviales. La forma en que distinguía las cosas importantes de las triviales era que se deprimía cuando las cosas importantes iban mal, pero no se deprimía cuando las cosas triviales iban mal. Si dejara de estar deprimido, no sabría qué cosas de su vida son importantes y cuáles no.

Me intrigó la historia de James. Durante la sesión charlamos sobre lo que había descrito. Se me ocurrían muchas razones por las que estaría mejor sin su depresión, pero, después de pensar en su depresión desde esta perspectiva, él estaba satisfecho con su situación. James explicó que quería ser un counselor y que había participado en psicoterapia porque creía que debía tener una experiencia de psicoterapia si iba a utilizarla con otras personas (¿recuerdan mis comentarios sobre los clientes que acuden a psicoterapia por muchas y diferentes razones?). James decidió que no necesitaba volver a verme.

A veces los clientes me han dicho que creen que me hacen perder el tiempo viniendo a verme y se preguntan si yo pienso lo mismo. Después de explicarles cómo creo que ayudo a la gente y el tipo de cosas en las que creo que puedo ayudarles, dejo que sean mis clientes quienes decidan si están perdiendo el tiempo.

Experimentar lo que a veces se denomina resistencia por parte de un cliente no significa que no estés capacitado ni que el cliente sea recalcitrante. Simplemente indica que pueden tener propósitos diferentes. Si MOL no va a ser una actividad útil para un cliente en particular, terminar la relación psicoterapéutica les dará a ambos la oportunidad de controlar sus experiencias individuales de manera más satisfactoria. Si sólo haces MOL, entonces los clientes podrán decidir por sí mismos si pueden o no utilizar la ayuda que puedes proporcionarles.

Me he quedado en blanco

A veces, en varias partes de las sesiones de MOL, los clientes dicen que se han quedado en blanco. En cierto modo, esto puede ser desconcertante porque puede parecer que no hay nada que preguntar. Sin embargo, el quedarse en blanco puede tratarse como cualquier otra experiencia y puedes empezar a explorar con los clientes el quedarse en blanco.

Si el cliente le dice durante la conversación que se ha quedado en blanco, parece razonable suponer que algo ha cambiado para él con respecto al momento anterior en el que no estaba en blanco. Algunas formas de indagar sobre la experiencia de que no se le venga nada a la mente, podrían ser:

¿Puedes describirme un poco más de tener la mente en blanco?

¿Hay algún color o sonido asociado a la sensación de quedarte en blanco?

¿Cuál es tu actitud ante que no se te venga nada a la mente?

¿Cuándo notaste por primera vez que las cosas se quedaban en blanco?

¿En qué se diferencia quedarte en blanco con lo que había antes?

¿Existe algún borde en el blanco?

¿Se detuvo o ha cambiado algo?

¿Qué te hizo darte cuenta de que te quedaste en blanco justo ahí?

¿Te molesta que las cosas estén en blanco en ese momento?

¿Tienes esta experiencia en otras situaciones?

El tener la mente en blanco puede ser un punto de partida útil para los clientes. Tal vez se encuentren en un estado de calma, de nada. Una opción sería invitarles a explorar el blanco durante un rato. "¿Te gustaría considerar este blanco por tu cuenta durante un rato? Avísame cuando tengas algo que decir".

Dime qué tengo que hacer

Ya he mencionado que algunos clientes pueden querer que les digas lo que tienen que hacer. Me sorprendería que no te hayas encontrado con clientes que empiecen psicoterapia esperando que les des respuestas a sus problemas (otro ejemplo de propósitos de los clientes). He tenido clientes que cuestionaban mis habilidades porque no les proporcionaba la orientación que deseaban. En estas situaciones puede haber cierta presión que puede resultar incómoda para los psicoterapeutas que se preocupan por hacer un buen trabajo. Sin embargo, MOL consiste en brindar a los clientes la oportunidad de escucharse a sí mismos, no al psicoterapeuta.

A menudo puede ser útil decir a los clientes que no sabes cuál es la solución a su problema... que es, después de todo, la verdad. Les explico que aunque no sé cuál es la solución, creo que sé lo que tienen que hacer para encontrarla, y MOL se enfoca completamente en las soluciones. El foco de MOL se centra en ayudar a los clientes a encontrar sus propias soluciones, no en animarles a probar las soluciones que el psicoterapeuta ha ideado.

Una vez más, es importante tener en cuenta lo que están experimentando los clientes cuando te piden que les digas lo que tienen que hacer.

> Si tu les dices lo que tienen que hacer y nada funciona, ¿podrán convencer al resto, incluido tú, de lo enfermos que están?
>
> O si no se te ocurre nada adecuado, ¿podrán sugerir que no les pasa nada?
>
> ¿Quieren que te responsabilices de la solución de sus problemas?
>
> ¿Desean sinceramente mejorar su situación actual y creen que si hacen lo que les dices las cosas irán mejor?
>
> ¿Se les acaba de ocurrir que, aunque han estado hablando de sus problemas, aún no se les ha ocurrido una solución?
>
> ¿Invitan a que otras personas les digan lo que tienen que hacer, y podría ser ésta una de las razones por las que tienen problemas en su vida fuera de la psicoterapia?

Amanda se sentía sola y miserable después de que su pareja la dejara por una de sus amigas. Pensaba que debería estar llevándolo mejor de lo que lo estaba haciendo, pero sabía que se sentiría fatal si veía a su expareja, así que evitaba muchos de los lugares que solían frecuentar y a los amigos que tenían en común. Quería saber si debía seguir adelante con su vida o esconderse y no enfrentarse a su expareja. Aconsejar a Amanda que hiciera cualquiera de estas dos cosas sería arriesgado para la búsqueda de la reorganización del conflicto.

Sean cuales sean las razones por las que mencionan que quieren tu consejo, sigue siendo cierto que decir a otras personas cómo funcionar sólo puede tener éxito por medios indirectos y puede interponerse en el camino para que descubran la mejor manera de funcionar por sí mismas. De hecho, si los clientes te piden consejo y éste les ayuda a reducir sus errores internos, es posible que se hayan reorganizado de tal manera que buscar soluciones en otros sea su procedimiento preferido en el futuro. En efecto, lo que han aprendido viniendo a verte es a pedir consejo. No han aprendido a subir un nivel o dos para reorganizarse por encima de los niveles que están atascados y que, por tanto, acaparan su atención. Por lo tanto, al darles consejos, puede que hayas fomentado su dependencia, sin quererlo. Como he sugerido antes, parte del beneficio de MOL es que los clientes pueden aprender una forma de pensar que no sólo les solucionará este problema ahora, sino que también les ayudará a salir de apuros en el futuro.

Puede ser importante obtener algunas pistas sobre los propósitos que los clientes tienen en mente cuando buscan tu consejo. Si los clientes tienen en mente mejorar su funcionamiento, puede ser útil explicarles MOL y pasar a tener algunas sesiones de MOL si eso es lo que quieren. Si los clientes tienen otras cosas en mente, entonces, de nuevo, si deseas permanecer dentro de tu papel de psicoterapeuta MOL, no puedes ayudarles en ese sentido en este momento. Aclarar al menos un poco lo que experimentan los clientes mientras están sentados frente a ti puede ayudarte a averiguar qué podrías hacer luego. Esto no es necesario con todos los clientes, pero puede ayudar con algunos.

A veces es difícil, como psicoterapeuta MOL, sentarse en una sesión MOL y no dar consejos cuando la solución te parece obvia. En esos momentos puede ser reconfortante recordar los principios de la PCT en los que se basan tus prácticas. No estás ahí sentado negando consejo por ninguna otra razón que no sea la de que tu consejo puede interponerse en el camino de los clientes para encontrar su propio consejo. Quizá sea interesante plantearse por qué la solución obvia a la que usted ha llegado no lo es en absoluto para el cliente. Los clientes resolvieron muchos problemas en su vida diaria antes de acudir a un psicoterapeuta. Siguen resolviendo problemas. El problema no es que no puedan resolverlos, sino que aún no han resuelto éste. Ése es el problema que MOL está diseñado para abordar.

Dame tu opinión

A veces los clientes pueden pedirte tu opinión sobre sus problemas y también sobre sus progresos. Al final de nuestra primera sesión, después de contarme sus problemas, Kamran quería que le dijera si ella era normal o si tenía agorafobia o esquizofrenia. Otros clientes me han dicho a veces que les resulta desconcertante que lo único que haga sean preguntas. Su razonamiento parece ser que me han dado mucha información y yo no les devuelvo nada. Parece que algunos clientes esperan dar al psicoterapeuta todas las "cosas" que tienen en la mente, y entonces el psicoterapeuta le dará sentido, lo ordenará, y se lo devolverá en una condición más fácil de usar. Por desgracia, resolver un conflicto interno no es como hacer una limpieza de los armarios de la cocina en primavera o resetear una computadora.

En estas ocasiones puede ser útil volver a los propósitos de MOL. A veces, volver a la lógica del proceso proporciona a los clientes la comprensión que necesitan.

Sin embargo, lo más frecuente es que justo les haya ocurrido algo en el momento en que te han pedido opinión. Quizá piensen que la sesión está llegando a su fin y todavía no tienen su problema resuelto. Tal vez se preguntan, como Kamran, si lo que están viviendo es normal. Desde esta perspectiva, pedir tu opinión puede abordarse de la misma manera que el "quedarse en blanco" o cualquier otra experiencia en MOL. Es decir, como psicoterapeuta MOL te interesaría saber qué es lo que acaba de cambiar para los clientes, de qué se han vuelto conscientes, cuál es su experiencia ahora, y qué es lo que se acaba de iluminar en su conciencia para que se sientan impulsados a pedirte tu opinión.

Descubrir por qué y cómo

Antes he mencionado el uso del por qué y el cómo en el contexto de la exploración de la jerarquía de control. A menudo, durante el transcurso de la psicoterapia, algunos clientes dicen que están intentando averiguar por qué están experimentando determinados problemas. Sienten que si supieran la razón, podrían hacer algo al respecto. Pueden querer saber, por ejemplo, por qué se sienten tristes a menudo.

Del mismo modo, algunos clientes dicen que saben lo que quieren hacer, pero no saben cómo. Puede que digan que son conscientes de que deberían decir que "no" a otras personas que se aprovechan de ellos, pero no saben cómo.

Como en cualquier otro escenario de MOL, se aplica el mismo principio. Los comentarios de los clientes que dicen que están intentando averiguar por qué o que no saben cómo hacerlo se tratan de la misma manera que cualquier otro comentario. El psicoterapeuta MOL pide a los clientes que describan qué es lo que se preguntan y, a continuación, busca disrupciones como indicaciones de hacia dónde redirigir su atención.

> ¿Tienes alguna idea sobre "por qué"?
>
> ¿Cómo estás clasificando el "por qué" correcto de otros "por qué" que se te ocurren?
>
> ¿De qué te das cuenta cuando piensas en el "por qué"?
>
> ¿Te resulta fácil descubrir el "por qué" de otras cosas?
>
> ¿Solías saber la respuesta a "por qué" eras feliz en el momento en que lo eras?
>
> ¿Qué fue lo que te hizo pensar en el "por qué" justo ahora?
>
> Cuando dices "no sabes cómo", ¿a dónde estás yendo con eso?
>
> ¿Has intentado algo?
>
> ¿Qué está pasando en tu mente mientras averiguas cómo?
>
> ¿Hay algún aspecto en particular del cómo que te está desconcertando?
>
> ¿A qué te refieres cuando utilizas la palabra "cómo"?

Cuando el psicoterapeuta está atascado

He vivido sesiones de MOL en las que no sabía qué decir a continuación o no se me ocurría qué preguntar. A veces estas experiencias son fugaces, pero otras veces se sostienen. En algunos casos, los problemas de los clientes pueden parecer abrumadores. Estas experiencias de bloqueo y confusión parecen interferir en mi capacidad de serle útil a los clientes.

Antes he sugerido que, cuando uno tiene estos sentimientos como psicoterapeuta, suele ser útil subir de nivel. Es decir, podrías beneficiarte preguntándote a ti mismo:

> ¿Qué estoy haciendo en este momento?
>
> ¿Estoy buscando soluciones a los problemas del cliente?
>
> ¿Estoy pensando en mi propia competencia como psicoterapeuta?
>
> ¿Estoy pensando en lo terribles que son los problemas del cliente?
>
> ¿Lo que dice el cliente tiene algún significado o relevancia especial para mí?

De muchas maneras diferentes es frustrantemente fácil perder de vista cuál es el papel de un psicoterapeuta MOL. Recuerdo ocasiones en las que me he convencido a mí mismo de que había descubierto el problema del cliente y, contento de mi astucia, me he puesto a convencerlo. Sin embargo, el único papel del psicoterapeuta en MOL es ayudar a los clientes a redirigir su conciencia hacia arriba. Curiosamente, he descubierto que cuando tengo claro ese papel y me esfuerzo por cumplirlo, las sesiones de MOL me resultan mucho más satisfactorias... y a los clientes también.

Antes de cada sesión, establezco objetivos sobre lo que quiero experimentar y, al final de la sesión, evalúo en qué medida he experimentado los objetivos durante la sesión. Los objetivos se refieren a lo que voy a hacer, no a lo que espero que hagan los clientes. Al establecer y evaluar objetivos sobre cosas como hacer bien el trabajo, subir de nivel cuando me siento frustrado y atascado, recordarme cuál es mi papel y atender a las disrupciones, puedo aprender y mejorar continuamente mi práctica de MOL.

El progreso es lento

A veces puede parecer que no pasa nada. Puede que los clientes vengan sesión tras sesión con los mismos problemas o con problemas similares. Puede que incluso parezcan satisfechos con sus progresos, pero desde tu punto de vista puede que no esté ocurriendo nada significativo. Esto puede convertirse en una situación frustrante en la que te sientas tentado a cuestionar cuánto vales como psicoterapeuta. Las notas de la última sección serán relevantes si esto ocurre.

Algunos otros puntos son pertinentes aquí. En primer lugar, podría ser útil preguntarse qué están experimentando los clientes en esta situación. Quizás el cambio no es importante para ellos y ellos están en la psicoterapia por otras razones. La razón por la que están satisfechos podría ser completamente diferente de la que tú esperas.

En segundo lugar, lo que puede parecer como "nada" en el exterior puede suponer grandes cambios en el interior. Cuando se produce una reorganización, a menudo el resultado puede ser simplemente comprender algo de una manera que nunca antes se les había ocurrido. A menudo, la idea que les parece tan profunda puede haber sido trivialmente obvia para otras personas.

La solución que se le ocurrió a Patrick en el Capítulo Uno podría no parecerle monumental a todas las demás personas. Desde el punto de vista de MOL, la cuestión es que, en lo que respecta a la solución de Patrick a su problema, los demás no importan. Sólo importa él. Si la solución es valiosa para él, es suficiente. En MOL estás ahí para el beneficio de los clientes, ellos no están en psicoterapia para tu beneficio. La idea de progreso del cliente es lo más importante. Por lo tanto, el mensaje es que debes tener claro cuál es tu papel.

¿Qué es relevante y qué no?

¿Qué le incumbe al psicoterapeuta y qué no?

¿Tienes ideas sobre la manera en que los clientes deberían cambiar y la cantidad de cambio que debería producirse en cada sesión o entre sesiones?

Es perfectamente apropiado tener las ideas que uno quiera sobre el cambio. Sin embargo, en una sesión de MOL, es totalmente inapropiado responsabilizar al cliente de tus expectativas. Si tienes expectativas sobre cómo deberían ser los clientes, te frustras a ti mismo cuando no experimentas lo que esperas. La buena noticia es que, si quieres reducir tu frustración, ahora tienes la habilidad de subir un nivel o dos y hacer algo al respecto.

Estoy intentando, estoy intentando

La gente no intenta, hace. Y lo que hacen es controlar. La gente ni siquiera intenta controlar, sólo controla. Intentar controlar sugiere que algo se interpone en el camino de un control eficaz. Si en las sesiones de MOL los clientes sugieren que lo intentan, será útil preguntarse qué puede estar interponiéndose en el camino. También será útil explorar su experiencia de intentarlo.

¿Qué te sucede cuando lo intentas?

¿Cómo sabes que estás intentando?

¿Qué tipos de pensamientos se te pasan por la mente cuando lo intentas?

¿Qué pasaría si no lo intentaras?

¿Qué sientes diferente entre intentar y no intentar?

¿Te molesta estar intentándolo?

¿Qué te molesta de eso?

En MOL, intentarlo desde esta perspectiva se vería como una experiencia más para explorar. Intentarlo no sería un problema en sí mismo, porque no esperas que el cliente haga nada. Por lo tanto, no necesita convencerte de que se está esforzando mucho.

¿Cuánto tiempo lleva así?

A veces es importante saber cuánto tiempo lleva el cliente con sus problemas. Si los clientes llevan mucho tiempo experimentando sus dificultades, habrán ajustado muchas otras áreas de su vida para adaptarse a esas dificultades.

Supongamos que durante los últimos cuatro años Lily ha tenido demasiado miedo como para salir de casa durante mucho tiempo y, sin embargo, ha mantenido un matrimonio feliz y un negocio exitoso. Si este es el caso, es muy probable que tenga muchas áreas de su vida funcionen bien. Puede que el miedo a salir de casa lleve tanto tiempo que ya no sea un gran problema para ella.

Por una razón u otra, puede que Lily sea ambivalente respecto a cambiar su situación. Tal vez a Lily le resulte más fácil vivir con su problema que con lo que imagina que tendría que pasar para solucionarlo. Quizá la razón principal por la que Lily ha acudido a psicoterapia es que su marido acaba de conseguir un ascenso importante. Ahora se espera que ella asista a eventos como cenas empresariales en restaurantes elegantes y días familiares en parques de la ciudad. Tal vez eliminar su miedo sea más importante para el marido de Lily que para ella.

Incluso cuando un cliente quiere mucho eliminar un problema, a veces puede haber una parte del cliente que no quiere eliminarlo. Con nuestra forma de entender el conflicto basada en la PCT, esto tiene sentido. Antes de que los sistemas de control se enfrentaran entre sí, probablemente eran funcionales para la persona. A Patrick le beneficiaba tanto obtener beneficios económicos vendiendo ahora, como apoyar a su pareja vendiendo más tarde. Probablemente se pueda argumentar que, si la situación fuera del *todo* mala, se habría resuelto con una reorganización hace mucho tiempo.

A menudo me quedo perplejo ante el extraordinario misterio de las jerarquías perceptuales. No espero entender muy a menudo por qué las personas prefieren algunas de las actividades que realizan, pero puedo respetar que las prefieran. Danielle vino a verme con un miedo extremo e intrusivo al cabello de la gente, pero no al suyo propio. Había acomodado la casa que compartía con su hermana gemela de tal manera que podía estar segura de que no entraría en contacto con el pelo de otras personas. Nunca se quitaba los zapatos si no estaba en su cama. Tenía un sillón especial en el salón que era exclusivamente suyo. A menudo se pasaba una o dos horas limpiando el baño antes de poder usarlo si sabía que su hermana lo había usado antes que ella.

Danielle me contó que tenía el pelo de un color diferente al de los demás miembros de su familia. Al averiguar esto, le pregunté qué pasaría si se tiñera el pelo del mismo color que el resto de su familia. (Se trataba de un ejercicio de imaginación destinado a explorar el significado que podría tener el hecho de tener el pelo de un color diferente al del resto de la familia. Como pauta general, después de algún ejercicio de imaginar o recordar, pregunto algo como "¿Qué te llama la atención ahora mismo al imaginar o recordar ese suceso?"). Puso cara de horror y dijo que eso sería terrible. Cuando le pregunté si podía contarme algo más sobre lo espantoso que se le acababa de ocurrir, dijo que si su pelo fuera del mismo color que el de otros miembros de la familia, entonces no sabría qué pelo le aterrorizaba y por cuál no debía preocuparse.

Mientras explorábamos las experiencias de Danielle, me di cuenta del malestar extremo que sufría si pensaba que había entrado en contacto con el pelo de otra persona. Su enfermedad era tan debilitante que no podía encontrar trabajo y se le había otorgado certificado de discapacidad.

Durante nuestras conversaciones descubrí que Danielle era una artista con talento. Mientras explorábamos sus experiencias, me contó que se había dado cuenta de que su miedo al pelo formaba parte de su estilo de vida actual. Continuó explicando que si no tuviera miedo al pelo, tendría que buscar trabajo para mantenerse y entonces no podría pintar. Danielle no concertó más citas para verme.

Esta historia no pretende sugerir que Danielle se estuviera inventando su miedo al pelo o que hubiera decidido conscientemente temerle. Durante el tiempo que pasamos juntos nunca tuve la idea de que estuviera fingiendo o incluso exagerando sus experiencias actuales. La cuestión es que, aunque parte de su miedo le resultaba problemático, también le ayudaba a mantener aspectos importantes de su vida tal y como ella quería que fueran. Antes he mencionado que, aunque el conflicto es debilitante para los sistemas de control implicados, algunas personas organizan sus vidas en torno al conflicto. A veces puede parecer más difícil reorganizarse que vivir con el conflicto.

A menudo puede ocurrir que a los clientes no les guste dónde están ahora exactamente, pero cualquier otro lugar les parece aún peor. Para James, cuya depresión era una vieja amiga, una vida sin depresión le parecía peor que su vida con depresión. Del mismo modo, Danielle creía que estaría peor sin su fobia al pelo. Por supuesto, éstas serían ideas maravillosamente interesantes para explorar a través de MOL. Pero esa exploración sólo podría tener lugar si la persona que posee la idea quisiera explorarla de esa manera. Nunca conocemos realmente las experiencias de los demás, sólo sabemos lo que nos cuentan. Por ejemplo, nunca podría decir hasta qué punto el uso que James hace del término "viejo amigo" se parece a la forma en que yo usaría el término "viejo amigo", así que no sé si se refería a lo que yo me referiría si estuviera describiendo algo como un "viejo amigo". Por suerte, en MOL no necesitamos saber eso. MOL consiste en que los clientes viajen a través de sus propios circuitos internos para explorar y descubrir con el fin de reorganizarse; no se trata de que los psicoterapeutas verifiquen la verdad, la validez o la realidad de lo que los clientes les dicen. Tampoco se trata de que los psicoterapeutas decidan cómo deben vivirse las vidas de los clientes o determinen qué partes de sus vidas deben considerarse satisfactorias y cuáles problemáticas.

El objetivo de MOL no es convertir a las personas en superhumanos. MOL sólo trata de ayudar a las personas a reorganizar los conflictos para que puedan experimentar una existencia más satisfactoria. Después de MOL, la gente puede seguir siendo tan estrafalaria e idiosincrásica como lo era antes. Sólo tendrán menos conflictos, eso es todo. En MOL no hay ninguna expectativa de "normalidad" a la que intentemos llevar a la gente. Sólo hay una expectativa de un "no conflictuado", y ofrecemos oportunidades para que la gente llegue a ese estado. MOL permite a las personas darse un "masaje psicológico" para levantarse y seguir jugando de la forma que quieran.

Cuanto más tiempo se experimenta la dificultad, más tiempo se tiene para acostumbrarse a ella. Estas ideas son especulativas, por supuesto, y deben ser aclaradas por futuras investigaciones, pero podría ser útil considerar la idea de que las personas con problemas persistentes en el tiempo podrían contar con muchas cosas que funcionan en sus vidas y, por lo tanto, muchas cosas que se verían perturbadas si la reorganización llegara al nivel que crea el contexto para el conflicto.

Otros problemas y otros usos de MOL

Puede que las ideas de esta sección no encajen exactamente en este capítulo, pero pensé que su inclusión era importante y no se me ocurría dónde más ponerlas, así que aquí están.

En el Capítulo Cuatro aludí al hecho de que el conflicto no es el único problema con el que se pueden encontrar las personas que controlan sus percepciones. La Figura Uno del Capítulo Cuatro ofrece algunas pistas sobre otros tipos de problemas. Por ejemplo, pueden surgir problemas cuando las perturbaciones son, como dice Marken, "insuperables", es decir, demasiado grandes para que las acciones del sistema de control puedan oponerse a ellas. Las perturbaciones d son superiores a la salida máxima qo de la que es capaz el sistema de control.

Derrapar con el coche en una carretera helada, que te atropellen por detrás mientras estás parado en un semáforo o que muera alguien cercano son ejemplos de alteración del control debida a fuerzas físicas externas abrumadoras. Simplemente, ocurren cosas malas en este mundo en constante cambio en el que nos movemos. El conocimiento de la PCT y MOL no evitará que ocurran cosas malas, igual que el conocimiento de las bacterias y los virus no evitará que enfermes. Sentirse mal es, ocasionalmente y quizás por desgracia, parte de estar vivo.

Cuando tu coche derrapa, probablemente sea bastante apropiado estar un poco agitado. Cuando te embisten por detrás es probable que vigiles tu espalda más que antes. Cuando alguien muere, es posible que te invada la tristeza. Normalmente, no son experiencias que requieran las intervenciones correctivas y reparadoras de MOL. MOL no se utiliza para proteger a los humanos de ser humanos.

Por lo general, cuando ocurren cosas malas, la gente se siente mal. Luego, "recogen las piezas" y se reincorporan a la fiesta. Cuando esto ocurre, como suele ocurrir, MOL se queda en el estante. Sin embargo, MOL puede resultar apropiado si la "agitación", el "vigilar la espalda" o el dolor persisten hasta el punto de que la persona no se recompone y es incapaz de reanudar la fiesta. En estos momentos puede estar ocurriendo algo más, lo que justifica una investigación desde la perspectiva de MOL. Tal vez el desafortunado incidente haya provocado conflictos en la persona. Aunque no hay razón para esperar que esto ocurra necesariamente, sigue siendo una posibilidad.

Otro problema que pueden tener las personas es la falta de conocimientos o de información. Esto correspondería a la ausencia de una referencia en la Figura Uno. Cuando una persona se encuentra en una situación nueva o desconocida, puede tambalearse y desorientarse. Descubrir que has perdido tu equipaje tras llegar a un país extranjero en el que no hablas el idioma y desconoces sus costumbres puede ser una situación en la que te falten referencias sobre lo que debes hacer a continuación. Perder el trabajo y no tener las habilidades necesarias para seguir trabajando puede ser una situación similar. En momentos como estos, un poco de conocimiento local o algunas indicaciones útiles en la dirección correcta probablemente ayudarían mucho.

En estas situaciones, tras un tiempo de andar a los tumbos, la gente suele volver a la normalidad. A veces los clientes vienen a verle porque genuinamente necesitan consejo. Tal vez no hayan visto el cartel de la puerta y le hayan confundido con un orientador vocacional. Si lo que realmente necesitan es un consejo, cuanto antes reanuden su búsqueda de un consejero, antes podrás volver a hacer MOL con quienes lo necesiten y antes obtendrán ellos la información que buscan. Sin embargo, al igual que ocurre con las perturbaciones insuperables, si el estado de lo que parece una falta de conocimiento perdura, cabe preguntarse si hay algo que les impide obtener el conocimiento que dicen buscar.

Cuando Lance vino a verme, me dijo que estaba deprimido porque había perdido su trabajo, el puesto que le habían asignado no era de su agrado y no sabía a qué otro trabajo debía aplicar. Superficialmente, esta podría haber sido una tarea para un orientador vocacional. Sin embargo, al aclarar la situación con Lance, descubrí que había trabajado en un puesto muy especializado en una fábrica. Era el único trabajo que había tenido, lo había ocupado durante 27 años y le gustaba enormemente. Le gustaba especialmente el hecho de ser la única persona de la fábrica que hacía ese trabajo. Con los cambios en la tecnología y los procedimientos, el trabajo de Lance había desaparecido. Le habían ofrecido otros puestos y al final había aceptado uno, pero su nuevo puesto no le proporcionaba la satisfacción y la plenitud que le había proporcionado su empleo anterior.

Mientras hablábamos de sus experiencias, Lance me dijo que en realidad no quería trabajar. Cuando desapareció su empleo pensó que debía jubilarse sin más, pero también tenía un sentimiento de obligación y deber para con su familia y quería aceptar algún tipo de trabajo para seguir manteniéndoles. Lo que en un principio parecía un simple problema vocacional era en realidad un claro conflicto.

La moraleja de estos escenarios es que no todos los problemas de la humanidad tienen a un conflicto como origen. Como observó Herbert Marcuse, si la única herramienta que tienes es un martillo, verás todo como un clavo. MOL no es una panacea para todos los problemas de la humanidad. Es un proceso que ayuda a las personas a redirigir su conciencia a distintos lugares de sus jerarquías perceptuales. Parece ser especialmente útil para resolver conflictos internos. Muchos problemas humanos, aunque no todos, se deben a conflictos internos. La mayoría de los conflictos que se producen no son especialmente devastadores y no persisten. Es cuando los problemas de la vida persisten cuando debe considerarse la hipótesis de un conflicto al acecho.

El ámbito deportivo es un entorno rico en objetivos para identificar conflictos que conducen a disminuciones del rendimiento que pueden arruinar una performance deportiva, pero que no comprometen de otro modo la actividad de vivir. MOL podría tener aplicaciones asombrosas en la psicología del deporte para ayudar a los atletas a despejar sus mentes y entrar en la arena con la concentración y la resolución que provienen de una actitud sin conflictos.

En el Capítulo Ocho mencioné que MOL puede tener a veces un efecto casi meditativo. En el Capítulo Nueve hablé de la opción de reprogramar la sesión cuando los clientes llegan pero no tienen nada de qué hablar. Si bien la reprogramación sigue siendo una opción adecuada, otra opción a considerar sería ofrecer a los clientes una "puesta a punto" siempre que no tengan ningún problema concreto sobre el que trabajar (esto debe distinguirse de la situación que comenté anteriormente de evitar hablar sobre un problema concreto). La idea aquí es simplemente comenzar una sesión de MOL como un viaje a través de su jerarquía empezando de la misma manera con cualquier pensamiento del que sean conscientes. El proceso sigue siendo exactamente el mismo y el objetivo es ascender. La única diferencia en este caso es que, en ausencia de conflicto, el ascenso de niveles puede ser más fluido y puede que no sea necesario preguntar sobre las dos caras de una experiencia concreta. Este ejercicio puede ser valioso para que los clientes sitúen su conciencia en un nivel elevado y se consideren a sí mismos desde esta posición ventajosa durante un tiempo. Puede que no sea una perspectiva a la que estén acostumbrados.

A lo largo de este libro he utilizado ejemplos de adultos al hablar de la aplicación de MOL, porque mi experiencia con niños es muy limitada. En principio, sin embargo, no hay ninguna razón por la que MOL no pueda utilizarse para ayudar a niños y adolescentes a resolver conflictos internos del mismo modo que se utiliza para ayudar a los adultos.

En el Capítulo Tres mencioné que MOL no sería útil cuando el objetivo es resolver un problema que alguien más ha decidido que el niño está experimentando. Sin embargo, en situaciones en las que el niño está experimentando un problema, MOL puede convertirse en el método de elección. Tal vez los padres de Jemima se han separado y, aunque Jemima quiere pasar tiempo con su padre, no se lleva bien con la nueva pareja de éste. Mi amigo y colega Richard Mullan dirigió una clínica MOL durante unos 18 meses con jóvenes de aproximadamente diez a dieciocho años. Obtuvo los mismos resultados beneficiosos con estos jóvenes que con los adultos con los que trabaja.

Un día, no mucho después de empezar a aprender sobre jerarquías y conciencia, tuve la oportunidad de visitar un aula de preescolar en relación con un trabajo que estaba realizando en la escuela. Entablé conversación con Ryan en el rincón de los libros. Ryan tenía cuatro años y me interesaba saber si era capaz de subir un nivel o dos en su atención. Tuvimos dos conversaciones breves. La primera fue así:

Ryan: Me gustan los trenes.

Tim: ¿Qué es lo que te hace pensar que te gustan los trenes, Ryan?

Ryan: Porque a mi padre le encantan los trenes, así que a mí también.

Tim: ¿Y qué te hace pensar que te gustan las cosas que le gustan a tu papá?

Ryan: Simplemente tengo un sentimiento que me dice que las ame.

Quizás podría haber seguido pidiéndole a Ryan que describiera la sensación que acababa de mencionar, pero empezamos a hablar de otras cosas. Nuestro segundo ejercicio de redirección de la conciencia giró en torno a los libros. Así se desarrolló la conversación:

Ryan: Me gusta leer libros.

Tim: ¿Qué es lo que te hace pensar que te gusta leer libros, Ryan?

Ryan: Porque veo los libros y eso entra en mi cerebro y me dice que piense en los libros.

Tim: ¿Qué es lo que te hace pensar en las cosas que ves?

Ryan: Porque vengo a la escuela todos los días y los libros están aquí.

Tim: ¿Qué te dice que vengas al colegio todos los días?

Ryan: La escuela simplemente forma parte de la vida.

Estas dos conversaciones no son muy profundas, pero ilustran el hecho de que incluso los niños pequeños pueden redirigir su conciencia con la práctica. El trabajo de Richard, junto con las incursiones que acabo de mostrar, parece sugerir que la aplicación de MOL a los problemas que experimentan los niños y los adolescentes es un área pendiente de desarrollo e investigación.

Seguramente hay otras situaciones que descubriremos en el futuro a medida que aprendamos más sobre la práctica de MOL, pero este estudio puede ser útil aunque podría cambiar. Ninguna de estas situaciones potenciales es insondable en MOL. Muchas de ellas se solapan, y los cursos de acción suelen ser notablemente similares. Ser consciente de algunas de las cosas que pueden ocurrir puede ayudarte a negociarlas cuando ocurran. En última instancia, saber lo que puede ocurrir puede ser útil para hacer más cosas bien la mayor parte del tiempo cuando participas con otros en MOL. En todos los casos, los principios de la PCT siguen siendo los mismos y la práctica de MOL no se ve alterada. Tu única tarea es ayudar a los clientes a alcanzar un lugar o una perspectiva desde la que sean capaces de generar soluciones al conflicto de objetivos incompatibles cuando eso es lo que están experimentando.

Lo dicho

Algunos escenarios que he experimentado al practicar MOL son:

   Un tire y afloje

   Me he quedado en blanco

   Dime qué tengo que hacer

   Dame tu opinión

   Descubrir por qué y cómo

   Cuando el psicoterapeuta está atascado

   El progreso es lento

   Lo estoy intentando, lo estoy intentando

   ¿Cuánto tiempo lleva así?

También describí:

   Otros problemas y otros usos de MOL

Lo importante

A pesar de las diferentes situaciones que pueden surgir en psicoterapia, el proceso de preguntar sobre las experiencias del "ahora" y buscar una dirección "hacia arriba" sigue siendo el mismo.

Lo que viene

Los toques finales.

Capítulo Doce

Unas palabras finales

Comencé este relato afirmando que gran parte de lo que los psicoterapeutas hacen actualmente en psicoterapia puede estar interponiéndose en el camino de los clientes para mejorar por sí mismos. La PCT ofrece la tecnología para rectificar esta situación. La PCT es una elegante explicación científica del proceso de ser. Con la PCT podemos entender más claramente qué es lo que hacen las personas. Con una comprensión más clara de lo que las personas hacen ahora podemos ayudarlas a hacerlo de forma más eficaz, siempre que quieran nuestra ayuda. La experiencia con MOL hasta ahora sugiere que podríamos interponernos menos en el camino durante la psicoterapia y podríamos ser útiles más a menudo.

Comprender la PCT es comprender que el comportamiento (o la acción) no necesita explicación. El control sí. Centrarse en el control de la percepción más que en la conducta, (el medio variable para ejercer ese control), tiene importantes implicaciones para las profesiones de la salud. En este libro he intentado explorar algunas de estas implicaciones para ofrecer ayuda a las personas que sufren problemas psicológicos.

Mi propuesta en este libro es que el conflicto perceptual interno crónico es el único problema psicológico significativo porque destruye la capacidad de los sistemas de control en oposición para controlar sus entradas ("inputs") perceptuales. Los sistemas vivos de control tienen un mecanismo de reorganización incorporado que es capaz de resolver el conflicto interno. A veces, sin embargo, la reorganización se produce en lugares que no tienen ningún efecto sobre la persistencia del conflicto.

MOL es una actividad para dirigir la conciencia al lugar apropiado en la jerarquía perceptual donde se puede reorganizar el conflicto. He sugerido que, si los clientes que experimentan conflictos reciben algún grado de ayuda en psicoterapia, es porque su conciencia se ha redirigido al nivel apropiado. Por el momento, parece que esto ocurre en la mayoría de los casos de forma inadvertida, o sin saberlo. Como he mencionado antes, creo que ahora existe la oportunidad de confiar en la ciencia y no en la casualidad para los efectos que se consiguen en el tratamiento de los trastornos mentales. La PCT ofrece esa oportunidad.

La única cuestión en psicoterapia es entonces "¿Cómo puedo ayudar mejor a los clientes a subir de nivel?". Si quieres ser más eficaz la mayor parte del tiempo, simplemente ayuda a los clientes a subir de nivel la mayor parte del tiempo y deja de hacer cualquier cosa que no proporcione esa ayuda.

Hay mucho que investigar sobre el MOL. A medida que más psicoterapeutas utilicen el enfoque, podremos comprender mejor el proceso. También podríamos descubrir otras aplicaciones del enfoque. MOL podría, por ejemplo, ser un enfoque valioso para enseñar a los estudiantes en los programas de couseling entre pares. Quizá también en el campo de la educación, a los estudiantes les resulten más fáciles algunas tareas de aprendizaje redirigiendo su conciencia. También mencioné anteriormente que MOL podría ser una actividad meditativa útil como una forma de explorar la propia organización, y puede ser sorprendente en la psicología del deporte.

En la interacción de la psicoterapia muchas cosas variarán. Variará el número de sesiones que los clientes tengan, variará la frecuencia con la que asistan a sus sesiones, variará la duración de las sesiones, variarán los problemas que los clientes traigan a la psicoterapia y variarán las razones por las que los clientes traen a un psicoterapeuta a su mundo... por nombrar algunas. Aunque muchas cosas variarán durante la interacción de la psicoterapia, hay algo que no cambia. Lo que funciona en la psicoterapia es constante. Lo que funciona es el proceso de redirigir la conciencia a niveles superiores para que la reorganización pueda cambiar el sistema de control que está creando el conflicto. La psicoterapia efectiva permite que este proceso ocurra con el menor número posible de distracciones, y la psicoterapia ineficaz interrumpe este proceso. MOL es una forma de permitir que se produzca el proceso constante de cambio a pesar de toda la variación que lo rodea.

Nunca ha habido un momento más emocionante para ayudar a las personas con problemas psicológicos. Quizás ahora entiendas la conversación que tuve con Patrick de forma diferente a como la entendiste cuando la leíste por primera vez. Por fin existe la oportunidad de comprender los problemas psicológicos que actualmente llamamos trastornos mentales con una confianza y una decisión incomparables. El camino hacia nuevas aventuras está ante nosotros, y por mi parte estoy con deseos por comenzar el viaje. Aunque el destino final es incierto, la dirección del viaje no lo es. Con la PCT como base y cimiento, la psicología podría convertirse en la ciencia más noble de todas. Las posibilidades parecen ilimitadas. Espero con ansias las historias que podamos intercambiar si nos encontramos por el camino.

Epílogo

Preguntas y respuestas

Cuando este libro estaba a punto de terminarse, tuve la oportunidad de co-dirigir un workshop de formación en MOL con Powers. Asistieron unas 15 personas, desde el domingo por la tarde hasta el miércoles al mediodía. El workshop se basó en debates y actividades, y a menudo tomó direcciones sorprendentes e intrigantes. Los participantes tuvieron muchas oportunidades de practicar MOL y, con diferentes recorridos profesionales y con mentes inquisitivas, hurgaron e indagaron en busca de una mayor comprensión de la aplicación de la psicoterapia MOL. A través de su búsqueda de una mayor claridad me encontré reflexionando sobre nuevas ideas y creciendo en mi apreciación de este método. El workshop resultó ser una experiencia tan valiosa para todos los que asistimos que pensé que recopilar algunas de las ideas y compartirlas aquí sería un toque final perfecto para este libro. Espero que a ti también te parezca lo mismo.

¿Puedo utilizar MOL conmigo mismo?

Dada la utilidad que los participantes del workshop encontraban en MOL al ser guiados por otra persona, se planteó la cuestión de hacer MOL con uno mismo. La idea de poder aplicar MOL con uno mismo es atractiva. Obviamente, MOL sería mucho más accesible si se convirtiera en un procedimiento que pudiera realizarse sin la ayuda de un guía. Por lo tanto, se trata sin duda de una dirección que merece un examen más detenido.

He experimentado aplicando MOL conmigo mismo de varias formas. Al principio, sólo intentaba captar los pensamientos de fondo cuando los percibía y les dedicaba un tiempo a explorarlos. Luego hice una pequeña "grabación de campanillas" que había aprendido por primera vez durante mis días como maestro visitante asesor en manejo del comportamiento. En una cinta en blanco grabé, cada 30 segundos, una pequeña campanilla que sonaba como un "ding dong" (mi "ding dong" se producía golpeando dos veces, rápida y suavemente, el lateral de un vaso con una cucharilla, pero no importa cómo se produzca). Cuando tenía algo que me preocupaba y disponía de un rato a solas (a menudo mientras conducía), encendía la cinta y empezaba a hablar de lo que me preocupaba. Cada 30 segundos sonaba una campanilla que me indicaba si había algún pensamiento de fondo. Cuando oía la campanilla, pensaba: "¿Qué estoy haciendo en este momento?" o "¿Tengo algún pensamiento de fondo en este momento?".

Para algunas de las cuestiones que me planteaba de esta manera, la técnica me resultaba realmente útil. Con el tiempo, sin embargo, empecé a esperar el sonido de la campanilla y entonces me distraía de la discusión del tema y empezaba a pensar "¿Está a punto de sonar la campanilla?". Entonces pensaba en estar distraído y también en pensar en la campanilla. A veces llegaba a lugares interesantes, pero no siempre estaban relacionados con el tema inicial. Descubrí que, en algunos casos, el simple hecho de hablar en voz alta sobre un problema, en lugar de darle vueltas en mi mente, conduce a algunas perspectivas útiles e interesantes.

Así que, actualmente, creo que utilizar MOL con uno mismo puede tener alguna aplicación, pero en última instancia sigo pensando que lo mejor es contar con un guía, como un psicoterapeuta. Con un guía, la gente es libre de hablar de sus pensamientos sin tener que estar pendiente de ellos. El guía puede detectar cosas de las que la persona podría no haberse dado cuenta, o que podría estar evitando. Con la ayuda de un guía, las personas pueden empezar a explorar áreas de su mente de las que, de otro modo, podrían mantenerse alejadas. Estas áreas pueden ser la clave para la resolución del conflicto. De hecho, puede que sea el alejamiento de estas áreas lo que esté perpetuando el conflicto.

Aplicar MOL con uno mismo es interesante, divertido y, a veces, incluso útil. Aún así, creo que siempre habrá un lugar para los psicoterapeutas MOL y su guía basada en la curiosidad.

Para utilizar MOL de forma efectiva, ¿tengo que ser menos "servicial" ("caring") de lo que puedo ser con otros enfoques?

Esta puede ser una cuestión fundamental que los psicoterapeutas tengan que reconciliar a medida que aprenden MOL. En el Capítulo Siete sugerí que los psicoterapeutas podrían reorganizarse a medida que aprenden MOL. Lo que significa ser un psicoterapeuta servicial ("a caring psychotherapist") bien puede ser una de las áreas donde ocurre la reorganización.

Para algunos psicoterapeutas ser "servicial" puede significar ayudar a los clientes a salir de sus dificultades consolándolos, aconsejándolos y demostrándoles que son escuchados y comprendidos. Cuando los clientes están molestos pueden decirles cosas que les ayuden a sentirse mejor y cuando están atascados pueden darles sugerencias para salir adelante. En MOL, sin embargo, ser "servicial" significa ayudar a los clientes a redirigir su conciencia a un nivel superior útil y mantenerla allí el tiempo suficiente para que la reorganización haga su trabajo. Cuando los clientes están molestos o atascados, esto significa ayudarles a explorar estas experiencias en detalle y ofrecerles oportunidades para redirigir su atención hacia arriba.

Las diferencias de enfoque se reducen probablemente a las distintas teorías que se utilizan para explicar lo que está ocurriendo. Desde la perspectiva de la PCT, cuando alguien está molesto o atascado como resultado de un conflicto perceptual interno, la forma más directa de ayudarle a superarlo es ofrecerle oportunidades para que traslade su atención a niveles perceptuales superiores. Su malestar o estancamiento se disolverá una vez que los sistemas de nivel superior se reorganicen, por lo que los psicoterapeutas MOL están interesados en ir directamente a ese nivel superior.

Quizás las actitudes de los psicoterapeutas sobre el ser "servicial" pueden ser resumidas por la manera en que responden a esta pregunta: ¿Ve usted cómo "cuidar" el proveer a otros sus ideas y opiniones sobre cómo ellos deberían vivir sus vidas o ve usted el "cuidar" como el proveer a otros oportunidades para descubrir por sí mismos sus maneras más satisfactorias de conducir la tarea de vivir?

¿Puedo utilizar otros métodos o debo utilizar exclusivamente MOL?

Al considerar qué método utilizar, puede ser útil tener en cuenta que el verdadero objetivo es ayudar a las personas a resolver sus problemas de la forma más eficaz posible. A veces la gente se pregunta si debe utilizar MOL exclusivamente o si puede utilizar otras técnicas de vez en cuando. Mi respuesta es que debes usar lo que creas que necesitas usar como psicoterapeuta para ayudar a las personas tan bien como quieras ayudarlas.

En mi trabajo clínico he descubierto que, hasta ahora, todo lo que he necesitado utilizar es MOL. No estoy diciendo que no haya habido momentos en los que podría haber hecho cosas como aconsejar, sugerir, interpretar o diagnosticar, o introducir actividades de desarrollo de habilidades, o hacer psicoeducación o proporcionar diagramas explicativos. He tenido muchas oportunidades de utilizar cualquiera de las estrategias psicoterapéuticas habituales. Simplemente no he necesitado hacerlo. Es decir, he descubierto que estas estrategias psicoterapéuticas rutinarias no eran necesarias para ayudar a la gente.

Hasta ahora no he necesitado adaptar MOL ni adoptar otros métodos, pero los psicoterapeutas son diferentes. Si tienes una técnica que es más eficaz que MOL, menos estresante, teóricamente defendible y ética y legal, ¡por supuesto que deberías usarla! No nos dedicamos al MOL por el bien de MOL. Nos dedicamos a ayudar a la gente. El motivo por el que me he esforzado tanto en describir MOL es que, en este momento, me parece la forma más eficaz y directa de ayudar a las personas en apuros y tiene el fundamento científico más plausible que conozco. De hecho, no puedo entender cómo podría justificarse teóricamente otra técnica, pero mi falta de comprensión no debería ser un obstáculo para su exploración. Como dije en el Capítulo Dos, espero que este libro no sea la última palabra sobre MOL. Qué posición tan maravillosa tendríamos si, mediante la introducción y aplicación de MOL, fomentaramos el descubrimiento de métodos de ayuda más eficaces.

Tal vez la pregunta más útil a considerar entonces no sea "¿Puedo usar otros métodos o debo usar exclusivamente MOL?" sino, más bien, "¿Por qué quiero usar otros métodos además de MOL?". Explorar las respuestas que se encuentran dentro de tu propia jerarquía perceptual para esa pregunta, podría ser instructivo.

¿El contenido que describe la persona, realmente carece de importancia?

Como las respuestas a tantas otras preguntas, la respuesta a esta pregunta depende de tu punto de vista y de cómo entiendas el "contenido" que oyes producir a otra persona. ¿Existe tal vez una tendencia a suponer que las palabras que oyes decir a otra persona son descripciones de un estado "real" de las cosas? Basándote en esta suposición, tu trabajo consiste en comprender esta situación real, pero insatisfactoria, y luego tomarla y arreglarla para que vuelva a ser satisfactoria.

Sé por experiencia propia que las palabras que pronuncio en un momento dado son a menudo sólo una parte de la totalidad de las experiencias de las que soy consciente en ese momento. Cuando me preguntan en el trabajo cómo me ha ido el fin de semana, doy una versión editada de los acontecimientos que han tenido lugar, y lo que describo difiere dependiendo de si estoy hablando con un jefe, un amigo o un cliente. Del mismo modo, cuando me piden mi opinión sobre una nueva obra de arte, una nueva prenda de vestir, una cena preparada con esmero, o un dibujo infantil hecho con cariño, elijo una de las muchas opiniones que puedo tener en ese momento.

Asumo que los clientes con los que trabajo están hechos como yo, y por eso entiendo que las palabras que me lanzan son sólo una parte de sus intentos de controlar algunas de sus experiencias en ese momento. No atribuyo ningún estatus exaltante a las palabras concretas que pronuncian. Sin embargo, cuando trabajo como psicoterapeuta, necesito algo con lo que trabajar, igual que cuando Margaret hace encaje de bolillos utiliza un equipamiento en particular. El "equipo" que utilizo en psicoterapia es la información que me proporciona el cliente con el que trabajo. Así que probablemente sea necesario tener algún contenido para al menos una parte de la sesión de psicoterapia, pero los detalles específicos y la precisión del contenido son menos importantes. No importa lo que escuches salir de la boca del cliente, pide más detalles, estate atento a las disrupciones, y luego pregunta sobre las disrupciones como una forma de redirigir la atención del cliente a un pensamiento de fondo y quizás a un nivel perceptual superior y relevante.

Para demostrar la intrascendencia del contenido que se habla, introduje una actividad en el workshop. Los participantes formaron parejas psicoterapeuta/cliente para comenzar la actividad. En una ocasión formamos siete parejas y en otra ocho. El cliente empezaba a hablar y el psicoterapeuta empezaba a hacer MOL. Después de aproximadamente 90 segundos, invoqué mi presencia más imponente y dije seriamente "ding ding". Era la señal para que cada psicoterapeuta se levantara y se pusiera junto al cliente de su izquierda. El cliente seguía hablando de su problema y el psicoterapeuta MOL seguía preguntando por los pensamientos en primer plano, detectando las disrupciones y preguntando sobre ellas. Se tardó entre diez y catorce minutos en completar la actividad, y cada psicoterapeuta MOL habló con cada cliente durante unos 90 segundos.

Cada psicoterapeuta sólo escuchó un fragmento de la historia de cada cliente, pero los psicoterapeutas informaron de que eran capaces de retomar la conversación y seguir haciendo MOL como lo habían estado haciendo. Y lo que es aún más interesante, los clientes dijeron que pudieron subir de nivel y algunos incluso llegaron a comprender cosas útiles. Más de uno de los clientes dijo que al principio sintió la necesidad de recapitular para el psicoterapeuta entrante, pero después de dos o tres psicoterapeutas siguió hablando y pudo continuar el proceso sin recapitular. Para las personas implicadas, esto fue una ilustración dramática de lo poco importante que es en realidad el contenido concreto que proporciona el cliente.

¿Puedo utilizar MOL con parejas o grupos?

Realizar psicoterapia de pareja y psicoterapia de grupo es una forma habitual de ayudar a los demás. Sin embargo, dado que MOL es una técnica para ayudar a los individuos a explorar sus jerarquías perceptuales individuales, no puedo concebir cómo funcionaría MOL con una pareja o con personas reunidas en un grupo. Por supuesto, las limitaciones de mi imaginación no deberían impedir a los psicoterapeutas creativos explorar aplicaciones de MOL con parejas y grupos. Sin embargo, mi idea es que las personas que experimentan un conflicto perceptual interno se benefician más de la atención focalizada de una interacción uno-a-uno.

En el caso de una pareja, me parece que sería excesivamente difícil pedir a cada miembro de la pareja que hable de lo que tenga en mente, buscar disrupciones y luego preguntarles sobre ellas cuando se produzcan. Un psicoterapeuta MOL es espontáneo, flexible y receptivo a los acontecimientos inmediatos del cliente. Sólo puedo ver este proceso comprometido si el psicoterapeuta necesita oscilar entre dos clientes al mismo tiempo. Esta dificultad, a mi modo de ver, aumentaría notablemente en una situación de grupo.

Otro factor que complica las cosas es que, para que MOL funcione, los clientes tienen que poder hablar libremente de lo que les pasa por la mente. Si Abiola y Malika tienen dificultades en su relación, es posible que cada una de ellas tenga pensamientos sobre la otra de los que les resultaría difícil hablar con la otra presente. Ciertamente, en algunas situaciones, a las parejas les ayuda enormemente aprender a hablar abiertamente sobre los asuntos que les preocupan. Si Abiola no sabe hablar de sus sentimientos, tal vez sería útil que aprendiera a expresar sus emociones. Puede darse el caso, sin embargo, de que Abiola quiera que su pareja tome sus propias decisiones en la vida, pero también quiera que esas decisiones sean las mismas que las suyas. En este caso, Abiola entraría en conflicto y la forma de resolverlo sería redirigiendo su atención a niveles perceptuales superiores. Sin embargo, es poco probable que Abiola permita que su conciencia se desplace sin restricciones si le preocupa ofender, herir o decepcionar de alguna otra forma a Malika.

Tal vez el momento de hacer psicoterapia de pareja sea después de que cada miembro de la pareja haya tenido la oportunidad de resolver los conflictos perceptuales que esté experimentando cada uno individualmente. Sin embargo, una vez que esto haya sucedido, tal vez la pareja pueda resolver las dificultades que queden entre ellos sin la ayuda de un psicoterapeuta.

El mismo razonamiento que he aplicado a una situación de pareja se aplica a las situaciones de grupo. La probabilidad de que cada miembro del grupo esté dispuesto a hablar libremente y de que el psicoterapeuta pueda ayudar a cada uno de ellos a redirigir su conciencia por encima de sus jerarquías individuales es, como mínimo, escasa. Esto no quiere decir en absoluto que la terapia de pareja y la terapia de grupo no sean útiles para algunas personas. Sólo quiero decir que MOL no es la forma de ayudar en estas situaciones.

¿Cuán importantes son las preguntas que hago?

Un tema constante a lo largo del workshop se centró en el hecho de que lo importante en MOL era la intención que había detrás de las preguntas que se hacían, y no la secuencia particular de palabras. Aun así, algunos participantes querían asegurarse de que estaban haciendo preguntas útiles y no estaban diciendo continuamente lo mismo. Anticipando esta inquietud, me esforcé por ofrecer una variedad de preguntas a lo largo de este libro.

Sin embargo, aprendimos una lección esclarecedora cuando los participantes en el workshop comentaron sus experiencias cuando experimentaron MOL como cliente. Casi sin excepción, estos clientes dijeron que no podían recordar qué preguntas les había hecho el psicoterapeuta. Incluso cuando podían recordar una pregunta en particular, no era que la recordaban porque se las habían preguntado repetidamente, sino que esa pregunta en particular les llamaba la atención por la forma en que estaba formulada o por el área sobre la que preguntaba.

Parece entonces que añadir variedad a las preguntas que se formulan puede ser más beneficioso para el psicoterapeuta que para la prestación eficiente de MOL. En una de mis primeras experiencias con MOL, recuerdo que le expliqué el proceso a un amigo y le dije que quería experimentarlo desde la perspectiva del cliente. Le dije que quería hablar de un tema concreto y, después de escuchar un rato, quería que me dijera: "¿Qué opinas de _____?" y que insertara un poco de lo que acababa de decir. Para mi sorpresa, la actividad funcionó bien. Fui capaz de cambiar mi perspectiva hacia lo que parecía un punto de vista más amplio y desarrollé una actitud en la que no había pensado antes. Desde luego, no recomendaría adoptar el enfoque de "una pregunta" para MOL, pero mi experiencia, junto con los informes de los clientes en el workshop, parecen indicar que recopilar un vasto repertorio de preguntas para formular podría no ser uno de los aspectos importantes para aprender MOL. Es más importante saber cuándo preguntar y por qué se pregunta que saber qué preguntar.

Epílogo   Preguntas y respuestas

¿Pueden las técnicas de MOL mejorar tus conversaciones cotidianas?

MOL es un método específico para ayudar a las personas a redirigir su atención a niveles perceptuales superiores. Parece especialmente útil para resolver conflictos internos y también es un buen medio de autodescubrimiento. Sin embargo, MOL no tiene nada de mágico (aparte de la magia de una teoría precisa que lo sustenta) y no lo considero una forma de ayudar a la gente a ganar amigos e influir en los demás. Desde que aprendí MOL, creo que me he convertido en un psicoterapeuta mucho más efectivo. Desde luego, tengo mucho más claro mi papel como psicoterapeuta y lo que puedo hacer cuando estoy en ese rol.

Sin embargo, fuera de la psicoterapia, creo que me comunico prácticamente igual que siempre. Probablemente me doy cuenta de las disrupciones de la gente en las conversaciones cotidianas cuando antes no lo hacía, pero no pregunto a la gente sobre ellas en un esfuerzo por desviar su atención de nuestra conversación actual. Considero que MOL es un tipo específico de conversación y necesitaría obtener el permiso de las personas antes de involucrarlas en esta forma de hablar. Cuando la gente acude a psicoterapia, puedo aceptar que están dando su permiso implícitamente al iniciar la relación psicoterapéutica (y si no estoy seguro, les pregunto explícitamente antes de empezar con MOL), pero cuando hablo con amigos por teléfono, o le pido a la señora del mostrador una ciabatta de aceitunas y queso de cabra, o le explico al mecánico que mis frenos parecen estar esponjosos, no estoy pensando en lo que podrían encontrar al explorar sus jerarquías perceptuales.

MOL no es una forma de hablar en general. Es una forma de ayudar a las personas que quieren ser ayudadas a redirigir su atención hacia lugares que les aporten una resolución de su conflicto, o una experiencia de mayor autocomprensión.

¿Se puede utilizar MOL para hacer gestión de personas de forma más efectiva?

Mucho de lo que escribí en la sección anterior será relevante aquí. No considero que MOL sea una forma de gestionar a las personas, sino una forma de ayudarlas a resolver sus conflictos internos. Es cierto que las personas a las que se gestiona experimentan conflictos de vez en cuando. Tal vez Marcus quiera solicitar un ascenso prometedor, pero no quiere abandonar el equipo productivo y alegre del que forma parte. MOL puede ayudar a Marcus a resolver este conflicto. Sin embargo, dada la naturaleza de muchas relaciones de gestión, y el hecho de que las personas que experimentan MOL están preocupadas por lo que le dicen a la persona que conduce MOL, puede darse el caso de que los directivos no sean las personas más adecuadas para llevar a cabo MOL con aquellos a los que dirigen. Si Marcus cree que es importante presentarse de una manera determinada ante su jefe, estará limitando las cosas de las que habla y los lugares de su mente que explora durante el proceso.

En algunos casos, tal vez sea el manager quien pueda beneficiarse de MOL. Tal vez Kylie quiera que su equipo aumente su productividad, pero también quiera mantener las relaciones de amistad que ha establecido con ellos. En esta situación, a Kylie podría resultarle muy útil reorganizar su manera de ver las cosas desde otro punto de vista.

MOL es un proceso para ayudar a las personas a desarrollar sus propias perspectivas y puntos de vista nuevos. No es un método para convencer a los demás de que actúen de determinada manera ni para persuadir a la gente de que adopte actitudes y mentalidades que atraigan a los demás. MOL ayudará a las personas a vivir sus propias vidas con más satisfacción. No ayudará a la gente a vivir las vidas que otros han decidido que deben vivir.

Estos son algunos de los temas que debatimos y exploramos en el workshop de MOL. Tal vez algunos de ellos te hayan hecho pensar en otras cuestiones o situaciones que no se han tratado aquí. Me encantaría que pudieras utilizar lo que he descrito a lo largo de este libro para escudriñar y aclarar estos temas por ti mismo.

Apéndice

Transcripción del video de MOL

Esta transcripción es una traducción escrita de una sesión de vídeo de MOL en inglés grabada en 2005.* La transcripción traducida se ha proporcionado para ayudar a aclarar cualquier dificultad que pueda tener para seguir la conversación en inglés. He procurado que la transcripción sea lo más exacta posible. Por ejemplo, he utilizado elipsis (tres puntos ...) donde hay pausas en el diálogo, y he utilizado paréntesis y cursiva para indicar aspectos no verbales del comportamiento de Richard, como reír, asentir con la cabeza y mirar hacia otro lado. Aparte del diálogo, he incluido comentarios míos que pueden ayudarte a entender, mientras ves el video, lo que pretendía con las preguntas que hice. No todas las preguntas van acompañadas de un comentario, pero sí algunas de ellas.

Hice dos tipos de preguntas a Richard. En todo momento de la transcripción le preguntaba sobre lo que parecía tener en el primer plano de su mente, o sobre algo de lo que se había dado cuenta y que parecía disrumpir su corriente de pensamiento. Gran parte de lo que has leído en el libro se reproduce en este video. Sin embargo, esta sesión de MOL no es un roleplay, ni está inventada. Estás viendo a una persona real en una sesión MOL real con un problema real. Al final de la transcripción, Richard detalla cuáles han sido las consecuencias de esta sesión para él desde entonces.

Siempre hay más de una manera de llevar a cabo una sesión MOL. Al ver el video, es posible que pienses que tú habrías hecho una pregunta diferente a la mía o que habrías hecho preguntas en lugares y momentos diferentes. Tu opinión puede ser tan válida como la mía. Aparte de preguntar sobre los pensamientos en primer plano y luego redirigir la atención a los pensamientos en segundo plano cuando se hacen evidentes, hay muy poco más que especificar en MOL. No hay preguntas "correctas" para hacer y no hay un "mejor" momento para hacerlas. Quizás con un psicoterapeuta MOL diferente, Richard habría llegado al mismo lugar o quizás habría aterrizado en algún sitio diferente. Con MOL no hay un lugar correcto hacia el que guiar a los clientes que no sea hacia arriba. Espero que lo veas en este video.

* Los archivos están aquí:
 http://www.livingcontrolsystems.com/mol/mol_videos.html   y   https://drtimcarey.com
 Los vídeos consisten en una introducción de 2 minutos de Timothy Carey, una sesión de MOL de 33 minutos que se transcribe y traduce aquí, y un debate de 12 minutos que mantuvieron Tim y Richard tras la sesión. El archivo MOLdvd.iso se puede utilizar para grabar un DVD, que contendrá los vídeos.

Al final de la sesión de MOL, Richard y yo mantuvimos una breve conversación sobre cómo habíamos vivido cada uno la sesión. Al principio había apagado el vídeo, pero luego pensé que sería interesante, y también beneficioso, escuchar lo que teníamos que decir, así que lo volví a encender y lo dejé correr mientras hablábamos de la sesión. Sin embargo, ese debate no se incluye en esta transcripción. Espero que esta transcripción y el video te ayuden a encontrar tus propias formas de ayudar a la gente a subir de nivel cuando quieran hacerlo.

T: De acuerdo, entonces... ¿Tienes algo... en mente de lo que hablar... ya Richard o...?

R: Umm... Bueno, quería hablar de... la dificultad que estoy teniendo en... en este momento con... intentar decidir si... volver a casa a Irlanda... para tener a los niños cerca de... sus abuelos o si... quedarme y hacer que funcione en... en "Fife".

T: Ajá. ¿Así que te está costando tratar de decidirte?

R: (*asiente, suspira*) ... Bueno, he tenido dificultades en (*frunce el ceño*) hmm.

> *En este punto, Richard se dispuso a decir algo que yo no noté. Puede que cuando veas el video pienses que el ceño fruncido y el "hmm" de Richard indicaban una redirección de conciencia hacia algún pensamiento de fondo. Probablemente tengas razón. En retrospectiva, probablemente habría preguntado sobre esto si lo hubiera notado. No importa, uno trabaja con lo que capta y se esfuerza por captar lo máximo posible.*

T: Entonces, ¿podemos hablar de eso un momento? Has - Has descrito como dos alternativas: ¿es así como parece volver a casa... y vivir al lado de tus padres con tus hijos, o quedarte aquí?

R: Mmm.

T: OK... y estás... debatiéndote entre... ¿Está alguna de esas opciones en primer plano en tu mente en este momento? ¿Te inclinas más por una que por otra?

R: Bueno... cuando pienso en ello ahora mismo sólo pienso... no voy a ir, no voy a ir a casa, yo... yo no... no puedo verme en casa nunca más... mientras que solía...

T: ¿Puedes hablar un poco más sobre el tema de quedarte aquí, el no ir a casa?

> *Interrumpí en este punto porque quería ayudar a Richard a mantener su atención en el lado de quedarse aquí del conflicto por un tiempo.*

R: Umm ... sí ... Creo que tenemos todo lo que ... queremos aquí ... aparte de ... una familia extensa. ... Umm ... Creo que Fife es un lugar encantador para vivir. Soy muy feliz en mi trabajo, Gillian es muy feliz en su trabajo. Umm. Los niños parecen muy felices en la guardería. Estamos llegando a la etapa en la que ... umm, nuestro hijo mayor estará umm, comenzando la guardería de pre-primaria umm ... y eso será ... eso creo que hará más difícil para nosotros el - volver a casa.

T: Así que... ¿estás hablando del lado de volver, de nuevo?

R: Mmm. (*asiente con la cabeza*)

T: ¿O todavía... todavía estás hablando de estar aquí?

R: ... No, todavía se trata de... todavía se trata de estar... porque vamos a estar aquí, ya sabes, cuanto más tiempo pase, supongo, más... más difícil será volver a casa, pero [T: Mm-hmm.] - así que lo más probable [T: Mm-hmm.] - es que acabemos quedándonos, umm...

T: Ajá - Así que cuanto más tiempo estés aquí más probable es que te quedes.

R: Sip

T: Ajá, Ajá. ¿Hay cosas que te gustan de estar aquí?

R: Sí.

T: Mm-hmm. Como las... las cosas que... tu trabajo y...

R: Mm-hmm.

T: Ajá. Entonces, ¿qué hay de no... qué hay de ir a casa... había cosas a las que ibas, o... o era sólo en un momento en el que te sentías mal y querías alejarte de aquí, o qué... qué hay... qué hay en el lado de ir a casa?

R: (*suspira*) Te refieres a por qué me iría a casa, o...

T: Mmm. Bueno, cuando... cuando piensas en volver a casa, ¿qué... a donde va tu mente?

R: (*rie*) Pienso en... en lugar de... (*rie*) en lugar de... lo primero que se me viene a la cabeza es que, en lugar de que los padres te digan por teléfono lo que creen que deberías hacer, en realidad estarás allí y ellos te dirán (*rie*) lo que deberías hacer delante de ellos, y probablemente...

T: Mmm. ¿Es algo de lo que querrías tener más o...?

R: (*Risas, sacude la cabeza*) No... no, me alejaría a kilómetros de eso.

T: Ohh. Entonces, ¿eso está del lado de volver a casa o...?

R: (*Mueve la cabeza de un lado a otro*) No, eso está en el lado de por qué debería quedarme aquí.

T: Ahh. OK, entonces sigues estando en el...

R: Mmm...

T: Mm-hmm. Entonces... ¿Hay más de lo que hablar sobre el lado de quedarse aquí?

R: ... Podría hablar mucho sobre la quedarnos aquí...

T: Ajá.

R: Podría seguir un buen rato, es que me has preguntado por el otro lado.

T: Sí, sí.

R: Podría extenderme mucho mucho sobre el lado de quedarme aquí.

T: Ajá.. Y... así que incluso... incluso con... que te pregunté sobre el otro lado pero... tú como que... parecías salir con un no el otro lado.

R: Mmm. (*asiente*) Mmm... Soy consciente de ello. (*Rie*)

T: ¿De qué... de qué eres consciente ahora mismo?

R: Bueno, ya sabes... me parecía algo sencillo... hablar de volver a casa, y lo primero que me vino a la cabeza fue una razón para no hacerlo.

T: Mmm.

R: Umm. Así que ahora estoy intentando pensar en las razones por las que debería volver a casa.

T: Ajá. Estás intentando - es ...

R: Bueno, obviamente cuando empiezo... por lo que acaba de pasar, cuando empiezo a pensar en... volver a casa, me vienen a la cabeza razones por las que no debería hacerlo.

T: Ahh. Ajá.

R: Así que... presumiblemente debería intentar pensar en por qué debería irme a casa.

T: Ajá.

R: ¿Cuáles son las cosas buenas que tiene, o ...

T: ¿Y eso no es fácil de hacer en este momento?

R: (*suspira*) Bueno, simplemente no... no pasa mucho cuando pienso en ello... Quiero decir, yo... creo que sería muy bueno para los niños estar más cerca de sus abuelos... Umm. Creo que sería muy bueno poder ir a ver a mis padres cuando quisiera, o dejar a los niños... Umm. (*suspira*) ... para que Gillian y yo pudiéramos ir de compras, o [T: Ajá.] salir a comer o... al cine o...

T: ¿Son razones para volver a casa?

R: Mmm. Sí.

T: Y... ¿tienes la misma sensación de intentarlo ahora de lo estás diciendo?

R: No, estoy tomándole un poco el ritmo. (*sonriendo*)

T: Ohh, Ajá.

R: Sé que hay razones para ello, quiero decir... y sé que [T: Mmm.] podría seguir hablando de ellas y...

T: Así que... así que, como el poder dejar a los niños y... y estar cerca de tu abuelo... cerca...

R: (*asintiendo con la cabeza*) Mmm, y mi hermano y... y puedo ver un poco de... el futuro entonces... bueno no puedo ver el futuro pero yo... me imagino que cuando los niños estén en el colegio será mucho más fácil en términos de hacer de que los cuiden y... después del colegio y... recogerlos y cosas así... Umm... y eso... lo que me viene a la cabeza es, que suena como si estuviera usando a los abuelos, ya sabes, que esté [T: Mmm.] esperando usar a los abuelos.

T: ¿Así que es otra razón para volver a casa?

Cuando Richard comentó cómo sonaban las cosas me pregunté si esto indicaba una redirección de la conciencia, así que hice un comentario para que siguiera hablando de eso. Pero no parecía ir a ninguna parte y seguimos hablando de sus razones.

R: ... Umm. Eso no es ninguna de las dos cosas, ¿verdad? Porque probablemente sea una razón para quedarme aquí, porque desde luego no es una razón para volver a casa. Si esa es la razón por la que me voy a casa, entonces eso no... no es lo que me interesa... yo no... irme a casa por esa razón sería ridículo.

T: Mmm. Mmm.

R: Mmm.

T: Entonces, ¿hay algo más en lo que puedas pensar en este momento?

R: Puedo pensar en reuniones familiares y... Irlanda es un lugar encantador, es un gran lugar para criar a los niños, creo... Los colegios son geniales... El campo es precioso... Ahora hay razones que no vienen a mi... por las que no debería *(rie)* [T: Ohh.] ir a casa otra vez es como...

T: ¿Qué - qué razones ...

Aquí Richard parecía estar haciendo gran parte del trabajo él mismo en cuanto a cambiar entre los lados del conflicto -a medida que habla de un lado, se da cuenta del otro-, así que pensé que lo mejor era ayudarle a seguir hablando de ello.

R: Ohh, estaba pensando que no hay nada que hacer *(rie)* en Irlanda, es como... para los niños hay muy poco allí...

T: Ajá. Así que, incluso [R: que ...] cuando estabas diciendo [R: Mmm ...] que es un gran lugar para criar a los niños ...

R: Estaba pensando que eso es un montón de... un montón de tonterías. *(Rie)*

T: ¿En serio?

R: Bueno, aquí tenemos Deep Sea World, el Zoológico y... parques safari y... podría... podría seguir y seguir. Quiero decir que hay ciudades preciosas, y [T: Mm-hmm.] umm, museos, y [T: Mmm.] parece que hay muchas cosas para los niños aquí, [T: Mmm.] mientras que sé que en Irlanda sólo... hay algunas cosas - y no estoy... criticándolo... pero creo que...

Me di cuenta de que Richard hablaba más despacio y especulé con la posibilidad de que se diera cuenta de otras cosas mientras expresaba sus ideas. Pensé que le vendría bien examinar esto un poco más de cerca.

T: ¿Te sonaba como que lo *estabas haciendo* justo ahí?

R: Mmm.

T: Ajá.

R: Simplemente estoy haciendo pasar un mal rato a Irlanda... y siempre he hecho eso, que es por lo que me mudé en primer lugar. Pero yo... no... particularmente... quería quedarme en Irlanda...

T: Ajá.

R: (*asiente, hace una mueca, mira hacia otro lado, se ríe, baja la cabeza*).
T: ¿Qué te pasó justo ahí?

> *Teniendo en cuenta lo que Richard acababa de decir y su reacción de reírse, bajar la cabeza, etc., parecía que la atención de Richard se había redirigido hacia otra cosa que podría resultarle útil explorar, así que le pedí que me contara lo que había pasado.*

R: Ohh, yo sólo (*se aclara la garganta*)... me siento tan culpable por decir cosas como esa, ya sabes, yo sólo... debería...
T: ¿Decir qué parte?

> *Dije esto en un esfuerzo por ayudarle a mantener su atención en el lugar al que acababa de llegar.*

R: Ohh... Sólo hablar mal de Irlanda, ya sabes, y decir que es un... ya sabes... las cosas que se me pasan por la cabeza sobre ello... Sólo pienso, bueno, eres irlandés, y deberías estar orgulloso de ello, [T: Ajá.] pero yo no, ya sabes, no estoy particularmente... orgulloso de ello... supongo.
T: ¿Orgulloso de ser irlandés?
R: (*suspira*) ... Lo estoy, en cierto modo, pero ... ya sabes ... me fui de Irlanda [T: Ajá.] por una razón. No la dejé... por un capricho. No decidí subirme al barco y luego... Ya sabes, me fui... había un plan, había...
T: Así que habías pensado en irte de Irlanda, no fue algo espontáneo... tus amigos de Edimburgo no te llamaron y te dijeron... ¿por qué no vienes y... simplemente...?
R: No. (*Sacude la cabeza*) No, estaba pla... pienso que estuvo planeado... relativamente bien, es decir, yo... sabía que iría a la universidad en Irlanda, sabía que no estaba preparado para irme de casa... a esa... edad...

> *Con Richard bajando la velocidad aquí me pregunté si había algo más pasando por su mente mientras hablaba. Hice una nota para volver a esto si lo necesitaba.*

R: ...pero cuando estaba en la universidad, cuanto más estaba allí, menos quería estar allí. Cuanto más pensaba "¡No, tengo que salir de aquí!" así que... Umm. Luego fui a Edimburgo a ver a unos amigos. Edimburgo era perfecto, así que [T: Mm-hmm.] y lo sigue siendo.
T: Cuando fuiste a Edimburgo, ¿habías planeado... no volver a Irlanda? Ibas con la intención de... echar un vistazo con vistas a... vivir allí, o...

> *En el contexto de MOL no me interesa tanto cómo o cuándo Richard decidió mudarse a Edimburgo, pero sí me interesa que mantenga su atención en este lugar durante un tiempo hasta que se presente otra dirección.*

R: Creo que ya había decidido que no iba a volver a Coleraine a vivir. No me gustaba mucho Belfast. Y simplemente hay más en Escocia.

T: Mmm.

R: Es simplemente mejor.

T: Mm-hmm. Así que... ¿tienes el mismo... tipo de sentimiento de culpa cuando... cuando lo dices así?

R: (*suspira*) No, me parece razonable. Así son las cosas. No es que lo critique, sólo expongo los hechos, o algo así.

T: Mm-hmm. Entonces, ¿qué era lo que decías antes que era... criticable?

> *Richard parecía sentirse incómodo con la idea de que estaba criticando a Irlanda, así que quise ver si había algo al respecto que mereciera la pena explorar.*

R: Era como ser... despectivo o algo así.

T: Ajá.

R: Ya sabes, todo eso... Umm. (*suspira*) Como mucha gente cuando deja Irlanda... umm... empieza... a menospreciarla. (*sonríe*)

> *La sonrisa de Richard en este punto parecía algo incongruente con lo que habíamos estado hablando, así que me interesaba saber si se había dado cuenta de algo más mientras hablábamos.*

T: Ohh.

R: Umm.

T: ¿Qué te estaba haciendo sonreír?

R: Es que no me puedo creer que esté diciendo esto en voz alta. (*Ríe*) Estoy...

T: ¿En serio?

R: Mmm. (*asiente con la cabeza*)

> *Cuando veas el video puede que pienses que parecía que Richard iba a decir algo más aquí. Si me hubiera dado cuenta de lo que Richard hizo en este punto, podría haberle preguntado por ello. Este es otro punto en donde otro psicoterapeuta podría haber seguido un hilo diferente.*

T: Es que... ¿normalmente no dirías esto en voz alta?

R: Que no si me graban, no. (*Sacude la cabeza, se ríe*) Te lo diría a ti, creo.

T: Sí.

R: Si no me estuvieran grabando, lo diría.

T: Pero no en vídeo.

R: M-Mmm. (*Sacude la cabeza*)

T: Ahh.

R: Es un verdadero ... (*asiente con la cabeza, tensa la boca, mira hacia otro lado y luego hacia atrás*)

> *Tomé la actividad no verbal de Richard aquí para indicar que era consciente de cosas en su mente de las que no estaba hablando en ese momento. No me preocupaba que no estuviera hablando de ellas, pero pensé que sería útil que mantuviera su atención en este punto durante un rato.*

T: ¿Qué... qué estabas justo...? ¿Te acabas de dar cuenta de algo justo ahí, o...?

R: (*asiente, sonríe*) Hmm. Intento no decirlo ahora. (*ríe*) Sí, lo sé... Quiero decir, me acabo de dar cuenta de que... hay una arrogancia, o una... Umm... (*mira hacia abajo*) una arrogancia o algo así... que Irlanda es vista como un... (*mira hacia otro lado, sonríe*) lugar atrasado o algo así. (*ríe*)

> *Parecía ser otro cambio de enfoque, así que quise comprobarlo.*

T: ¿Recién te diste cuenta de lo mismo?

R: Mmm. (*asiente*) ... Y me siento muy incómodo con eso, muy incómodo.

> *Sentirse incómodo suele ser bueno cuando el objetivo es reorganizar el conflicto, así que pensé que a Richard le resultaría útil mantener su atención en el área de la incomodidad.*

T: ¿Irlanda es un país atrasado?

R: No al- ss - al pensarlo realmente.

T: Ohh. ¿En qué sentido?

R: Porque no es un lugar atrasado para nada.

T: Ohh.

R: Es decir, es cierto que es... diferente en muchos aspectos, pero... (*sacude la cabeza*) Yo... no me siento muy bien llamándolo así.

T: Ohh. Ajá. ¿Es como si no fuera verdad o...? ¿es como si estuvieras mintiendo cuando decís eso?

R: ... (*mueve la cabeza de un lado a otro, se encoge de hombros*) Hmm. En cierto modo sí y en cierto modo no.

T: Ohh.

R: Creo que... (*hace una mueca, asiente*) parte de eso es verdad... Hmm... (*ríe, baja la cabeza*) Hmm... ¡No esperaba decir eso! (*ríe*)

> *En este punto parecía que Richard se había dado cuenta de algo significativo, así que pensé que sería útil echarle un vistazo.*

T: Ohh. ¿No esperabas decir eso?

R: No.

T: Huh.

R: Así que... pienso "Sí, en parte es verdad". Pienso "Sabes, Irlanda no es un lugar en el que quiera criar a mis hijos".

Mientras Richard hablaba aquí parecía que empezaba a serenarse de nuevo y a meterse en algo con lo que se sentía más cómodo. Pensé que valdría más la pena quedarse un rato con lo que fuera a lo que había llegado hace un momento, así que intervine e hice una pregunta para invitarle a volver a la idea anterior.

T: Hmm. ¿Puedes... describir lo que... lo que te pasó ahí... lo que... te reíste y luego... como que volviste [R: Ohh es que j...], volviste a como estabas antes, o algo así?

R: Sí, es como si hubiera cambiado... Entonces me sentí mucho mejor o algo así. Pensé: "Puedo hablar de esto sin hablar de aquello", o...

T: Mmm. Mmm. Entonces, ¿ha cambiado algo para ti ahora... estás viendo algo... diferente, o viendo lo mismo de forma diferente, o...?

R: (*frunce ligeramente el ceño*)

T: ¿En donde... en donde están las cosas para ti?

R: ...creo que hay cosas que pienso... sobre Irlanda, pero... sobre todo creo que... es... es sólo... (*se aclara la garganta*)... es como una mitología en mi cabeza, o algo así. Es como... algo que he creado.

T: ¿Irlanda?

R: No, mis pensamientos sobre ella.

T: Ohh. Ohh. Ajá.

R: (*desvía la mirada*) Mmm. (*mira hacia atrás*)

Mientras Richard miraba hacia otro lado, consideré que sería útil dejarle que se quedara con lo que estuviera percibiendo en ese momento. Cuando me devolvió la mirada, le pregunté por sus pensamientos.

T: ¿Cómo te sienta ese... pensamiento...?

R: Ohh. He vuelto a sentirme incómodo por ello... Estaba pensando... me has hecho volver a ello otra vez, o algo así, [T: Mm-hmm. Mm-hmm.] mientras que me había movido un poco y pensaba [T: Mmm.] ohh, está bien, puedo lidiar con ello, o [T: ¡Aaah!] ohh, alejándome de ello otra vez ahora, así que eso es bueno. Mmm. (*asiente*)

T: Ajá. Así que la mitología con la que te sentías incómodo...

Hice esta pregunta para ayudar a Richard a mantener su atención en ese lugar en el que se sentía incómodo.

R: Quizá no sé si es verdad o no. Quizá sea... no sé... porque llevo tanto tiempo fuera de Irlanda... no sé a qué volvería si volviera a lo que dejé entonces... eso no sería bueno. Pero no lo sé, no... es decir, obviamente no es... lo que dejé, porque eso fue hace mucho tiempo, así que ahora es diferente.

T: Mmm.

R: ... (*mueve los ojos, sacude la cabeza*) Mmm. Parece... (*asiente, baja la boca*) Mmm.

T: ¿Cómo te sientes al no saber?

R: ... ... (*frunce el ceño*) Mmm. Me gusta saber en lo que me meto.

T: Mmm... Como con todo, como...

R: (*frunce el ceño, asiente con la cabeza, se echa hacia atrás, luego hacia delante otra vez*)

T: ... como si fueras a ver una película, te gustaría saber... no irías a ver una... película si no supieras lo que hay, no irías al cine y... dirías "voy a ver esa".

R: No, no lo haría. (*ríe, sacude la cabeza*)

T: Y si se trata de restaurantes, ¿irías a uno que no conocieras?

R: (*sacude la cabeza*) No, me informaría antes.

T: Ohh.

R: (*asiente*)

T: Y en cuanto a parques y otras cosas, si vas a algún sitio el fin de semana, ¿irías...?

R: Mmm. Lo he hecho, bueno, lo he hecho... Ciertamente... he salido en coche y he llegado a sitios, ya sabes, y ha estado muy bien... Siempre que ha estado... he sido espontáneo, o han ocurrido cosas espontáneas, entonces ha valido... la pena. (*desvía la mirada*)

T: Mm-hmm.

R: Y odio planificar con antelación. Odio tener que tener las cosas preparadas en la cabeza para... saber lo que va a pasar.

> *Más o menos por aquí, con Richard mirando hacia otro lado, y haciendo una pausa, y primero hablando de que quería saber en qué se estaba metiendo pero ahora hablando de que odiaba planificar, tuve la idea de que algo importante estaba pasando para él, así que le hice preguntas para ayudarle a quedarse con estos pensamientos.*

T: Mmm.

R: Porque nunca funciona así. (*sacudiendo la cabeza*) Y entonces me siento realmente estúpido por ello, y... pienso "Por qué no puedo simplemente... dejar de planear cosas, y tenerlas bien en mi cabeza, y...".

T: Así que... todo... ¿estás hablando... de planearlo todo o... o sólo tienes algunas cosas específicas en mente... en este momento?

R: Mmm. (*aparta la mirada*) Estoy pensando en... esto. (*hace un gesto desde mí hacia él*)

T: Ohh.

R: Umm.

T: Y estás planeando.

R: Yo era - era consciente de - de (*se sienta hacia atrás*) poco antes de que... tipo de "Ohh, ¿qué voy a decir" y... "¿De qué vamos a hablar" y ...

T: Mm-hmm.

R: ¡Es tan estúpido! Umm... y era consciente de ello, lo cambié un poco en su momento, así que a veces... puedo... apagarlo, pero... la mayoría de las veces me pongo muy nervioso al respecto.

T: ¿Sobre la planificación?

R: Mm-hmm. (*asiente con la cabeza*) Sobre intentar hacer las cosas bien, o... asegurarme de que estoy preparado, o...

T: Mm-hmm.

R: Y sé que es contraproducente, sé que... en realidad me impide... porque entonces soy tan consciente de... intentarlo.

T: Así que cuando... cuando planeas, qué... qué te gusta... cómo te vistes, y dónde vas a ir, y... cuánto dinero vas a gastar, y...

> *Le pregunté esto para darle la oportunidad de ver la planificación con más detalle. Es la planificación lo que parecía estar en su mente en ese momento, así que probé a ver si pedirle que lo analizara más detenidamente le llevaría a algún sitio beneficioso. También podría haberle preguntado por el comentario contraproducente y eso también habría sido útil. En este caso, sin embargo, fue la planificación lo que me llamó la atención.*

R: ... Sí (*asiente, luego frunce el ceño y sacude la cabeza*).

> *Aquí Richard parece empezar a decir algo. No me di cuenta en ese momento, pero me di cuenta más tarde mientras veía el video. Parece como si realmente estuviera pensando en algo, así que quizás perdí otra oportunidad aquí.*

T: ¿Y lo escribes? ¿Tiene una pequeña... lista o...?

R: No, simplemente intento tenerlo todo en la cabeza... No es tanto lo que me pongo ni nada de eso... es más... umm (*suspira*)... como las cosas importantes de la vida... y... las relaciones... la gente... el trabajo... ese tipo de...

T: ¿Planeas eso?

R: (*sacude la cabeza*) La palabra "planear" suena un poco tonta, pero [T: Mmm.] ciertamente pienso mucho en ello.

T: ¿Tienes una palabra mejor... una palabra que...?

R: Anticipar, o...

T: Mm-hmm.

R: Porque si estuviera planeado, funcionaría bien.

T: Mmm.

R: Porque podría (*suspira, sonríe*) ... No puedo planificar con antelación eso es ...

T: Que ...

La pausa, el suspiro y la sonrisa de Richard junto con esta afirmación sobre no planificar parecían indicar una nueva redirección de la conciencia. Le pregunté cosas para ayudarle a quedarse con esto por el momento.

R: El problema es que no puedo...

T: Mmm.

R: No puedes planificar con antelación, así que los planes... (*se detiene, sacudiendo la cabeza*)

T: ¿Por eso "anticiparse" suena mejor?

R: (*asiente*) Bueno, es que...

T: Cuando te anticipas...

R: Creo que es una forma de evitarlo, porque "anticiparse" se refiere a lo mismo, a intentar preparar el terreno de antemano, o...

T: Mmm.

R: y cosas que estoy pensando... hay cosas que necesitas planificar con antelación como la jardinería o cosas así, no puedes simplemente salir a tu jardín [T: Mm-hmm.] y... las cosas sucederán. Tienes que preparar la tierra, y... [T: Mmm.] umm... bueno, no sé mucho de jardinería, pero puedo imaginar que puedes... hay cosas que tienes que planificar y preparar y ser organizado, y s - sistemático y... pero hay otras cosas que no puedes planificar como... cuando... hay gente involucrada, por ejemplo, no puedes... (mira hacia otro lado y luego vuelve a mirar) no puedes planificar eso, porque...

Cuando Richard hizo una pausa, miró hacia otro lado y luego volvió a mirar, sentí curiosidad por saber si acababa de darse cuenta de otra idea.

T: ¿En qué estabas... pensando justo ahí?

R: Estaba pensando en... porque... estaba pensando en cosas vivas, pero... y entonces pensé (*ríe*) bueno, la jardinería son cosas vivas [T: Ohh.] así que ni siquiera puedes planificar eso porque... tienes el tiempo, y [T: Ajá.] las sequías, y...

T: Entonces, cuando hablas de planificación, ¿qué idea tienes de tener un plan? Como... como cada... cuando... cuando haces un plan, ¿te refieres a cada pequeño paso y a cómo resultará exactamente al final?

R: (*sacude la cabeza*) No lo parece. Parece más una... una vaga... comprensión de... lo que voy a decir, y [T: Mmm.] cómo va a quedar y... pero no tendría que llegar hasta las mismas palabras que estoy diciendo o nada por el estilo, simplemente tendría una idea en la cabeza y...

T: Mmm. Como, ¿tienes alguna idea de cómo va a... va a ir hoy en el trabajo?"

Aquí estaba trabajando en ser específico y permanecer en el ahora.

R: ... (*mira hacia otro lado, baja la boca, sacude la cabeza*) La verdad es que no.

T: Hmm... Es... Es habitual en ti no... no presentarte en el trabajo sin... un... sin un plan, o sin...

R: Yo... no sé... aparte de saber dónde tengo que estar un día en concreto, la verdad es que no hago planes. (*suspira*) Umm.

T: ¿No planificas?

> *Quise ayudar a Richard a mantener esta idea porque parecía contradecir lo que acababa de decir. Comprobé si saldría algo de considerar esta aparente incongruencia.*

R: (*rie*)

T: (*rie*) ¿Puedes describir lo que está pasando?

R: (*rie*) Bueno, estoy pensando que tal vez... estoy pensando que esto suena ridículo, porque tal vez lo que tengo que hacer es planificar... tal vez la planificación es lo que tengo que estar haciendo, y eso es lo que no estoy haciendo, lo cual suena tan estúpido ahora.

T: Ohh. Sí, sí, ¿qué... qué estás viendo ahora que... te está como dando vueltas en la cabeza?

R: Mmm. Estaba pensando en las cosas que intento anticipar o... bueno, es importante... anticipar. Es importante estar preparado para las cosas, y saber lo que estás haciendo, y... no puedo... no puedo presentarme y... esperar que... Como no puedo presentarme a una formación y esperar poder hablar de la...como de la nada o, eh, sin saber... cuál es el tema o... o lo que me gustaría decir sobre ese tema, o...

T: ¿Estás diciendo que eso es lo que haces? O...

R: (*asiente*) Eso es lo que hago.

T: Ohh. Pero tu... tu... ¿crees que planificas o ss...? no estoy como seguro donde...

R: (*sacude la cabeza*) Yo tampoco.

T: Porque parece que tienes claro que la planificación es importante... y hace un momento hablabas de que te gusta planificar y... y creo que incluso llegamos a este punto con lo de no saber. Te sientes muy incómodo... con el desconocimiento, así que te gusta planificar y anticiparte... pero ahora estás... ¿pensando en otra cosa?

> *Richard parecía estar en un momento bastante interesante, así que resumí un poco para ayudarle a mantener la atención en todo lo que acababa de comentar.*

R: No estoy seguro de lo que estoy pensando... Hmm. (*levanta las cejas, suspira*) Supongo que estoy tratando de ... decidir qué cosas ... Bueno, yo no estoy tratando de decidir ahora, estoy tratando de averiguar - hay cosas que tengo que planificar, y eso es importante, y que es esencial hacer eso, y eso es acerca de ser umm ... y hay cosas que no puedo planear... y... que sería mejor... por lo tanto no planear, sólo... tomarlas como las encuentro.

T: Mmm. Mmm.
R: Es que no sé cómo decidirme entre esos dos.
T: Ohh. ¿No te has decidido?
R: ... (*sacude la cabeza*) No lo sé. No se me ocurre ningún ejemplo que esté intentando... (*frunce los labios,, sacude la cabeza*)
T: Ohh. Entonces, ¿hay algunas cosas... que deberías planificar y otras que no?
R: (*suspira*) Bueno, sí, sé que [T: Mm-hmm.] es correcto... Sólo que no sé cómo decidir o incluso cómo... ni siquiera puedo pensar en qué...
T: Mmm.
R: Puedo un poquito. (*Rie*) Puedo... puedo un poco... solo parece un poco confuso o... Umm.

> *Richard estaba mirando hacia abajo y parecía estar concentrado en algo. Así que le pregunté sobre esto para ayudarle a mantener su atención en esta experiencia.*

T: ¿Qué está pasando justo ahora?
R: Bueno, estoy tratando de ponerlo correctamente en mi cabeza o... estoy tratando mirarlo, pero parece que no puedo...
T: Mirar, ¿mirar qué?
R: Mirar... intentar decidir sobre qué... cómo... qué necesitaría saber para decidir qué puedo planificar y qué no.
T: Mm-hmm. Y entonces, ¿hay alguna imagen en particular, como imagenes, o algo en lo que te fijes, o...?
R: Bueno... Estoy pensando en, como - socialmente es el que sigue viniendo a mi mente.
T: Ajá.
R: Umm... Sabes que... yo... me sentaría y... no... bueno, me sentaría y me preocuparía por ello.

> *Como Richard hizo una pausa y luego pareció contradecirse, supuse que se había dado cuenta de que tenía otros pensamientos en su mente mientras hablaba.*

T: ¿Ibas a decir "no me preocuparía" justo ahí?
R: Mmm. (*Rie*) Así que me sentaría y me preocuparía por ello... Umm.
T: ¿Y esa es la planificación?
R: No. (*Sacude la cabeza*) Creo que (*rie*) - sí, (*asintiendo con la cabeza*) creo que tal vez he pensado en ello como planificación de antemano, pero (*sacudiendo la cabeza*) creo que probablemente es sólo preocuparse por ello.

> *Probablemente habría sido razonable en este punto llamar la atención de Richard sobre el hecho de que parecía estar moviendo la cabeza y asintiendo casi al mismo tiempo. Podría haber sido interesante y útil explorar esa rama. De nuevo, sin embargo, ese no fue el camino que seguí.*

T: Ohh.

R: Porque soy yo... sé que... nunca resulta así, y no... no es como si planeara decir algo y luego [T: Mm-hmm.] dijera: "Ohh hola, soy [T: Mmm.] Richard Mullan". Y luego, "Soy un..." [T: Mm-hmm.] Ya sabes, no es lo que pasa.

T: Mm-hmm.

R: Simplemente salgo y lo hago cuando tengo que hacerlo... pero sigo preocupándome por ello de antemano e intento resolverlo y...

T: Entonces, ¿hay una tercera... cosa... en la que como que hablabas de planificar o no planificar las cosas... Entonces, ¿hay planificación, no planificación y preocupación... también?

R: Mmm. (*asiente con la cabeza*)

T: Entonces, ¿preocuparse es diferente de planificar?

R: ... (*suspira*) ... Mmm. (*asiente*) Debe serlo. (*sacude la cabeza*)

T: ¿Debe ser? ¿No estás... estás como... [R: Bueno, creo...] diciéndote a ti mismo que debe ser o no... no estás seguro?

R: Creo que pensaba que preocuparse y planificar eran lo mismo umm, pero eso no puede ser... Habrá... hay cosas por las que, umm, tienes que preocuparte pero no puedes planificar... hay cosas que puedes planificar y no preocuparte... y que hay cosas que puedes planificar y preocuparte.

T: Mmm.

R: (*sacudiendo la cabeza*) Entonces... es de suponer que son dos cosas diferentes.

T: Mmm.

R: Yo me preocupo mucho. Eso es lo que pienso... pienso, (*asiente con la cabeza*) me preocupo muchísimo, tu sabes que...

T: ¿Cómo te sientes al describirte de esa manera?

R: ... (*suspira, sacude la cabeza*) ... Mmm. Bastante triste, o algo así, ya sabes, es... ¿Por qué me haría eso a mí mismo, o por qué soy así? ¿Por qué no puedo ser... otra cosa? ¿Por qué no puedo... no preocuparme?

T: Mmm. ¿Quién está haciendo esas preguntas?

R: (*levanta las cejas, sacude la cabeza*) Bueno, lo que me viene a la mente es el que se preocupa es quien las está haciendo.

T: Hmm... ¿Entonces son preguntas tipo de preocupación?

R: Ya sabes, como preocupado o... ese tipo de "preocupado por", y ahora estoy preocupado por estar preocupado, [T: Mmm.] y por eso estoy preocupado por eso. (*Ríe*)

> *Pensé que hablar de estar preocupado y reírse de ello podría indicar que Richard se había dado cuenta de algo interesante, así que le pregunté algo más sobre este tema.*

T: (*Ríe*) ¿Qué... qué te hizo decir eso?

R: Bueno, estoy echando un vistazo a... ese... tipo de... preocuparse por preocuparse y... por preocuparse... Ya sabes, ¿seguiría y seguiría y seguiría, o iría hacia delante y hacia atrás, o daría vueltas y vueltas, o... seguiría para siempre? Tengo la impresión de que no dejaría de pensar: "Yo también me preocupo por eso, y por eso, y por eso, y por eso, y por eso...".

T: Y como... sacando ejemplo tras ejemplo, o algo así, ¿es eso lo que quieres decir?

Hago esta pregunta aquí para ayudarle a seguir hablando de esto y mantenerse centrado en esta área en particular por el momento.

R: Bueno, ahora estoy pensando en preocuparme, y [T: ¿En qué estás pensando acerca de eso?] preocupándome por eso.

T: ¿Así que estás preocupado por preocuparte?

R: ... ... (*mira al piso*) ... (*suspira*) ... (*sacude la cabeza, suspira*) Parece que estoy atascado en algo. Es como, ya sabes, yo - estoy preocupado por preocuparme, pero no creo que me preocupe lo suficiente.

Durante el largo silencio que hubo aquí antes de que Richard empezara a hablar, le dejé estar con sus pensamientos sin interrumpir el trabajo que parecía estar haciendo al hacerle una pregunta.

T: ¿Y hay... hay una sensación de estancamiento ahí?

R: (*suspira*) No lo sé, me parece... Creo que me viene a la cabeza, ya sabes, que pienso: "Bueno, debería haberme preocupado más por eso. Si hubiera podido... si me hubiera preocupado más por... este tipo de cosas, habría evitado que sucedieran". [T: Mmm.] Y si yo... pero lo que me impide preocuparme por esas cosas es preocuparme por estas cosas, y... estas cosas son cosas por las que no necesito preocuparme.

T: Mm-hmm.

R: ... (*mira hacia otro lado, se ríe, sacude la cabeza, vuelve a mirarme*) ¡Es que me he estado preocupando por las cosas equivocadas!

Esto parecía ser una gran idea, así que pensé que le ayudaría si se quedaba con esto durante un tiempo.

T: ¿Es eso lo que parece, cuando lo dices así?

R: Mmm.

T: ¿Así que no es como... no es la cantidad de preocupación sino el... el foco de tu preocupación o algo así?

R: Mmm. (*asiente con la cabeza*) Mmm. Ciertamente no es la cantidad, porque creo que tengo una... capacidad para preocuparme - indefinidamente, o... infinitamente, o creo que tengo una capacidad infinita para preocuparme y probablemente puedo funcionar muy bien en eso... Umm. Es sólo que me he estado preocupando por las cosas equivocadas.

T: Mm-hmm. Así que puedes funcionar muy bien mientras te preocupas.

R: Mmm. (*asintiendo con la cabeza*)
T: Hmm... ¿Qué se siente al oírte decir eso?
R: Parece correcto.
T: Mmm.
R: (*asintiendo*) Algo así como "Sí, eso es lo que... eso parece... así son las cosas".
T: Mm-hmm.

> *Viendo el video parece que Richard empezó a decir algo aquí que yo no noté durante la sesión. Quizá habría sido algo interesante sobre lo que preguntar.*

T: Así que puedes funcionar muy bien mientras te preocupas, pero te estás preocupando por las cosas equivocadas.

> *En este momento estoy haciendo estas preguntas para ayudar a Richard a mantener su atención en esta área.*

R: Mmm.
T: Es eso...
R: Y eso no me preocupa. Soy... en realidad... bastante feliz siendo alguien que se preocupa y... y estando preocupado... Ni siquiera estoy particularmente preocupado por eso.
T: Mm-hmm.
R: Creo que ese es mi destino en la vida.
T: Hmm.
R: Pero el problema ha sido que... me he estado preocupando por... las cosas por las que me he estado preocupando me han impedido preocuparme por las cosas por las que debería haberme preocupado.
T: Ha - ¿Te lo han impedido? ¿Qué...?
R: Bueno, es como si hubiera gastado tanta energía preocupándome por estas cosas, preocupándome por... si los demás están bien, o si las cosas [T: Mmm.] van bien, o... que en realidad me ha impedido preocuparme por las cosas por las que me... me debería estar preocupando que son cosas reales que... si estoy haciendo bien mi trabajo como padre o como... amigo o como... hermano o como lo que sea. Mmm. (*asiente*)
T: ... Mmm. ¿Dónde... dónde te has metido justo ahí?
R: Mmm. (*sacude la cabeza*) Parecía... que tenía sentido, que es... (*frunce los labios, abre los brazos*)
T: ... Y no terminaste eso... en voz alta. ¿Hay algo... como que lo terminaste?
R: (*sacude la cabeza*) Bueno, no estoy muy seguro de lo que pasó. Pensé... que tal vez era hora de preocuparse por... (*asintiendo con la cabeza*) esas otras cosas [T: Hmm.] para un cambio.
T: Mm-hmm.

R: Si pusiera tanta energía en preocuparme por esas, (*rie*) ... entonces estaría siendo lo que quiero ser, como, el tipo de persona que quiero ser, y el tipo de padre que quiero ser, o ... (*asiente, baja la boca*)
T: ¿Y no lo habías pensado antes de esa manera?
R: (*suspira, sacude la cabeza*) No, no lo había hecho... (*levanta la vista, asiente*)
T: ... ¿Te parecería terminar ahí entonces?
R: Mmm. (*asiente*)
T: OK.
R: Gracias.

Esta demostración es un ejemplo bastante típico del tipo de cosas que hago en una sesión de MOL. Los resultados, desde el punto de vista del cliente, no siempre son tan espectaculares, pero en cada sesión me limito a hacer las dos cosas que mencioné al principio de la transcripción, es decir, preguntar sobre cualquier cosa que parezca estar en la mente de Richard, o preguntarle sobre otra cosa de la que se haya dado cuenta y que parezca estar disrumpiendo su tren de pensamiento actual. Eso es todo lo que hago en cada sesión de MOL. Si Richard volviera para otra sesión en el futuro, empezaría de la misma manera y seguiría haciéndole esos dos tipos de preguntas todo el tiempo que durase la sesión. Aunque las sesiones con clientes diferentes son diferentes, y las sesiones diferentes con el mismo cliente son diferentes, desde mi punto de vista estoy haciendo lo mismo cada vez que hago MOL. Hago lo mismo porque, basándome en los principios de la PCT, parece ser la forma más directa de ser lo más útil posible y al mismo tiempo interponerse lo menos posible en el camino.

Apéndice Transcripción del video de MOL

> En un esfuerzo por no dejar demasiadas preguntas sin respuesta, le pregunté a Richard si escribiría sobre sus experiencias después de la sesión de MOL que tuvimos. El 18 de agosto de 2005, aproximadamente dos meses después de la sesión MOL que has visto en el video, esto es lo que Richard tenía para decir:

Una reflexión sobre MOL

Richard J. Mullan

Es extraordinario haber sabido siempre algo pero no haberlo experimentado nunca. Mi propio momento de claridad, mi eureka, cuando de repente el concepto más obvio se hizo por fin evidente, fue exactamente así. Desde que ocurrió aquella experiencia de resolver un problema importante, no ha habido un solo día en el que no me haya ganado conciencia de una afirmación que empezaba a cambiar la forma en que me veía a mí mismo y al mundo. La variedad de situaciones, relaciones y decisiones que había que tomar y que ahora se veían de otra manera parecía interminable. ¿Cuándo parará? ¿A qué parte de mi vida se aplican estos nuevos conocimientos?

Queda una pregunta: ¿Cómo no me di cuenta antes? Durante mucho tiempo intenté verlo, cambiar las cosas para estar menos estresado, ansioso y angustiado, pero nada de lo que hice supuso la más mínima diferencia. De hecho, cuanto más intentaba arreglar las cosas, peor se ponían. El hecho de que la respuesta fuera tan simple, tan directa, creo que siempre me desconcertará. Una cosa es segura: ni en un millón de años habría podido predecir la solución y, sin embargo, me resultó tan familiar cuando se me ocurrió. A veces desearía que hubiera ocurrido antes, pero sé que los acontecimientos que la precedieron tuvieron que ocurrir para que se produjera el cambio. Aunque me esfuerce por encontrar el problema ahora, no está ahí. No podía precipitarlo ni hacer que ocurriera, y quien me ha ayudado en todo esto no podría haber evitado que ocurriera aunque hubiera querido. Cuando por fin empezó, Tim sólo tuvo que apartarse y dejar que el proceso se desarrollara.

En muchos sentidos, sucedió tan rápido como lo he descrito antes, como un momento muy repentino, diría instantáneo, en el que todo se aclaró. Desde otra perspectiva, también puedo ver que se trata de un largo proceso en el que es muy difícil, sino imposible, identificar un principio e incluso un final. Desde que ocurrió "el momento", todo parece diferente y las cosas siguen cambiando, encajando donde encajan y desechándose donde parecen extrañas. No me describiría a mí mismo como feliz o pacífico o tranquilo, y cualquiera que me conozca mínimamente no me describiría en estos términos, pero estoy libre de luchas. La vida vuelve a ser gloriosa.

Referencias y lecturas adicionales

American Psychiatric Association, (1994). *Diagnostic and statistical manual of mental disorders* (4th ed.). Washington, DC: American Psychiatric Association.

Asay, T. P. & Lambert, M. J. (1999). The empirical case for the common factors in therapy: Quantitative findings. In M. A. Hubble, B. L. Duncan, & Miller, S. D. (Eds.). *The heart and soul of change: What works in therapy* (pp. 23-55). Washington, DC: American Psychological Association.

Bourbon, W. T. (1995). Perceptual control theory. In H. L. Roitblat & J. A. Meyer (Eds.). *Comparative approaches to cognitive science* (pp. 151-172). Cambridge, MA: MIT Press.

Bourbon, W. T. (1996). On the accuracy and reliability of predictions by perceptual control theory: Five years later. *The Psychological Record, 46,* 39-47.

Bourbon, W. T., Copeland, K. E., Dyer, V. R., Harman, W. K., & Mosley, B. L. (1990). On the accuracy and reliability of predictions by control-system theory. *Perceptual and Motor Skills, 71,* 1331-1338. [See Runkel (2003) *People as Living Things* pp. 81-87]

Bourbon, W. T. & Powers, W. T. (1993). Models and their worlds. *Closed Loop, 3(1),* 47-72. [Reprinted in Runkel (2003) *People as Living Things*, Chapter 8]

Breggin, P. R. (1991). *Toxic psychiatry.* New York: St Martin's Press.

Breggin, P. R. & Cohen, D. (1999). *Your drug may be your problem: How and why to stop taking psychiatric medications.* Reading, MA: Perseus Books.

Carey, T.A. (1999). What makes a psychotherapist effective? *Psychotherapy in Australia, 5(3),* 52-59.

Carey, T. A. (2001). Investigating the role of redirecting awareness in the change process: A case study using El Método de Niveles. *International Journal of Reality Therapy, 20(2),* 26-30.

Carey, T. A. (2001). El Método de Niveles: Offering a different approach to peer counseling programs. *International Journal of Reality Therapy, 21(1),* 13-16.

Carey, T. A. (2002). Rebecca: A case study of Perceptual Control Theory. *Psychotherapy in Australia, 3(8),* 56-59.

Carey, T. A. (2005). Can patients specify treatment parameters? A preliminary investigation. *Clinical Psychology and Psychotherapy: An International Journal of Theory and Practice, 12,* 326-335.

Danziger, K. (1990). *Constructing the subject: Historical origins of psychological research.* Cambridge, UK: Cambridge University Press.

Danziger, K. (1997). *Naming the mind: How psychology found its language.* Sage: London.

Dawes, R. M. (1994). *House of cards: Psychology and psychotherapy built on myth.* New York: The Free Press.

Dineen, T. (2000). *Manufacturing victims: What the psychology industry is doing to people.* Montreal: Robert Davies Multimedia.

Dowling, J. E. (1992). *Neurons and networks: A guide to neuroscience.* Cambridge, MA: Belknap Press.

Dowling, J. E. (1998). *Creating mind: How the brain works.* New York: W. W. Norton & Company.

Eisner, D. A. (2000). *The death of psychotherapy: From Freud to alien abductions.* Westport, CT: Praeger.

Fisher, S. & Greenberg, R. P. (Eds.). (1997). *From placebo to panacea: Putting psychiatric drugs to the test.* New York: Wiley.

Forssell, D. C. (2000). *Management and leadership: Insight for effective practice.* Menlo Park, CA: Living Control Systems Publishing.

Gribbin, J. (1998). *Almost everyone's guide to science.* London: Weidenfeld & Nicolson.

Healy, D. (1997). *The antidepressant era.* Cambridge, MA: Harvard University Press.

Healy, D. (1998). *The psychopharmacologists II: Interviews by Dr David Healy.* London: Chapman & Hall.

Healy, D. (2000). *The psychopharmacologists III: Interviews by Dr David Healy.* London: Arnold.

King, R. (1999). Treatment of depression: Do we know what we are doing? *Psychotherapy in Australia, 5(3),* 14-17.

Kirk, S. A. & Kutchins, H. (1992). *The selling of DSM: The rhetoric of science in psychiatry.* New York: Aldine de Gruyter.

Luborsky, L., Singer, B., & Luborsky, L. (1975). Comparative studies of psychotherapies: Is it true that "everyone has won and all must have prizes"? *Archives of General Psychiatry, 32,* 995-1008.

Mansell, W. (2005). Control Theory and Psychopathology: An Integrative Approach. *Psychology and Psychotherapy: Theory, Research and Practice,* 78(2), 141-178.

Mansell, W. (2005). *The bluffer's guide to psychology.* London: Oval Books.

Marken, R. S. (1992). *Mind readings: experimental studies of purpose.* Gravel Switch, KY: Control Systems Group.

Marken, R. S. (1997). The dancer and the dance: Methods in the study of living control systems. *Psychological Methods, 2(4),* 436-466.

Marken, R. S. (2001). Controlled variables: Psychology as the center fielder views it. *American Journal of Psychology, 114(2),* 259-281.

Marken, R. S. (2002). Looking at behavior through control theory glasses. *Review of General Psychology, 6(3),* 260-270.

Marken, R. S. (2002). *More mind readings: Methods and models in the study of purpose.* St Louis, MO: New View.

Marken, R. S. (2003). Error in skilled performance: A control model of prescribing. *Ergonomics, 46(12),* 1200-1214.

Marken, R. S. & Powers, W. T. (1989). Random-walk chemotaxis: Trial-and-error as a control process. *Behavioral Neuroscience, 103,* 1348-1355.

Mayr, O. (1970). *The origins of feedback control.* Clinton, MA: The Massachusetts Institute of Technology.

McClelland, K. (2004). The collective control of perceptions: constructing order from conflict. *International Journal of Human-Computer Studies, 60,* 65-99.

McPhail, C., Powers, W. T., & Tucker, C. T. (1992). Simulating individual and collective action in temporary gatherings. *Social Science Computer Review, 10,* 1-28.

Ost, L. G. & Westling, B. E. (1995). Applied relaxation versus cognitive behavior therapy in the treatment of panic disorder. *Behavior Research and Therapy, 33,* 145-158.

Powers, W. T. (1973, 2005). *Behavior: The control of perception.* New Canaan, CT: Benchmark.

Powers, W. T. (1979). The nature of robots part one: Defining behavior. *Byte, 4(6),* 132-144. [Available as a pdf-file at www.livingcontrolsystems.com]

Powers, W. T. (1989). *Living control systems.* Gravel Switch, KY: The Control Systems Group.

Powers, W. T. (1992). *Living control systems II.* Gravel Switch, KY: The Control Systems Group.

Powers, W. T. (1998). *Making sense of behavior: The meaning of control.* New Canaan, CT: Benchmark.

Powers, W. T. (1999). A model of kinesthetically and visually controlled arm movement. *International Journal of Human-Computer Studies, 50,* 463-479.

Read, J., Mosher, L. R., & Benatll, R. P. (Eds.). (2004). *Models of madness: Psychological, social and biological approaches to schizophrenia.* London: Routledge.

Reber, A. S. (1995). *Dictionary of psychology* (2nd ed.). London: Penguin.

Richardson, G. P. (1991). *Feedback thought in social science and systems theory.* Waltham, MA: Pegasus Communications.

Robertson, R. J. & Powers, W. T. (Eds.). (1990). *Introduction to modern psychology: The control-theory view.* Gravel Switch, KY: The Control Systems Group.

Rosenzweig, S. (1936). Some implicit common factors in diverse methods of psychotherapy. *American Journal of Orthopsychiatry, 6,* 412-415. (reprinted in 2002 in *Journal of Psychotherapy Integration, 12(1),* 5-9).

Runkel, P. J. (1990, 2007). *Casting nets and testing specimens: Two grand methods of psychology.* Menlo Park, CA: Living Control Systems Publishing. .

Runkel, P. J. (2003). *People as living things.* Menlo Park, CA: Living Control Systems Publishing.

Smith, M. L., Glass, G. V., & Miller, T. I. (1980). *The benefits of psychotherapy.* Baltimore: John Hopkins University Press.

Szasz, T. (1997). *Insanity: The idea and its consequences.* New York: Syracuse University Press.

Szasz, T. S. (1974). *The myth of mental illness: Foundations of a theory of personal conduct.* New York: Harper & Row.

U.S. Congress Office of Technology Assessment. (1992). *The biology of mental Disorders.* US Government Printing Office, 13-14, 46-47.

Valenstein, E. S. (1973). *Brain control.* New York: John Wiley & Sons.

Valenstein, E. S. (1986). *Great and desperate cures: The rise and decline of psychosurgery and other radical treatments for mental illness.* New York: Basic Books.

Valenstein, E. S. (1998). *Blaming the brain: The truth about drugs and mental health.* New York: The Free Press.

Van de Rijt, H. & Plooij, F. (2003). *The wonder weeks: How to turn your baby's 8 great fussy phases into magical leaps forward.* The Netherlands: Kiddy World Promotions B.V.

Wampold, B. (2001). *The great psychotherapy debate: Models, methods and findings.* Mahwah, NJ: Lawrence Erlbaum Associates.

Milton Keynes UK
Ingram Content Group UK Ltd.
UKHW050942061124
450709UK00012B/201

9 781938 090196